本书顾问

戴　逸　中央文史研究馆馆员、国家清史编纂委员会主任

本书编委会

主　任：

李洪峰　十七届中央纪委委员、文化部党组成员、中央纪委驻文化
　　　　部纪检组组长、国家清史纂修领导小组副组长

成　员：

卜　键　国家清史纂修领导小组办公室主任、国家清史编纂委员会
　　　　常务副主任

李文海　国家清史编纂委员会委员、原中国人民大学校长

马大正　国家清史编纂委员会副主任

朱诚如　国家清史编纂委员会副主任

成崇德　国家清史编纂委员会副主任

顾　春　国家清史纂修领导小组办公室副主任

杨伟光　国家清史纂修领导小组办公室主任助理

读一点清史

■ 主编　李洪峰

■ 顾问　戴逸

李洪峰书

人民出版社

目　　录

政治法律

经济社会

边疆民族

对外关系

历史人物

读一点清史

李洪峰

中国共产党是具有深远历史视野和广阔世界眼光的伟大政党。

我们党历来重视历史经验的总结,历来倡导领导干部学习历史。毛泽东同志早在 1938 年就指出:"今天的中国是历史的中国的一个发展;我们是马克思主义的历史主义者,我们不应当割断历史。从孔夫子到孙中山,我们应当给以总结,承继这一份珍贵的遗产。"(《中国共产党在民族战争中的地位》,《毛泽东选集》第二卷,人民出版社 1991 年版,第 534 页)邓小平同志强调"要用历史教育青年,教育人民"。(《用中国的历史教育青年》,《邓小平文选》第三卷,人民出版社 1993 年版,第 206 页)江泽民同志多次要求,党和国家各级领导干部尤其是高级干部,要带头读史,他指出:"一名领导干部不善于从历史中吸取营养,不可能成为高明的领导者;一个政党不善于从总结历史中认识和把握社会发展规律,不可能成为顺应历史潮流的自觉的政党;一个民族不善于从历史中继承和发展本民族和世界其他民族创造的优秀文明成果,不可能屹立于世界民族之林。"(《高度重视学习中华民族发展史》,《人民日报》2012 年 7 月 31 日)胡锦涛同志深刻指出:"只有铭记历史,特别是铭记我们党领导人民创造的中国革命史,才能深刻了解过去、全面把握现在、正确创造未来"。(《在十六届政治局第三十三次集体学习时的讲话》,《人民日报》2006年7月26日)习近平同志强调:"领导干部不管处在哪个层次和岗位,都应该读点历史,通过学习历史不断深化对人类社会发展规律、社会主义建设规律和共产党执政规律的认识,不断丰富自己的历史知识,这样才能使自己的眼界和胸襟大为开阔,认识能力和精神境界大为提高,使自己的领导工作水平不断得以提升。"(《领导干部要读点历史——在中央党校2011年秋季学期开学典礼上的讲话》,《人民日报》2011年9月2日)

人类的历史,是一个不断地从必然王国向自由王国发展的历史。改革开放三十多年来,我国的经济建设和综合国力增长取得了举世瞩目的伟大成就。同时我们也看到,随着经济社会的发展进步,在世情、国情、党情发生深刻变化的新形势下,我们面临许多前所未有的新情况新问题,推动科学发展、促进社会和谐的任务更重了,对党的执政能力和领导水平的要求更高了,而实践反复证明,解决现实问题的要求越紧迫,对历史经验的借鉴越重要。我们更有必要从历史经验中寻找智慧,更有必要从不断认识和把握历史规律中增强前进的信心和勇气,更有必要把提高历史素养放到更为重要的位置上来对待,打好扎实的历史根底。

打好扎实的历史根底,才能更深刻地理解理论。中国共产党诞生本身就是中国历史发展的必然,是马克思主义同中国工人运动相结合的产物。正是在推进马克思主义中国化的历史进程中,我们党才实现了从理论准备不足到理论上成熟发展的历史性飞跃,产生了一系列重大理论成果,创立了毛泽东思想和包括邓小平理论、"三个代表"重要思想、科学发展观等重大战略思想在内的中国特色社会主义理论体系。这些我们党自己的科学理论形态,是我们党领导革命、建设和改革的强大思想武器,是中华民族自立于世界民族之林的强大思想武器,也是实现中华民族伟大复兴的强大思想武器。毛泽东同志讲过:"指导一个伟大的革命运动的政党,如果没有革命理论,没有历史知识,没有对于实际运动的深刻的了解,要取得胜利是不可能的。"(《中国共产党在民族战争中的地位》,《毛泽东选集》第2卷第532—533页)领导革命是这样,领导建设和改革也是这样。理论、历史和实践三者之间,是内在地联系和统一的。理论是对实践的总结,理论的源泉是实践。如果不是以实事求是的态度去了解中国人民在近代历史上的奋斗历程,了解中华民族五千年发展史的历史走向,就无法充分理解我们党的科学理论成果产生的历史必然性及其深刻内涵,就无法充分理解党的解放思想、实事求是的思想路线和各项路线方针政策的极端重要性,就无法充分理解中国特色社会主义道路、中国特色社会主义理论体系、中国特色社会主义制度的正确性,因而也就无法正确运用理论武器去解决现实问题。刘少奇同志说过,"不学地理、历史",你就"理论不起来"。[《对马列学院第一班学员的讲话(1948年12月14日)》,《刘少奇选集(上)》,人民出版社1981年版,第417页]科学理论的产生,总是与一定的历史条件、一定的历史任务相联系的,只有充分理解科学理论产生的历史背景,及其在历史发展中被实践检验的过程,才能更加深刻地理解实践发展永无止境、认识真理永无止境、理论创新永无止境的深刻道理,才能在实践中自觉运用理论,不断丰富和发展理论,坚持高举马克思主义和中国特色社会主义伟大旗帜不动摇。

打好扎实的历史根底,才能更积极地认识现实。马克思认为,历史研究是人类认识世界、认识社会的唯一途径,他说:"我们仅仅知道一门唯一的科学,即历史科学。"(马克思、恩格斯:《德意志意识形态》,人民出版社 2003 年版,第 10 页)马克思正是通过对以往人类历史的充分研究,才发现了社会历史发展的规律;正是通过对资本主义社会的深刻研究,才发现了资本的秘密。恩格斯也指出,"新的事实迫使人们对以往的全部历史作一番新的研究"(《反杜林论》,《马克思恩格斯选集》第 3 卷,人民出版社 1995 年版,第 365 页),这说明认识和解决现实问题,永远是我们学习历史的第一动力。我们党理论工作的方针是理论联系实际,是以正在做的事情为中心,我们必须自觉地坚持和贯彻这个正确方针。但这丝毫不意味着可以忽视历史的学习。司马光用十七年时间修撰《资治通鉴》,认为历史"关国家盛衰,系生民休戚"(《进书表》,《资治通鉴》,中华书局 1976 年版,第 9607 页)。清代史学家顾炎武,研究历史以"经世致用"为目的,他的研究既重溯源,更重导流,举凡制度、吏治、地理、疆域、经济、风俗、学术、语言,几乎无所不包。他倡导的"读万卷书、行万里路"的治学方法,影响深远。作为具有悠久文明史的伟大的中华民族,正是在一次次历史危机、一次次王朝更替、一次次文化流变中,不断战胜困难和风险,不断解决复杂矛盾和问题,从而不断实现历史进步的。中国的特殊国情,很大程度上表现为历史的特殊性。只有正确认识和把握历史的来龙去脉,才能更积极地认识和把握现实。从而才能对我国社会主义初级阶段的基本国情及其在不同时期的新特点,作出正确判断;才能对形势的发展变化,保持清醒头脑;才能对我们前进道路上遇到的新的困难和新的风险,进行积极应对;才能调动起全党、全民族的伟大力量,做好长期艰苦奋斗的思想准备,始终保持坚毅不拔、奋发进取的良好精神状态。

打好扎实的历史根底,才能更坚定地创造未来。历史是我们走向未来的基石。总结历史经验,认识和把握历史规律,从来都是为了正确地创造未来。党的十八大高瞻远瞩,提出到中国共产党成立100年时全面建成小康社会,到新中国成立100年时建成富强民主文明和谐的社会主义现代化国家。应该说,这"两个一百年"战略目标的提出,是基于我国改革开放三十多年来的新鲜经验的科学总结,是基于建国以来我国建设社会主义的艰辛探索的科学总结,也是基于170多年来我国历代仁人志士救国救民艰苦历程的科学总结,具有坚实的历史依据和现实基础。然而,面对中国的崛起,世界上有人时而鼓吹中国威胁论,时而又宣扬中国崩溃论。对此我们一定要保持高度警觉。像我们这样有13亿人口的东方大国、社会主义大国,从世界后列走到世界前列,必然会冲破一些旧东西,必然会带来一些新东西,也必然会遇到一些议论和阻力,这是意料之中的事,没有必要大惊小怪。重要的是,在走向世界、融入世界和提高自己、发展自己的过程中,我们要从建设世界强国的高度,深谋远虑,审时度势,正确把握我国所处的历史方位,正确把握国际和国内大局,正确把握共产党执政规律、社会主义建设规律和人类社会发展规律,扎实提高执政能力和执政水平,团结和带领全国各族人民,坚定目标不动摇,矢志奋斗不懈怠,稳中求进不折腾,不为任何风险所惧,不为任何干扰所惑,百折不挠地为实现中华民族伟大复兴的宏伟理想而奋斗,更好地为中国人民和世界人民服务。

打好扎实的历史根底,才能更主动地应对世界文化的交流、交融和交锋。现在,我国正处在充满机遇也充满挑战的时期,正在实现从经济大国向世界强国迈进的历史性跨越之中。建设社会主义文化强国,是这种历史性跨越的题中应有之义。建设社会主义文化强国,全党全民族必须有高度的、充分的文化自觉和文化自信。而高度的、充分的文化自觉和文化自信,只有在对本民族历史有深厚感情和深切了解的基础上才能形成。我们不能跟着"西方文化中心论"走,"言必称希腊";不能搞历史虚无主义,数典忘祖。毛泽东同志1960年12月在会见外宾时,对批判地汲取和继承中国古代的优秀文化,曾经有很深刻的论述。他说:"应当充分地利用遗产,要批判地利用遗产。所谓中国几千年的文化,是封建时代的文化,但并不全是封建主义的东西,有人民的东西,有反封建的东西。要把封建主义的东西与非封建主义的东西区别开来。封建主义的东西也不全是坏的,也有它发生、发展和灭亡的时期。当封建主义还在发生和发展的时期,它有很多东西还是不错的。反封建主义的文化也不是全部可以无批判地利用的,因为封建时代的民间作品,也多少都还带有若干封建统治阶级的影响。我们应当善于进行分析,应当把封建主义发生、发展和灭亡时期的文化区别开来,应当批判地利用封建主义的文化,我们不能无批判地加以利用。反封建主义的文化当然要比封建主义的好,但也要有批判、有区别地加以利用。我所了解的是这样,我们现在的方针是这样。至于充分利用它们,我们现在还没有做到。"(《毛泽东文集》第8卷,人民出版社1999年版,第225页)毛泽东同志这些思想,具有长远指导意义。文化是一个民族的根脉和灵魂,文化的根脉不断,国家和民族的发展就会生生不息。丢掉了自己的文化,最终会丧失一切。文化兴则国兴,文化强则国强。在日益激烈的国际竞争中,我们只有守住中华民族的文化根脉,才能自觉、自信地应对世界各种文化的交流、交融和交锋,才能从容大气地立足于多元化的世界文化格局,才能真正实现由经济大国到世界强国的历史跨越。

清朝是我国最后一个封建王朝,清代历史的经验教训尤其值得重视。特别是1840年鸦片战争以来,西方列强竞相欺辱中国,人民惨遭屠戮,割地赔款不断,中华民族遭受了世所罕见的巨大苦难、进行了艰苦卓绝的伟大斗争。清代的遗产是厚重的、丰富的。其间发生了若干重大事件、产生了许多杰出人物,积累了不少治国理政的历史经验,也留下了很多令后人扼腕的历史教训。特别值得指出的是,在晚清中华民族到了最危险的时候,在帝国主义、官僚资本主义和封建主义三座大山的压迫下,中华民族的精神火炬反而愈益放射出惊天地、泣鬼神的灿烂光辉,经过辛亥革命、新民主主义革命,在中国共产党的领导下,而终于形成燎原之势,开创了走向伟大复兴的历史新纪元。

历史发展到今天,中华民族受人欺辱的时代已经一去不复返了。但前事不忘,后事之师,一个郑重对待历史并善于从切身经验学习的民族,才是一个真正强大、真正有希望、真正走得远的民族。为了帮助大家了解和研究清史,我们编选了这本《读一点清史》。收入本书中的文章,都是在清史研究领域较有影响的专家所撰写。在篇目的选择上,我们尽可能做到涵盖面宽一些,以对清代历史上的重要人物、事件和历史发展过程提供一些线索,意在抛砖引玉,引发大家进一步的阅读和思考。

　　作者简介:李洪峰,中央纪委驻文化部纪检组组长、文化部党组成员、国家清史纂修领导小组副组长,中华人民共和国国史学会顾问,中国书法家协会会员,研究员。著有《伟大复兴与战略思维》、《论邓小平》、《论陈云》、《论十七大的历史性成就》、《大国崛起的文化准备》、《经济学读书笔记》、《政治学读书笔记》、《文化学读书笔记》、《历史学读书笔记》、《〈中国共产党章程〉学习笔记》等,主编《毛泽东邓小平论中国国情》、《毛泽东邓小平论实事求是》、《老一辈革命家论党的建设》、《中国廉政史鉴》等。

政治法律

清朝的兴、盛、衰、亡

戴　逸

　　清朝是中国最后一个封建王朝,跟其他王朝相比有其不同之处。清朝创造了一个其他王朝无与比拟的辉煌功绩,版图之大,疆域巩固,多民族的融合,形成了一个有凝聚力的民族大家庭,再加上经济文化的繁荣,可以说是中国历史发展到了最高的水平。但同时它在全球一体化的浪潮中以及殖民主义入侵形势之下,由全盛转向中衰。在应对外来入侵时,屡战屡败,从辉煌的顶峰一下跌入万丈深渊,变成了半殖民地。强烈的历史落差使得我们许多世代的中国人刻骨铭心,他们毕生投入到拯救中国、复兴中国的斗争中,想打造和再造一个强大的新中国,因此清朝的历史内容非常重要、非常丰富、非常复杂而又非常地激动人心。

　　三百年的清朝历史,我用四个字来概括——兴、盛、衰、亡。"兴"是指努尔哈赤起兵,中经皇太极经营、顺治帝入关,直至康熙帝平定三藩和收复台湾,共一百多年的历史。这段历史奠定了清朝的基业。在我们的提纲(指新修清史提纲——编者注)里分成两篇,即"创业"和"入关"两部分。"盛"是指康熙帝收复台湾后,战略重心转移到北方和西北,抗击俄罗斯,平定准噶尔,造成了一个新的更大的统一,同时又恢复发展国内的经济,到乾隆时代达到鼎盛。这部分内容也分成两篇,即第三篇的"统一"和第四篇的"鼎盛"。"衰"指的是从嘉庆、道光、咸丰,一直到同治初年,从盛转衰。在此期间,国内外的斗争非常尖锐:一方面是,从嘉庆时期的白莲教起义,一直到咸同时期的太平天国,还有此后的捻军等,像这样时间之长、规模之大的起义,在中国历史上前所未有。另一方面是外国的入侵,即两次鸦片战争。它改变了中国正常的历史进程。这也分成两部分,包括第五篇"中衰"和第六篇"危局"。最后是"亡",指同治三年一直到清亡。清朝经历戊戌变法失败,八国联军入侵,最后众叛亲离,孙中山振臂一呼,推翻了清朝,跨入了一个新的时代。这部分内容分成三篇,即第七篇"洋务"、第八篇"变法"以及第九篇"覆亡"。这样三个世纪的历史,分成"兴、盛、衰、亡"这四段。我想对这四段历史简要地叙其要点,当然挂一漏万以及认识不妥之处,希望大家指正。

第一段是从努尔哈赤、皇太极到康熙初年。一个新民族——满族的兴起,需要有一个较长的历史时段,而且在此期间会将许多领袖人物推向历史的前台,会发动一些战争,会产生若干个重大的历史事件。在中国历史上,游牧民族一个又一个地兴起,像匈奴、鲜卑、突厥、契丹、西夏、女真、蒙古等。当每个民族新兴的时候,它都带有朝气蓬勃的气息,带有一种民族的精神,这就是一个新民族在兴起的过程中,形成的思想观念和价值尺度。这些东西成为一个民族行动的原则,这些原则一旦形成,就能把全民族凝聚起来,团结起来,奔向一个目标。没有这样的民族精神,这个民族是散漫的,因为它没有了奋斗目标,也没有远大前途,也就不能兴起,不能形成一个民族。在17世纪刚刚形成的满族,从胜利走向胜利。在这个过程中,它弥漫着一种奋发、上进的民族精神，这是它取得胜利的一个主要原因。这种民族精神表现在它英勇善战，表现在它有严密的组织纪律，突出地体现在八旗制度上。它内部有较严密的法规，善于学习周围各个民族一些长处，如汉族、朝鲜族、蒙古族等。另外，它有包容的能力。在打败海西女真、野人女真之后，将它们全部纳入满族之中，所以后来有新满洲和旧满洲之别。它具有很强的包容能力的另一个体现是，能将许多汉人也融入进来，像招降吴三桂、孔有德、尚可喜、耿仲明、洪承畴等汉人。在中国历史上，没有其他游牧民族能像满族这样去做。魏晋南北朝时期的前秦苻坚，他重用一个汉人王猛，但王猛不带兵，也无实权，仅是一位谋士。女真占领中原后，利用张邦昌、刘豫这两个傀儡，没有实用。但满族利用汉人、汉将，其包容力很大，降清而为清朝做事的人也很多，满人与汉人的关系逐渐由紧张走向缓和。它采取了一些诸如开科举、设博学鸿词科等举措。后来一些抗清的斗士都纷纷投降清朝，像毛奇龄原来是抗清的，后来应试博学鸿词科。朱彝尊亦然。黄宗羲虽未应清朝之招，但派他的儿子和学生参加《明史》的纂修。清朝重用汉人，几与汉人融为一体，这是它在促进民族融合方面的一个很了不起的成就。正因为这样，它才能一举跨过长江，一统中国。而此前的游牧民族入侵中原，往往勒马于长江之边，与汉人划江而治，如历史上的南北朝，宋与金的对立。清朝为何能一举跨过长江？长江以南的气候、地理、风俗习惯、语言、饮食，来自东北的满族人很不适应，给他们的作战带来了很大的不利。因此他们在江南进行战争，很多时候是利用汉将，这样才能一举平定南中国，没有形成南北朝对立。这一点对以后的历史影响甚巨，此前没有出现这种局面。清王朝在入关前即已占领东北，并与内蒙古关系甚为密切,然后又在入关以后,占领中原地区,接着挥师渡江,占领全国首富的东南地区以及西南地区,囊括了庞大的财富,这就奠定了它统一全中国的基础,拥有了庞大的人力和充足的财力。没有这样的基础,它不可能统一全中国。这是它"兴"的内容。

第二是它的"盛",从康熙中叶到乾隆,大概100年的时间。康熙中叶以后,清朝已将注意力转向东北、西北以及北部等地区。它站在一个更高的平台上。清朝不似汉唐。汉唐的人口只有5000万—7000万,其根据地是中原地区。中原地区的力量有限,人口不多,它要统一中国是不可能的。它只能将匈奴、突厥向外驱逐,并没有力量完成和巩固统一大业。清朝也不似契丹、女真。在历史上,虽然契丹和女真曾据有中原地区,但并没有占领过南方,其力量有限,也不可能完成对长城内外的统一。清朝据有蒙古这块向西北进军的基地。为何清朝要建承德避暑山庄,为什么乾隆帝在位60年,来避暑山庄达57次之多,且每次住的时间很长。他在这里处理对蒙古、新疆、西藏、青海等地区以及对外国的事务。清朝既有控制西北地区的前沿和平台,又有长江以南、西南甚至珠江等各个地区雄厚的人力、物力的资源支持,所以它有能力在18世纪统一中国。这个过程充满着艰辛和困难。这是我们18世纪主要的历史,为今天中国这样的局面作出了铺垫。为什么能出现这段盛世的历史?没有前一段的兴起,就不会有后面如此强大的实力。当然,它在政治上,一方面利用汉族的儒学,如开科举、设博学鸿词科、招徕文士等,希望泯灭满汉界线,淡化满汉矛盾;另一方面,它利用喇嘛教,联络和团结少数民族。蒙古、藏族等皆崇奉喇嘛教,推崇喇嘛教,便可以起到笼络许多少数民族的功效。加上康雍乾三朝100多年的长期努力、艰苦作战,使用了军事的、政治的、文化的等种种手段,经历了无数次战争和磨合,最终完成了统一。当然统一是充满困难的,是伴随着征服和反抗的血腥斗争的,征服战争是暴力,必然会有残酷的屠杀、掠夺,是付出了沉重代价的。康雍乾缔造了我们今天这样一个多民族统一的大家庭,结束了中国历史上农耕民族和游牧民族的长期战争。仔细想想,我们所学的历史包括什么呢? 除了一个农民战争,就是一个民族战争。汉朝与匈奴,魏晋南北朝与鲜卑、五胡十六国,唐朝与突厥、回鹘、吐谷浑,宋朝与契丹、西夏以及蒙古,中国历史几乎是一部农耕民族和游牧民族你进我退、拉锯战争的历史。清朝为什么能结束这样的局面,这是我们研究清朝历史的一个很重要的课题:它到底采取了什么样的措施消除了两大民族之间的对立? 当然矛盾还是有的,但总的来说,乾隆之后没有发生大规模的农耕文明和游牧文明之间的战争。所以到了近代,帝国主义侵华时,本来中华民族很容易分崩离析,但没有发生这一幕。日本侵华战争期间,各民族并肩作战,反抗侵略。在近代历次反抗外来侵略的战争中,中华民族都没有分崩离析。康雍乾时期实现的统一的多民族国家的事业十分伟大。至今我们是世界上一个统一的大国,也是继承了这个盛世的丰功伟绩,所以我们要倍加珍爱这个成果。

　　盛世在经济文化上也是有所体现的。我举三点来说明:一、人口。乾隆时期的人口达到3亿,道光时期达到4亿,这样的人口规模超过了历史上的任何朝代。汉朝才5000多万,唐朝8000多万,明朝据记载有七八千万,但目前有人研究约有一亿几千万,也远远没有赶上清朝。清朝的生产水平应该是封建时代中最高的,可以养活几亿人。从全世界来讲,18世纪末全球人口9亿,中国为3亿,占三分之

15

一;印度居第二,人口1亿多;欧洲很少,西欧12个国家总共才1亿多,也只有中国的三分之一。二、GDP(国民生产总值)。GDP是衡量一国经济力量强弱的主要标准。在1820年,中国的GDP总值为2286亿国际元。全世界是7000亿国际元,中国的GDP占当时世界的三分之一,而中国的人口也占当时世界的三分之一,这是相当的。三、GDP的增长速度。康雍乾时期的中国GDP增长速度是世界第一。从1700—1820年的120年时间里,中国的GDP比西欧12国的GDP多增加了40%。这些统计的数据,我是从英国权威的经济统计专家麦迪森所著的《世界千年经济史》一书中获致,该书2003年出版。当然,麦迪森自己也说他书中的许多数据不是很精确,许多是估算的。有的是从比较中得来的,但我看这些统计都有一定的依据。我们自己没有做过类似的计算。我在犹豫这些数据能不能使用。这也是我向大家请教的一个问题。当时的统计很难做到精确,我们连当时全国多少土地、多少粮食产量都不太清楚。但我相信麦迪森的数据从总的来看,比较接近于历史实际。

毫无疑问,至18世纪末,中国是世界上最大的经济体。美国当时很小,几百万人口,18世纪才立国。俄国版图很大,但西伯利亚很荒芜,人烟稀少,是不毛之地。中国是当时最大的经济体,这一点毋庸置疑。但是,我们不能仅仅看到经济规模大这一点。它的经济和社会结构与英国是大不相同的。英国当然是个小国,从GDP来看,远远不如中国。但它已经建立起资本主义制度,已经历了工业革命的洗礼,已经拥有宪法和立宪政治,已经有了选举和法制,已经发展起科学技术,已经产生了像牛顿这样伟大的科学家。它经济发展的潜力非常大,持续发展的可能性非常大,所以英国是一个如日东升的国家、兴盛的国家,散发着灿烂的光辉,而中国是一个封闭的国家。虽然中国版图大,人口多,GDP 总量大,但其开放的程度、对世界的认知水平、科技文化的水平、政治路线以及经济政策,存在着一系列重大的问题,僵化、落后,在前进的道路上有着不可逾越的障碍。18世纪末的中国没有跨过近代化的门槛,已经是落日余晖,逐渐黯淡下去。

下面讲中衰。经过白莲教起义、太平天国运动,又经过两次鸦片战争,清政府接受了城下之盟,接受了不平等条约,咸丰帝逃到了热河去,北京陷落,圆明园被烧毁,清朝面临着前所未有的巨大挑战。它虽是一个经济大国,却又是时代的落伍者,不能够持续发展,不能够持续前进。它的前途将会碰到困难、屈辱、悲惨。清朝的中衰包括嘉庆朝、道光朝、咸丰朝以及同治朝初年在内的长达 70 多年的历史。在此期间,农民起义,烽火连天,从白莲教起义到太平天国起义。太平天国以后还有很多教案,一直到义和团运动。19 世纪这个世纪,是农民暴动的世纪,农民暴动遍及全国。世纪之初是白莲教起义,世纪之中是太平天国,世纪之末是义和团运动。从这里可以看见农民左右历史的巨大能量,农民人数最多,处在社会的最底层,分散落后,没有文化,但是它蕴藏了无穷无尽的力量。前一个世纪,即康雍乾盛世的辉煌,是建立在农民劳动的基础之上。后一个世纪,即19 世纪,农民像火山一样爆发了。当他们能勉强生活下去的时候,是沉默的,历史前台没有农民的声音。但一旦它爆发起来,就像火山喷发,大地震撼,破坏力极强,毁灭一切,有无比的威力。但由于农民本身分散落后的一些弱点,所以不可能引导中国走向一个光明的前途。另外,在中衰时期,地主发生了很大的变化。地主阶级里边分化出一批利用程朱理学武装起来的地主,如曾国藩、胡林翼、左宗棠等,组成湘、淮军,从正心、诚意、修身、齐家到治国平天下。他们利用儒家的这套理论来整治这个国家,随后出现了李鸿章、张之洞这样的一批地主阶级,一定程度上适应了世界的潮流,用西方的文化进行调适,以此维护封建统治。通过搞洋务运动,分化出的湘、淮军和洋务派,成为晚清政局的主要力量,成为晚清统治者的依靠。另外,外国侵略者很多,有英国、法国、俄国、德国、美国、意大利、日本等,这些帝国主义国家纷纷侵入中国。帝国主义的本质是一样的,但他们的策略手段是不一样的。各个时期,各个帝国主义都有不同的策略。它们实行合作政策,这个合作政策指的是什么呢?其中一方面是指帝国主义国家与清朝合作,它不推翻清朝,不取而代之。当然,它也代替不了清朝对中国的统治。它是利用清朝来统治中国,所以支持清朝。当第二次鸦片战争结束后,它立即转向帮助清朝镇压太平天国,使得清朝脱离了危险的局面,能够继续地统治下去。这是合作的一方面,即中外的合作。另一方面是指帝国主义之间的合作。许多帝国主义联合起来,侵略中国。在中国取得力量的平衡,取得力量的均势,以此来保护自身的利益。当然这种力量的平衡、力量的均势,只能是暂时的,不可能长久下去。帝国主义本身的力量对比有变化,哪个国家力量增长快一点,哪个国家力量增长慢一点,力量的平衡逐渐就被破坏了。第一次力量均势的破坏是中日甲午战争。这一战,日本战胜,在中国的力量开始膨胀。此后八国联军进行了整合,八个国家一起来对付中国。但不久,力量均衡又被破坏了,爆发了日俄战争。战胜的日本在中国的势力进一步拓展。所以这是一个很复杂多变的年代,社会力量都在迅速地组合分化,形成了历史上种种复杂的现象。

外国的侵略,将中国推向了半殖民地,但也带来了西方文明,使得中国产生了几千年以来最根本的变化,催生了中国社会上新的近代化的因素。所以中国的近代化不是原生意义上的近代化,不是我们自己本身发展到近代化,而是外国的侵略带来了外国的文化。外国文明的输入,中国的近代化,不是一步到位的,经历了漫长而曲折的过程,是一个阶梯一个阶梯地前进。近代化的第一阶梯,是器物层面的近代化。开始认识西方就是从船坚炮利开始,造军舰,造枪炮。此后学习西方的机器生产,开工厂,开矿山。而做到这些,需要人才。要翻译外国书籍,要有科技人员,要引进教育和科技,要有资本。器物层面的前进,也是花了很长的时间。从轮船招商局、上海织布局,到电报局、铁路,都是逐步地前进。但是洋务运动搞了三十年,磨磨蹭蹭,阻力非常大,举步维艰,进展缓慢,发生了几次大的争论。第一个是同文馆之争。同文馆要不要开?要不要学习西方的文化?大家都知道,我就不详细讲了。第二个是招商局之争。招商局要不要开?出现贪污该怎么办?关于贪污这件事,顽固派多次借此阻扰,招商局险些被关闭,李鸿章坚持不答应。第三个是塞防、海防之争。当然这不属于顽固派和洋务派的争论。这是洋务派内部之争,是湘、淮军为了争夺资金分配的斗争。第四个是撤回留美学生之争。1872 年由清朝派出一批幼童赴美留学,原定是学习期限为 15 年,后来学了 9 年便被迫撤回。当时李鸿章、容闳等力主不要将留学生撤回中国。美国作家马克·吐温也写信给中国政府,建议不要撤回留美学生。中国政府坚决不听。在这些争论中,洋务派大多居于下风。顽固派都是气势汹汹,声势浩大。因为中国的传统根深蒂固。同文馆在招生时,科举出身之人,无一报名。顽固派用纲常伦理和华夷之辨来指责和驳斥洋务派,洋务派无言以对。洋务派为什么无言以对?因为它本身的思想立场和顽固派如出一辙,都是从传统的儒家教育中走出来的。他们认为自己的所作所为也是对付外国的权宜之计。他们也认识不到中国最根本的国策、根本的传统价值观都要改变。这一点李鸿章他们也认识不到。当然我们今天也不能苛求他们能达到这个程度。一个历史上的人物只能达到他自己的历史高度,不能够要求他什么事情都能做。所以,洋务派拿不出什么正当的理由来驳斥顽固派,整个社会基本上也是跟着顽固派走。更多的人理解洋务运动,需要时间。

由于传统势力的深厚,洋务运动30年成效很低。但是有个关键问题,即中国有一个近邻日本。日本明治维新几乎与洋务运动同时开始。但是它的国情与中国不同,日本有学习外来文化的传统,它对外来文化不像中国那样排拒。它有一种功利主义的思想,并不固守义利之辨。所以它一开始学习西方,一下子就全盘西化。大规模地学习西方成为它的根本国策。脱亚入欧是当时日本国人的共识。这一点和中国情况就不一样了。国情不同,思想观点不同,治理国策不同,步骤不同,措施不同,效果就不一样。因此日本不断地造轮船,不断地造军火,而且很快地开议会,搞选举,成立内阁,搞普及教育等等。就在日本变化很大的时候,中国还在争论。铁路之争,达十年之久,一条铁路都没能修起来。后来,刘铭传在台湾修了一条较长一点的铁路,这已是中法战争之后而临近中日甲午战争之际的事情了。可见,中国的洋务运动步履维艰。相对于日本来说,中国速度慢而成效低,这一点是非常重要的。因为中国和日本同在亚洲,一山不容二虎。两个亚洲国家要同时实现现代化,在当时绝无可能。在当时弱肉强食,充满竞争的世界里,两个国家想一道崛起,达到双赢,几乎是不可能的。日本要起来,必然要踩在中国的肩上,剥削中国,掠夺中国。同样中国要起来,日本也起不来了。当时的历史条件跟今天21世纪的历史条件不一样。只能一个上升,一个趴下。由于中国洋务运动贻误了时机,酿成了后来的苦果。甲午一战决定了中日两国的命运:一个上去,一个下来。当然经过日俄战争后,日本发展更大了。甲午战败是个坏事,对中国当时刺激极大。中国损失极大,除了巨额赔款外,还被割去了台湾。

坏事中往往也蕴藏着好的契机。中国本来受到三千年封建体制的束缚,麻木不仁。现在居然被一个小小的日本打败了,而且受到这么大的损失,对中国人来说是个很大的刺激。鸦片战争以来40多年间,中国并没有真正觉醒。这个时候却真正地觉醒了。

近代爱国热情的高涨,甲午之战应该是一个重要的标志。改革要求的高涨、革命运动的高涨全在此时开始。所以这个时候,中国人民才认识到,中国不仅要在器物层面上改革,而且需要在制度层面上改革。改革越深入,反对的势力就越猖狂。结果后来的戊戌变法也失败了,康梁逃亡,六君子被杀。当然,也有人说改革是否应该缓慢一点才好,是否应该等耐心地说服慈禧太后以后再行改革。我认为改革快慢从某种意义上说,也是由环境决定的。改革快慢的方案不是由康梁所能设计和驾驭了的,而是由当时的客观环境产生的。不是谁想好了,谁设计好了的。中日战争失败以后,社会上群情激愤。群众觉醒,要求大变、速变、快变。这是康有为的话,它代表当时社会的一种趋势,它反映了一种客观的状态。在这种形势下,必然要求迅速变法和全部改革。

戊戌政变以后,维新运动被扼杀,社会发生反弹,发生了义和团运动。本来义和团运动是民众日益高涨的爱国主义情怀的表现,它是反对帝国主义侵略的,但它具有反理性的一面,反对向西方学习,拆铁路,拆电线杆,滥杀无辜,杀所有的教士和教徒。而且和顽固派结合起来,与八个国家作战。八国联军进京,义和团运动失败,慈禧太后逃亡。义和团运动,再次证明了农民的重要性。在中国,农民是头等重要的力量。没有农民,中国什么事都做不成。但历史也证明,只有农民,没有其他阶级,其他力量的参与,农民什么事情也做不好,什么事情都要弄糟。历史进入 20 世纪,西太后被八国联军赶到西安。清政府腐败透顶,倒行逆施,而洋人在重重地打击它之后,又将它扶植起来,恢复它的统治。清政府的力量何在?威信何在?体面何在?这样的政府还能维持下去吗?当时清朝的统治失去了合理性、合法性。中国近代化进入到一个新的阶段,中国必然要进行政体改革,要改造政权。民众要求一个有效率的、有权威性的政府。中国近代化又进入到一个政治体制的层面,政治体制的改革需要一个客观的社会基础,即社会结构的变化。没有社会结构的变化,政治体制的改革是空谈。社会上要出现一种推动政治改革的力量。

慈禧太后从西安回来后实行新政,中国又发生了许多变化。实际上,她是实行了戊戌变法时提出的一些改革要求和一些纲领。这在中国历史上产生了强烈的反响,产生了绝大的影响。我简要地讲讲它所产生的几点影响。第一点,科举制度废除了,成千上万的知识分子失去了目标、方向,没有了上进之路和生活来源,他们该怎么办?这部分人中很多跑到日本去留学。1905 和 1906 年都有上万人留学日本。成千上万名学生蜂拥到外国,这意味着什么呢？日本当时成了中国革命的摇篮。革命党人已经在那里成立了同盟会。去日本留学的人,都是有文化的,有热情的,血气方刚的青年。他们很多人参加了革命党,这便培养了革命党。这是中国社会客观力量的变化。第二,清朝政府为了巩固它的军事力量,改组军队,练新式军队,要招募有文化的年轻的士兵。这样就把一些知识分子都招进来,把一些革命分子都招进新军来了。中国军人都革命化了。这成为培养中国革命者的又一个摇篮。第三个是会党。由于农民、手工业者穷困破产,游民大量地增加。为了互助谋生,他们便组织成秘密会党。本来就有天地会,哥老会。于是会党力量大大增加,成为革命党的第三摇篮。第四是地方绅商。他们都是地方有钱的、有头有脸的人物。他们组成商会。其中很多人不赞成革命,反对革命。他们要走君主立宪制的道路。但是他们对清政府也不满,不满它的保守、落后、僵化,要对它进行改革。绅商不是直接的革命党人。他们既是革命党人的竞争者,但在反对清政府方面又是革命党的同路人。清末新政加速了社会的变动,加速了社会结构和力量的变化,也加速了革命的到来。清政府无意之中培养了它自己的掘墓人。孙中山正是顺应了这样的历史趋势,站在历史的前头,才成为共和国的缔造者,作出了推翻专制主义制度的伟大功勋。当初革命党和立宪派竞争,但革命胜利了而立宪没有成功,原因何在？因为中国激烈的社会变动将强烈要求改变中国现状的革命力量推上了前台,而把要求缓进的力量边缘化。要求缓进者不能够主导历史的潮流,革命的胜利是必然的。这是由中国当时的国情决定的。革命的成功,并不仅仅是革命党人预先谋划的,而主要是客观的形势造就的。水到渠成,革命成功。

我简单地复述了一遍从清朝开国到清朝灭亡的这段历史,很简略,不免挂一漏万。我想把这条线贯穿到我们的通纪里边,行不行,请教大家。我主要是想谈谈清朝的"兴盛衰亡"。它兴到什么程度?它的兴对当时中国有何意义?没有少数民族——满族,没有与蒙古族的联合,没有清朝的入关,拥有大量的人力资源和物力资源,中国是统一不了的。靠汉族统一是不行的。汉族没有这种民族意志。尼布楚条约谈判时,康熙帝派汉官去参加谈判,汉官都告病不去。第一次出发还有两个汉官,第二次没有汉官去。这些汉官认为:父母在,不远游。这是儒家的基本教义。因而汉人不可能完成这一伟大的任务。唯有少数民族能实现,而少数民族只有满族能够完成这个任务。

第一阶段是它的兴。它兴在什么地方?它兴的意义何在?为什么能兴?第二阶段是它的盛。它为什么能够盛?盛到什么状况?其鼎盛时期的经济能养活四亿人口,这是前所未有的,为什么能做到这点?第三阶段是衰,它为什么会衰?是怎么衰落下去的?总体上是由于国内外的矛盾交织而起的作用。衰的时候,它挣扎,它自救,力图拯救危机,但屡次丧失时机,终未成功。丧失时机,是最大的失败!时机,一去不复返!等到日本起来了,你再想起来,已经不可能了。

作者简介:戴逸,1926 年生,江苏常熟人。中国人民大学教授,国家清史编纂委员会主任。著有《中国近代史稿》、《1689 年的中俄尼布楚条约》、《简明清史》、《清代人物传稿》(下)、《中国历史大辞典·清史》(上)、《中国大百科全书·中国历史卷·清史》、《乾隆帝及其时代》、《18 世纪的中国与世界》、《清通鉴》、《履霜集》、《繁露集》、《语冰集》、《涓水集》等。

清代中叶以来中国国力的变化

戴 逸

2005 年我国 GDP 同比增长 9.9%，总量达 18.2 万亿元（折合美元 2.2 万亿元），跻身于世界第四位，闻之不胜欣喜。近代以来，中国受列强侵略，期盼国家富强，中国人民历尽艰辛奋斗，而今建设成绩辉煌，民族复兴有望。

GDP 是反映国力的最重要因素之一，回顾历史上我国 GDP 之变化，即能见到国运之盛衰兴替。GDP 的统计是近代以后的事，自然不能有很精确的数字，但据此也能了解各国历史发展的一般趋势。

为了考察 18 世纪以来中国国力的兴衰，这里选用了五个年代作为考察点，即 1750 年、1830 年、1900 年、1945 年、2005 年。每个年代之间相距 45 年至 80 年不等。

1750 年（清乾隆十五年） 当时中国统一，经济繁荣，国力强大，史称"康乾盛世"。这一年中国 GDP 占世界份额 32%，居世界首位，其次是印度（包括今巴基斯坦）占 24%，欧洲五国英法德俄意共占 17%，五国的 GDP 只有中国的一半稍多。

当时的世界，是中国、印度、欧洲鼎足三分之势。但应该看到：英国、法国的 GDP 总量虽少，但两国人口仅三千五百万，人均 GDP 高于中国。它们的政治、经济、文化、科技,均衡发展,互相促进,已经突破了封建社会的临界点。中国的 GDP 虽高,但人口多,人均 GDP 少。它还是封建专制国家,很少与外国交往,而且固守旧传统,轻视科技与工商业,不具备持续发展的条件,由于这一点,英国、法国在经济上即将起飞,超过中国。

1830 年(清道光十年) 这是鸦片战争爆发前十年。从 18 世纪以来,世界历史发生了巨大变化,英国经历了产业革命,法国于 1789 年爆发了大革命,美国经过独立战争建立了新国家。这三件大事极大地改变了历史的走向,而中国的"康乾盛世"已成明日黄花。从 GDP 看,中国下降 3 个百分点,占世界的 29% ,仍是首位;印度已沦为殖民地,GDP 急剧下降 7 个百分点,占 17% ;而西欧五国的 GDP 上升 12 个百分点,占 29% ,与中国持平。其中英国的 GDP 达 9.5% ,但当年英国只有 1800 万人,而中国已达四亿人,我们的人均 GDP 已远远低于英国。

1830 年以后的世界和中国,处在激烈的动荡中,德国、意大利相继统一,美国致力于西部开发。而中国在经历五次帝国主义侵华战争后,一步步沦为半殖民地半封建国家,进入了极为悲惨黑暗的时代。

1900 年(清光绪二十六年) 这是义和团运动和八国联军侵华的年代。该年中国 GDP 只占世界 6% ,印度只占 1.7% ,从光辉的顶峰跌落谷底,两国 GDP 只占世界 7.7% ,可说是惊人的史无前例的沉沦,两国的 GDP 甚小而人口最多,因此是当时世界上最穷最弱的国家。英法德俄意已占 54.5% (英 18.5% 、法 6.8% 、德 17.9% 、俄 8.8% 、意 2.5%),美国更是后来居上,占 23.6% ,还有日本经过明治维新后30多年的努力,GDP攀升到2.4%,这七个国家占世界生产总值79.5%。它们称霸全球,横行于世界各地,当年的八国联军,就有这七大强国在内。

1945年(中华民国三十四年) 这是世界反法西斯战争和中国抗日战争胜利的一年。世界经历了两次大战,生命财产的损失不计其数。中国历尽欺凌和屈辱,开始了民族觉醒,进入革命时代。辛亥革命推翻了清朝政府,结束了漫长的封建专制统治,接着发生了五四运动、中国共产党诞生、国民革命、土地革命等,迎来了14年的中国人民抗日战争。1945年,中国人民终于迎来了近代以来在反抗外来侵略斗争中的第一次胜利。1949年建立了中华人民共和国。两次世界大战留下了满目疮痍,除了美国之外,并没有真正的战胜国,德国和日本是战败国,国内一片废墟,而中国、苏联、英国、法国遭遇的破坏亦甚。1945年,美国的GDP达世界的56%,而中国的GDP只占世界的4%。直到1950年,即战后经济重建五年之后,美国的GDP达3810亿美元,而英法德日意和苏联的GDP总和只有3500亿美元,尚不及美国之多。

2005年 第二次世界大战后,世界从战争中复苏,经历了两个阵营的冷战时代和政治多元化时代,原来的殖民地纷纷成为独立国家,但美国仍一路领先,日本和德国则在战败后努力重建,GDP排名第二和第三。改革开放以来,中国经过20多年努力,在GDP排名中已名列第四。美国2005年GDP达12万亿美元以上,日本达4.8万亿美元以上。我国刚公布2005年GDP2.2万亿美元(人民币18.2万亿元),美国是中国五倍半,日本是中国两倍多。

通过以上对250多年来世界大国GDP变化的反思,可以看出,一个国家国力的变化，与这个国家的国土大小、人口多少，还有资源、政治体制、社会秩序、人民素质、科技水平、社会风气以及国家发展的指导思想、制度政策、政府能力等都有关系，最重要的是能否抓住机遇，采取正确的国家发展战略。

"振兴中华"口号的由来

李文海

"振兴中华"这个口号,在历史上最早是在什么时候、什么情况下提出来的呢?

"振兴中华"口号的最初提出,是在 19 世纪末叶的晚清时期,即从甲午战争到义和团运动期间(1894—1900)。在这五六年间,几个不同的政治派别,先后发出了"振兴中华"的响亮呼喊。

中国从鸦片战争以后,在外国资本主义的侵略下一步步沦为半殖民地半封建的国家。甲午战争后,帝国主义加紧了侵略步伐,争相在中国划分势力范围,进行瓜分中国的罪恶活动。亡国灭种的威胁迫在眉睫,民族危机空前严重。这种形势激起了中国人民的深切忧虑和极大愤怒。"四万万人齐下泪,天涯何处是神州?"(谭嗣同《有感》)人们在悲愤中思索和探求着免致神州陆沉的救国之路。

"振兴中华"的口号就是在这样一种历史背景下提出来的。

1894 年 11 月(光绪二十年十月)和 1895 年 2 月(光绪二十一年一月),孙中山先后在檀香山和香港建立了第一个资产阶级革命团体兴中会。这个组织的《章程》指出:"方今强邻环列,虎视鹰瞵,久垂涎于中华五金之富、物产之饶。蚕食鲸吞,已效尤于接踵;瓜分豆剖,实堪虑于目前。"为了挽救祖国的危亡,他们大声疾呼,"亟拯斯民于水火,切扶大厦之将倾",并且郑重宣告:"本会之设,专为联络中外有志华人,讲求富强之学,以振兴中华、维持国体起见。"(《孙中山全集》第一卷)正是孙中山先生第一次鲜明地发出了"振兴中华"的号召。

不久以后,康有为、梁启超等人发动了变法维新运动。这个运动的直接目标是改良封建政治,而根本动因则是出发于救亡图存。在运动中维新派反复宣传祖国命运和前途的危急:"俄北瞰,英西睒(shǎn,窥视),法南瞵,日东眈,处四强邻之中而为中国,岌岌哉!"(康有为《强学会叙》)于是,他们也提出了中国如何"自振"的问题。康有为说:"天地为愁,我将何容?昧昧我思之,惟有合群以救之,惟有激耻以振之。"(《保国会序》)梁启超也说,如"中国终不自振,终不自保,则其所谓沦胥糜烂者,终不能免";因此,一切有志之士,都应把握"中国可以自振可以自保之机"(《南学会叙》)。这里所说的"激耻以振之"、"自振"等等,显然与"振兴中华"是同一含义。

戊戌维新运动刚失败,反帝爱国的义和团运动就如狂飙一般在中国大地上兴起了。在这场斗争中,义和团同样提出了"振兴中国"的口号。有一个材料说:"(义和团)初以捉拿洋教,振兴中国为名。"(《山东近代史资料》)在义和团的一些传单、揭帖、告白中,一方面指斥帝国主义"祸乱中华"的罪恶,一方面表示要"扶保中华,逐去外洋"的决心。尽管在这些文件中带有某些迷信色彩和笼统排外主义倾向,但在这层薄薄的外衣下包裹着的爱国主义实体却仍然是显而易见的。

在同一个历史时期里,不同的政治派别似乎是不谋而合地提出大体相同的口号，这当然不是偶然的巧合。这表明，在当时，为"振兴中华"而奋斗，已经成为时代之要求，人心之所向，因此，这个口号的出现也就成为历史的必然了。一切爱国的、要求祖国独立和民族自由的人们，都强烈地感到"振兴中华"的必要性和神圣性。事实上，许多志士仁人，也正是在"振兴中华"的崇高信念的驱使下，纷纷投身到政治改革、抗击侵略和革命斗争中去的。"振兴中华"曾是那一个历史时期促使人们争取民族独立和社会进步的强大推动力。

今天，情况已经发生了根本变化。但是，近代史上这种为"振兴中华"而贡献自己一切的献身精神，仍然是值得我们继承和发扬的。

作者简介：李文海，1932 年生，江苏无锡人。中国人民大学原校长，中国史学会原会长，现为中国人民大学清史研究所教授，国家清史编纂委员会委员。长期从事中国近代史的教学与研究工作，出版有《世纪之交的晚清社会》、《历史并不遥远》、《近代中国灾荒纪年》等专著。

为政以爱民为本

李文海

　　封建政治充斥着统治阶级与被统治阶级之间的尖锐矛盾与对抗。按照恩格斯的说法，这种"政治权力"早已独立于社会之外，"从社会的公仆变成为社会的主人"（《反杜林论》）。所以，它不可能成为人民利益的代表者。套用一句我国先哲的话，"官视民为草芥，民视官为寇雠（chóu，同'仇'）"，则是封建官民关系的常态。

　　但问题还有另外一面。作为传统政治文明的一个重要内容，统治者常常宣扬"重民"思想，提倡关注民生，关心民瘼，强调"为政以爱民为本"。这种观念在清代得到广泛的传播。康熙帝在上谕中就多次提到："朕事事以百姓为念"，要求各级官吏要"念切民依"，"必使家给人足，安生乐业，方可称太平之治"；"但操守廉洁，念念从爱百姓起见，便为良吏。"（《康熙政要》）

　　这种看似矛盾的历史现象，其实也并不难理解。一方面，任何一个略有头脑的统治者，大抵都能懂得"水能载舟，亦能覆舟"的道理，知道"天下之治乱系乎民"。另一方面，"民本"思想在中国传统文化中一直有着巨大的影响，从《尚书》的"民惟邦本，本固邦宁"、孟子的"民为贵，社稷次之，君为轻"，到清初王夫之的"君以民为基"，"无民而君不立"等等,这些思想一脉相承,在封建时代一直同"尊君"观念并行而不绝。这不能不在政治文明中得到强烈的反映。

在清代名目繁多的"官箴"类著作中,宣扬"国家根本在百姓"、"为官一方,必为民出力"的内容,占据了重要的位置。其中,包含着相当丰富的思想内涵,概括起来,主要有以下几点:

一曰"爱民"。

有的书中把"爱民"提到治国理政的根本出发点的高度,所谓"朝廷设官,原以为民。官必爱民,乃为尽职"(徐栋辑《牧令书》)。只有从爱民出发,才能为官一任,造福一方,"常怀一点爱民之心,时时刻刻皆此念充满于中,自然事事为百姓算计,有一民不被其泽,便如己溺己饥,安得无不忍人之政?"(《朱舜水集·问答三》)有了爱民之心,便能实心任事,勤于政务,不因一己的利弊得失而顾盼彷徨。金庸斋《居官必览》称:"充我恳恻爱民之心,盎然天地之初意,氤氲氲氲(yīn yūn,形容烟或云气浓郁),盈满于胸中,发而施之于政事。凡世俗之毁誉利害,休戚得失,一毫毋使芥蒂于心,以杂我正念。"(乔立君编《官箴》)相反,如果为官者缺乏爱民之心,只知谋一己之私,则不但会祸害百姓,残民以逞,而且会动摇政治统治的基础。金庸斋还尖锐地指出:"乃居官牧民者,逞志作威,严刑聚敛,贱民如粪土,疾民如仇雠。非但我之一身,罪孽山积,独不为国家根本之计乎?"

二曰"利民"。

不但要"存爱民之心",更重要的是要"行爱民之政",也就是要在自己的政治实践中,为民谋利,造福百姓。"利民"的要义是一切政治举措,要时刻注意为百姓兴利除弊:"膺(yīng,承当)民社者,不必广求施济,但询其利害所在,害民之事,能宽一分,则民受一分之赐;利民之事,早兴一日,则民多一日之安。"(觉罗乌尔通阿《居官日省录》)《居官必览》中有这样一段话:"一为民牧,一方生灵,皆系于我,庶几夙夜焦劳,靡解厥职。民之所乐,我则遂之;民之所苦,我则除之。纵不能智虑毕周,跻斯民于衽席,然我为官一日,自当尽一日之责。"(乔立君编《官箴》)有的提出"官必好恶同民"的主张,"凡百姓所利,官亦曰利";"百姓所苦,官亦曰苦"(袁守定《图民录》)。也有的说,"事关民生",应该"是其所是,非其所非"(蒋士铨《官戒诗》)。官员们以百姓之苦乐为苦乐,以百姓之是非为是非,虽然由于政治立场的不同和利益冲突的客观存在,真正实行决非易事,但能够提出这样的命题,并且作为政治道德与行政良知的追求目标,显然有着十分重要的思想意义。

三曰"亲民"。

在封建政治下,官民之间尊卑悬绝,等级森严。官吏们常常"倚势作威,俨以官府自尊,驱民如羊,纵隶如虎";而百姓们"见里长则面色青黄,望公门则心胆战惊"。这种情况,就造成了"上下之情不通"。《图民录》强调:"凡上下之情,通则治,不通则不治。""如官有所行,不能达所行之意于民;民有所诉,不能面达所诉之情于官,此上下不通也,不治也。"因为只有官员们"平易近民","而后民得以尽其情,上得民情,而后可言治理也"。在这里,居官者能否去上下之隔阂,忘一己之威仪,真正做一个亲民之官,是能否实现政通人和的关键。汪祖辉《学治臆说》认为:"治以亲民为要","亲民之道,全在体恤民隐,惜民之力,节民之财,遇之以诚,示之以信。不觉官之可畏,而觉官之可感,斯有官民一体之象矣。民有求于官,官无不应;官有劳于民,民无不承。"要做到这一点,就必须放下架子,走出衙门,轻车简从,体察民情。《居官必览》批评了官场流行的"迎送欲远,称号欲尊,拜跪欲恭,供具欲丽,酒食欲丰,驺(zōu,古代给贵族掌管车马的人)从欲都,伺候欲谨",以至"行部所至,万人负累,千家愁苦"的恶习,勾勒了下面这样一种"亲民之官"的生动形象:"时屏驺从,巡历乡村,与山农野叟,欢然讲论,察访舆情。不烦人迎接,不累人一啜一杯,务期民志常通,欲恶与共。"(乔立君编《官箴》)

四曰"畏民"。

这里所说的"畏民",不是指害怕老百姓,更不是说有关民生之事,一味畏葸(xǐ,畏惧)不前,而是指对老百姓要时刻存有敬畏之心。晚清思想家王韬曾说:"勿以民为弱,民盖至弱而不可犯也;勿以民为贱,民盖至贱而不可虐者也;勿以民为愚,民盖至愚而不可欺也。"(《弢园文录外编·重民》)只有对百姓心存敬畏,居官者才"不敢肆于民上,为所欲为",也才能真正达到"民之所好,好之;民之所恶,恶之"的境地(方大湜《平平言》)。《图民录》对这个问题说得更透彻一些:"居官临民,以敬为本","敬则百姓受无穷之福,不敬则百姓受无穷之祸。凡贪婪暴虐,毒痛百姓,何一不从不敬生来?"强调"畏民",其出发点是十分清楚的,那就是他们深深懂得,"民悦则久安长治"。有的书把"官不畏民"叫做"乱阶",意思是说,一旦官员失去了对百姓的敬畏,就必然无所顾忌,胆大妄为,贪得无厌,民不聊生。那样,社会的动荡也就到来了。

上面所说的"爱民"、"利民"、"亲民"、"畏民",都是在封建意识形态范围之内的观念,都是在封建统治秩序条件下的认知。他们的最高信条,不过是"为民做主",做到"愚者觉之,弱者扶之,屈者申之,危者援之,缺者完之,隐然为一方保障,使一方之人,皆有所恃以无恐"(《图民录》)。也就是替百姓当好主人,这与我们今天所要求的"民主"当然存在着本质的区别。但是,我们不能因此而无视甚至抹杀其珍贵历史遗产的思想价值,这些思想内容,即使在今天也仍然没有失去现实的历史借鉴意义。正如周恩来同志所说:"封建制度是坏的,但统治阶级中也不是一无好人,尽管他们对人民的同情是有局限性的,但是那时的人民对这些人还是歌颂的。"(《周恩来选集》下卷)

为政以通下情为急

李文海

　　"政通人和"历来是我国理想的政治理念之一。清人论政,极重求"通"。清代的一些谈论政风吏治的作品中,往往对"通"字给予很大的关注,并且赋予了相当丰富的内容。例如,陈宏谋的《从政遗规》和金庸斋的《居官必览》,都曾引用过"为政,通下情为急"这句话。袁守定的《图民录》则强调:"凡上下之情,通则治,不通则不治。"(卷三)还有人说:"善为治者,贵在求民之隐,达民之情,民以为不便者不必行,民以为不可者不必强。"所以"治民之大者,在上下之交不至于隔阂"(彭忠德、李正容《居官警语》)。这里所说的"上下之交"而不"隔阂",其核心内容也还是一个"通"字。

　　在当时,这些议论有着很强的现实针对性。

　　封建政治的一个显著特征,是尊卑悬殊,上下隔绝。戊戌维新时期,谭嗣同深刻揭露在封建君主专制统治下,"君与臣隔,大臣与小臣隔,官与绅隔,绅与士隔,士与民隔,而官与官、绅与绅、士与士、民与民又无不自相为隔"。在这种情况下,统治者既无心"询察疾苦",老百姓也无处"陈诉利病",举国上下,层层相隔,当然是一盘散沙,毫无凝聚力可言,整个社会就不能不呈"乌合兽散"之势(《壮飞楼治事十篇》）。康有为则更一针见血地指出：封建专制政治"如浮屠十级，级级难通；广厦千间，重重并隔。譬咽喉上塞，胸膈下滞，血脉不通，病危立至"。他得出结论说："考中国败弱之由，百弊丛生，皆由体制尊隔之故。"（《上清帝第七书》）

既然君臣之间、官员上下之间乃至官民之间的相互隔绝是由政治体制所决定，那么在封建专制政治体制的框架内，这种状况当然是无法根本改变的。清代政治伦理中所以大力宣扬通下情、尊舆论、顺民心的重要，正是力图通过政治道德的提倡和约束，在一定程度上去弥补、抵冲政治体制的弊端和缺失。这也正是这一政治伦理的积极意义所在，同时又恰恰是它的局限性的集中体现。

官民相隔、下情不通的最大弊害，是主政者井蛙观天，孤陋寡闻，视世情则管窥蠡测，察时势则如坐云雾。既摧残了民气，压抑了人们的政治活力，又堵塞了当权者的视听，杜绝了政治进步的通道。以这样自我封闭的态度去治国理政，犹如盲人骑瞎马，没有不出乱子的。所以有人把这看作是天下最大的忧虑："天下大虑，惟下情不通为可虑。昔人所谓下有危亡之势，而上不知是也。"（金庸斋《居官必览》）如果不通下情，就不能及时察觉、处理与化解客观存在的社会矛盾，还会使各种矛盾不断积聚和发展，到一定程度，甚至形成严重的社会危机，造成"危亡之势"。这就把"通下情"提到了维护政治稳定的高度，在清代，不能不说是一个颇具卓见的认识。

封建政治的一大通病，是上下欺蒙，许多贪枉不法之事，往往由此而来。雍正时当过直隶总督的李绂在《与泰安各属书》中说："居官大戒，第一蒙蔽。盖上下内外，非蒙蔽无以行其奸欺也。蒙蔽之在内者，有官亲家人；蒙蔽之在外者，有猾书蠹役。内外勾连，鬻情卖法,则为官者孤立无与,而坐听声名之败裂,其亦危险矣哉!"(徐栋辑《牧令书》卷一)不幸的是,这种"上下相蒙,只图苟免,全无后虑"的状况,已经成为到处皆然的官场陋习。"通下情"则正是打破欺蒙的重要途径和手段,这是因为,蒙骗只能施之于闭目塞听之辈,却难以奏效于耳聪目明之人。只要主政者能够博闻强识,洞烛幽微,宵小之徒就无所行其奸。陈宏谋《学仕遗规》中有一段话讲得十分透彻,他说:"欲兴治道,必振纪纲;欲振纪纲,必明赏罚;欲明赏罚,必辨是非;欲辨是非,必决壅蔽;欲决壅蔽,必惩欺罔;欲惩欺罔,必通言路。所言虽未必可尽听,而人人皆得尽言,庶奸贪之辈,虑人指摘,不敢肆行无忌也。"(卷二)

　　不通下情的一个直接结果,就是政情扞格(hàn gé,互相抵触),政令不行。尽管封建政治充斥着尖锐的官民对立,但作为一种政治理想与政治追求,还是提倡施政应以民为本。所谓"民之所乐,我则遂之;民之所苦,我则除之。"(《居官必览》)"事关民生,是其所是,非其所非。"(蒋士铨《官戒诗》)有的甚至提出"官必好恶同民","凡百姓所利,官亦曰利","百姓所苦,官亦曰苦"。(袁守定《图民录》,卷四)可是,要怎样才能做到这一点呢?根本一条,就是要了解与体察下情。只有真正懂得了老百姓的苦乐好恶,是非利害,一个关心民瘼的官员才有可能施惠民之政,行益民之举,这样的政治举措也才能得到民众的拥护。所以,《图民录》强调:"当官无他术,只务合人情,事之顺民情者可行,咈(fú,违逆)民情者不可行也。""凡地方行一事,博采舆论,舆论可则可行,舆论不可则不可行。若咈众独断,则民必违犯,而事终柅(nǐ,遏止)矣。"(卷四)

　　在"贵贱有等,上下有别"的等级观念及等级秩序的支配下,真正要做到"通下情"、"察民隐",决不是一件容易的事。首先需要有敢于冲破传统观念的勇气,放下架子,走出官衙,到"村镇篱落","穷乡下邑",不论缙绅儒生,耆老隐逸,渔樵耕读,贩夫走卒,村姑童稚,都延访求教,"使民隐上通"。颇受雍正帝赏识的田文镜在所撰的《州县事宜》中发过这样的一段议论:州县官名曰知州、知县,顾名思义,必定要对一州一县的风土人情、物产生计、民生疾苦等等"知之周悉,而后处之始当"。"故凡四境之内,毋论远近,或因公务出赴省郡,或缘命盗往来乡村,途次所经,必随事随时,详加体访"。"若深居简出,高坐衙署,使百姓难于见面,于一切物理民情,茫然无知,判然隔绝,不几负此设官之名乎"!(《官箴书集成》)陆陇其在《莅政摘要》中讲了这样一个故事:明代著名思想家王阳明,正德年间任南、赣、汀、漳诸州巡抚时,曾经把官员出行时的"肃静"、"回避"牌去掉,另举二牌,一个牌上写"求通民情",一个牌上写"愿闻己过"。他解释这样做的原因是:"肃静欲使无言,闻过则招之使言;回避欲其不见,通情则召之来见。"据说效果还不坏,"当时不闻以先生为亵体"(卷下),也就是说舆论肯定了这种做法,并没有人认为这就亵渎了封建官僚体制。其实,这个故事的真实性并没有十分坚实的依据,但人们乐于流传这个故事本身,就反映了社会的一种意念,一种冀求。应该承认,在官员仪仗中去掉"肃静"、"回避"牌固属不易,要在头脑中取消让老百姓"肃静"、"回避"的观念,更是难上加难的事情。

对于老百姓的话,不但要能够去听,还要真正能听得进去,才能达到"周知民隐"、"体察民情"的目的,否则,就不免仅仅是一种政治作秀。所以大家都强调"通民情"的关键在一个"虚"字,就是必须虚心。"不虚则蔽","虚则生明"。觉罗乌尔通阿在《居官日省录》中说:"先哲云,官府政事繁多,下情阻隔,全在虚心体察。倘任其聪明,恃其刚介,挟其意气,种种皆能枉人。""是以居大位而不虚心,则事坏;从政不虚心,则政坏;为学不虚心,则学坏。何也?意气太盛,虽有嘉言在耳,简册在前,不复潜心研究,惟凭私智臆见,谓操纵一切而无难,于是疏略偏蔽,百病交集,害有不可胜言者。"如果自以为是,刚愎自用,趾高气扬,固执己见,"自视地位高于人,才识无不高于人,自是之见渐习渐惯,其尚能低首下心,勤学好问也哉?"这个警告,确实很值得深思。

治天下以惩贪奖廉为要

李文海

大约从西晋时起,官场中就流传着"清、慎、勤"是"居官三字诀"的说法。清代的康熙帝曾亲笔书写此三字赐给大臣,以为倡导。清人在解读这三个字时,普遍认为"清者,大节","三字之中自以清为第一义"。这里所说的"清",就是指清廉、廉洁。

清廉的另一极是贪渎。在现实生活中,一则由于封建政权的性质与人民群众相对立,二则由于政治权力缺乏有效的制约和监督,三则由于政治运作机制上存在着种种弊端,封建官员中贪渎行为极为普遍,贪赃枉法现象比比皆是。正像有的书中所说:"求一真正清廉之吏,几等于麟角凤毛。虽在上者日言惩贪,而实有不能苛求之势。"(徐世昌《将吏法言》)这种状况,大大加重了民众的苦难,激化了社会矛盾,导致政局的动荡。

因此,一些较有作为的统治者,总要努力设法倡廉肃贪,整饬吏治,以稳定统治秩序,巩固统治权力。拿前面提到的康熙帝来说,就曾在上谕中多次强调,"官以清廉为本","治天下以惩贪奖廉为要。廉洁者,奖一以劝众;贪婪者,惩一以儆百"(《康熙政要》)。他在亲撰的《廉静论》中坦率地说:正因为现实生活中存在着严重的贪渎现

42

象,就更应该大力提倡清廉。"自为吏者有贪私之实,而后重廉洁之名,故尤以廉为贵。""吏苟廉矣,则奉法以利民,不枉法以侵民;守官以勤民,不败官以残民。民安而吏称其职也,吏称其职,而天下治矣,故吏尤以廉为贵也。"(《康熙政要》)

为什么把清廉作为为官的根本,把惩贪奖廉作为治天下的要务?主要是因为在现实生活中,官员的贪渎行为危害极大。清代各色"官箴"类著作,对此有着十分详尽深入的论述和揭示。

从自身修养的角度讲,大凡官员一涉贪贿,整个人的品德人格就会全线崩塌,变得猥琐污浊,再也无一丝正气可言。"人只一念贪私,便销刚为柔,塞知为昏,变恩为惨,染洁为污,坏了一生人品,故古人以不贪为宝。"(彭忠德、李正容编《居官警语》)

从断案执法的角度讲,贪赃必定枉法,一旦贿赂公行,就绝不可能再有公正、公平之存在。对贪官们来说,"生死曲直,不断之以法,而断之以赂";只要利之所在,就可以"曲直倒置,生死任意"(陈宏谋《在官法戒录》)。这样,必然是横暴者肆行无忌,受害者告诉无门,冤抑遍地,公理荡然。所以,人们总结经验说:"人须心中无欲,方能心平。心平,方能事平。故廉又为平之本。吏多不能廉,亦不肯廉,故动多不平之事。"(陈宏谋《在官法戒录》)

从民生的角度讲,贪渎之徒,穷奢极侈,欲壑难填,势必脧(juān,剥削)民之膏,吮民之血,敲骨吸髓,苛征暴敛。为满足一己之私利,不惜让百姓倾家荡产,妻离子散:"我以之适口,民以之浚血;我以之华体,民以之剥肤;我以之纳交游,民以之鬻妻子;我以之遗子孙,民以之损田庐;我以之恣歌舞,民以之啼饥寒。"(乔立君编《官箴》)结果是民不聊生,众怨沸腾。

有所谓"一贪生百酷"之说。贪官与酷吏，往往是一身而二任的。贪官们大抵都"逞志作威，严刑聚敛，贱民如粪土，疾民如仇雠"。原因何在呢？其实也很简单。有人分析说："凡受贿，则必酷。彼以为不用严刑，则群情不惊，货贿不来也。受贿，则必横。彼以为不颠倒曲直，则理胜于权，人有所恃以无恐也。受贿，则必护近习，通意志。彼以为不虎噬成群，则威令不重；不曲庇私人，则过付无托。"（觉罗乌尔通阿《居官日省录》）

上面所讲，都是贪官对于社会所造成的严重危害。也有不少著作着重从贪渎行为对于官员本身的危害来立论的，实际是对贪官们的一种警示和忠告。如方大湜（shì）在《平平言》中，就归纳了六个方面的危害，来说明"官不可贪"的道理：一是"坏心术"，就是失去了良知，扭曲了人性；二是"败风俗"，就是污染社会风气，扰乱社会秩序；三是"损声名"，就是贪墨之名，喧传道路，声名狼藉，人所不齿；四是"干国法"，就是贪赃枉法，法所不容，一味视国法为儿戏，最后终于难逃国法之严惩；五是"辱祖宗"，六是"毒子孙"，就是一旦事情败露，不仅个人身败名裂，而且辱及先人，遗害子孙。如此言之谆谆，反映了社会对于官员贪廉之辨的良苦用心。

贪官并不是与生俱来的。不少人在未仕之先，也曾满腔豪情，壮怀激烈，一心想做个一身正气、两袖清风的好官。"见墨吏所为，辄切齿恨之，高谈击节，似可翱翔古人，而犬豕若辈也。"待到进入仕途，逐步掌握了巨大的权力之后，各种诱惑也就随之而来，面对"势利之熏灸，妻子之浸淫，朋比之怂恿附和"，意志薄弱者"于是乎良心死，而贪心生矣"（金庸斋《居官必览》）。开始的时候，"多在可以无取、可以取之间，意谓伤廉尚小，不妨姑试"，但"利径一开，万难再室。情移势逼,欲罢不能"(汪祖辉《学治臆说》)。贪欲是无所底止的,"初犹染指,而积久日滋,性情已为芬膻所中矣。且人心何厌?至百金,则思千金;至千金,必思万金。又甚则权势熏赫,财帛充栋,已积为陈朽,而犹未足也"(觉罗乌尔通阿《居官日省录》)。这里的叙述,如此生动又如此准确地描绘了贪官们一步步走向泥淖走向罪恶的心路历程和行为轨迹。从中可以得出的一条经验教训是:清浊廉贪之间,并无不可逾越之鸿沟,要能始终做一个无愧于社稷百姓的"清白吏",必须立定宗旨,咬紧牙根,经受住各种诱惑,不能在看似小事上打开任何贪欲的缺口。一物之微,一念之差,都可能成为导致冲毁道德大堤的"蚁穴"。

人们把贪赃枉法看作是大奸巨害,对贪官污吏深恶痛绝。所谓"万分廉介,不过小善;半点贪污,便成大恶"(金庸斋《居官必览》),意思是说,清廉本是为官的本分,而只要一涉贪贿,便罪大恶极。所以谆谆告诫居官者们,必须"时时警惕,刻刻提防","务为清廉仁爱之官,勿作苟且贪污之事"(徐栋、丁日昌《牧令书辑要·屏恶》)。康熙帝甚至强调:"别项人犯,尚可宽恕,贪官之罪,断不可宽。"(《康熙政要》)

在清代,作为一种政治文明,一种政治道德准则,崇廉鄙贪,确是占主流地位的社会舆论,也是世所公认的政治荣辱观。"贪则狼藉之声,甚于粪秽;祸害之加,甚于戈戟;防虑之切,甚于盗贼。"(袁守定《图民录》)当然,客观现实并不因此就能出现一个清平世界。广泛流传的"三年清知府,十万雪花银"的民谚,就很好地反映了社会的真实。造成这种现象的原因,我们在前面已经作了交代。但我们不能因此而低估了这种政治文明的思想意义和政治价值,它不仅在历史上曾经起过重要的积极作用,也是留给今天的珍贵历史遗产。

疲是居官大病

李文海

　　清人李岳瑞在《春冰室野乘》中讲了这样一个故事,因为它的生动性和典型性,使读者往往过目难忘。说的是:在嘉庆、道光两朝久任军机大臣的曹振镛,晚年更是"恩遇极隆,身名俱泰"。他的一位门生专门请教他官运亨通的秘诀,曹振镛回答说:"无他,但'多磕头少说话'耳!"敢于讲话,勇于任事,不免要冒各种风险,只有"多磕头少说话",才能八面玲珑,四处逢源,在官场上一帆风顺,扶摇直上。

　　这绝不是一个特殊的个例,而是封建官场的普遍现象。戊戌变法时期,梁启超在谈到守旧大臣们为什么如此坚决地反对改革时说:那些"内位卿贰,外拥封疆"的高官们,"不知经若干年之资俸,经若干辈之奔竞始能获也",到了这个地位,只要"循常习故,不办一事",就可以"从容富贵,穷乐极欲"。"若一旦变法,则凡任官者皆须办事",这些人"既无学问,又无才干,并无精力,何以能办?"(《论变法后安置守旧大臣之法》)可见,官员之固位擢升,不在于办不办事,能不能办事,而在于熬年头,善钻营。

　　清代的最高统治者,并不是一点都觉察不到这些弊端,他们也曾设法采取一些措施来救弊补偏。康熙帝亲书"清、慎、勤"的所谓"居官三字诀"赐给大臣,以为倡导,其中"勤"字就是勉励大家要勤于政务,不要尸位素餐,玩忽职守。在三年一次称之为"大计"的官吏考核中,"疲软无为"是应加举劾的罪名之一,得到这样考语的要受革职处分。但是,官员们一味明哲保身,敷衍塞责,苟且模棱,并不仅仅是个人的政治道德操守问题,而是制度性缺陷的必然表现,单靠口头的提倡和极其有限的监督,自然无济于事。封建皇权的极度膨胀,所谓"乾纲独断",结果必定是"一人为纲,万夫为柔",群臣们只能叩首颂圣,墨守成规,做一天和尚撞一天钟就算不错,哪里还顾得上勤劳公务,尽心国事?

懒官、庸官们充斥朝堂,一个直接的结果就是统治机器失灵,政务废弛,吏治败坏,政治公信力低下。这既破坏了社会秩序的稳定,也伤害了本就生活得十分艰难的普通老百姓的切身利益。

所以,袁守定在《图民录》中指出:"疲是居官大病。所谓疲者,如疲马然,策之不动也。然疲生于挨,朱子所谓挨得过时且过是也。"(卷一)官员一旦得了"疲"症,就像一匹鞭打不动的老马,怎么赶也是步履蹒跚,踌躇不前,而其根源恰如朱熹所说,因为抱着得过且过的态度,挨一天是一天。不求有功,但求无过,就是他们的处世哲学。什么样的精神状态决定什么样的行为方式,"人心一懒,则百体俱怠;百体俱怠,则心日荒而万事废矣"(觉罗乌尔通阿《居官日省录》)。

金庸斋在《居官必览》中也强调:"倦最害事。""当官者,一日不勤,下必受其弊。""此身苟一日之闲,百姓罹无涯之苦。"为什么呢?原因很简单,官员如果倦于政事,则"地方利病,应兴应厘,漫不经心,百废莫举"。这样没有担当的官,必然使"民困日深","民生日艰"。

有人以断狱判案为例,提供庸官殃民的实证。每有命案发生,"有司之悠忽者"往往"迟延日期",不予置理,直到"尸身发变",不得已才慢吞吞地赶到现场,"又以亵秽为嫌,远坐他所,止凭仵作衙役混报,既未目击,又不令两造面质,草草讯供,游移通详"。审案时又"听断乏才,优柔不决,经年累月,拖延无期"。最后只能"草率完局,锻炼成招。不但生死含冤,且有牵连拖累,致小民倾家荡产,废时失业者,深堪悯恻。人命如此,其他可知"(田文镜《州县事宜》)!

对公事如此漫不经心,荒疏怠忽,又怎么能在官场混得下去呢?他们有一个重要的手段和对策,叫做"弥缝搪塞"。他们对于"民间苦乐"虽然"漠不关心",对于利国惠民之事虽然束手无策,不过"饰虚文以媚上司,习时套以规进取"这一套弄虚作假的手段,倒是得心应手,驾轻就熟。平时"但以簿书文移,弥缝搪塞,一生精神,用在酬应世态,绸缪身家之处,互相欺罔"(陈宏谋《学仕遗规》卷一)。他们也并不是成天无所事事,闲居独处,相反,他们时刻奔走于大吏之门,争逐于宴会之场,简直是忙忙碌碌,马不停蹄,在"酬应世态"方面用足了"一生精神"。他们处事有一个最根本的原则,就是"每事止图可以回复上官,不顾可对士民与否"(徐牧《牧令书》卷一)。只要把上司糊弄好了,上司感到满意了,自己的官位也就坐稳了,老百姓的苦乐死活自然不在话下。

清代许多有关"官箴"的书中,对上面这种现象斥之为"伪",是"仕途之贼"。与这种恶劣的官场习气相对立,人们强烈地呼吁官员们应该"以实心行实政",真正为老百姓办实事,办好事。高廷瑶《宦游纪略》说:"官如何才为爱百姓?"作者自己回答说:"必有一副爱之之心,又必有一副爱之之力。无此心则抚摩噢咻,无非沽名市惠,是假之也,何有于民? 有此心而才具精神不足赴所欲为,亦徒虚此爱耳。故真爱百姓者,以实心行实政,废一不可也。"(卷下)既要有爱民之心,又要有爱民之力。心里根本没有百姓,所作所为不过是沽名钓誉;说是爱百姓,却没有为百姓办事的才具和精力,也只是空言虚词而已。所以"实心"和"实政",二者缺一不可。

真正心存百姓的官员,需要有一副热心肠。就像方大湜《平平言》所说:"富贵利达,眼不可热。民生休戚,肠不可不热。肠不热,则百姓之休戚,如秦越肥瘠,漠不相关矣。"王志伊为《励治撮要》一书所写的序言中提出,一个关爱百姓的官员,应该处处以为百姓兴利除弊为念,做到"重民生,勤民事,薄民赋,保民富,宽民力,从民便,悯民穷,恤民灾,除民害,询民瘼"。

对封建官僚提出这样的要求,今天看来,未免不切实际,根本不可能做到。但这样的呼声和舆论,毕竟反映了广大群众的良好愿望和迫切冀求,在当时,它起着对黑暗政治的批判及对清明政治的引导的积极作用,至今也仍然不失为是传统政治文明中珍贵的历史遗产。

切戒"悦谀成风"

李文海

　　清人徐栋所辑的《牧令书》中说:"官场陋习,乐于见长,不乐于见短,喜顺恶逆。"(卷一)用现在的话来说,就是大家都乐于报喜不报忧,喜欢听赞扬顺从的话,厌恶听逆耳之言,这已成为官场的一种陋习。

　　这种现象甚至引起了皇帝的注意。康熙五十四年(1715),一个上谕这样说:"至于一切颂扬之文,俱属无益。朕见近来颂圣之语殊多,悉应停止。凡事皆宜务实,何必崇尚虚文? 即如尔等师生之间,一发议论,即互相推赞。书札往来,亦大都奖誉过情,此甚无谓也。"(《康熙政要》卷八)康熙是一个有作为的皇帝,他一直提倡"凡事但求实际,不务虚名"。身处"乾纲独断"的"万乘之尊",能够反对"颂圣",把对他的肉麻颂扬看作是"俱属无益"的"虚文",应该说是难能可贵的。但从另一方面也可以看出,在当时的官场中,对皇帝的歌功颂德,对上司的阿谀逢迎,师生、同僚之间的相互吹捧,已经习以为常、无处不在了。谄媚之风的盛行,谀颂之词的泛滥,引起了人们的极大厌恶,纷纷揭露"悦谀成风"已成为政风败坏的一个突出问题。

　　好谀包括两种情况:一是喜欢听别人对自己的阿谀奉承,在别人的吹捧面前自我陶醉,忘乎所以;另一种是对上司望风希旨,投其所好,奴颜婢膝,迎合趋承。这两种情况,都会对执法理政产生很坏的影响。

在封建时代,一旦跨入仕途,立即高踞人上,成为站在老百姓头上的老爷,权势显赫,威风八面。所以,"居官时不患无谀词,而患无规语。民即怨诅,不遽入耳"(汪祖辉《学治臆说》)。官员的特殊地位,使他们很容易听到谀谄之词,却很难听到规劝和批评的话,老百姓即使有对你抱怨甚至诅咒的语言,也不会一下子传进你的耳朵里。当你被种种谀词所包围,并且沾沾自喜而得意忘形时,就会产生一系列严重的后果。有的书作了这样的分析:"居官之人,身处民上,一令百从,谀言日至。自视地位高于人,才识无不高于人,自是之见渐习渐惯,其尚能低首下心勤学好问也哉! 趾高气扬,非独办事乖错,必贻民物之忧,即终身才识,亦以一得自阻矣。吁,可畏哉!"(觉罗乌尔通阿《居官日省录》卷六)这段话对好谀之害,揭露得入木三分,可谓鞭辟入里。一个缺乏自觉的人,在谀言的浸淫下,就会自我膨胀,产生一种错觉,好像官位高了,学问才识也会水涨船高,无不高人一等,于是自以为是,趾高气扬,刚愎自用,独断专行。这样,不但办事常常出错,个人也必然固步自封,闭塞了增长才智的通道。

问题远不止此。好谀之人,往往会失去对人对事的是非好恶的准确判断力。对那些巧言令色、希恩固宠之流,视之为心腹,倚之为亲信,言听计从,百依百顺;而对那些敢于犯颜直言,讲一点真话甚至逆耳之言的人,则不惬于心,怒形于色,甚至深恶痛绝。于是,就逐渐形成了一种风气,谄媚之徒飞扬跋扈,正直之士缄口不语。黑白混淆,是非颠倒,歪风盛行,正气不申。这样的政治环境,必然使谗言佞语乘虚而入,招摇过市。有人一针见血地指出:"闻谤而怒者,谗之囮(é,捕鸟时用来引诱同类鸟的鸟)也;见谀而喜者,佞之媒也。谗言之人,起于好谀。"(《居官警语》)

喜欢下属吹捧的人,面对上司,也必定是"趋跄跪拜,迎合谄媚"、"诳语支吾","唯诺随人"。他们的处事原则是"善事上官,不恤民瘼"(《居官警语》)。只要把上司伺候好了,老百姓的疾苦是不必放在心上的。这样的人最善于揣摩。"仕途恶习,不讲实在是非,惟以私心摹拟。""全以私心揣测上司,一倡百和,而激扬之公泯,劝戒之意不昭矣。""况有揣摩之心,便工迎合之计。奔竞钻营,无所不至,其有关吏治风俗,人品心术,殊非浅鲜。"(徐栋《牧令书》卷一)陈宏谋《学仕遗规补编》对这种人有这样的描写:"萎靡不振,悦谀成风。上官曰是,彼亦曰是;上官曰非,彼亦曰非。迨其后事势乖违,民怨沸腾,彼则曰此上官之意,非距(他)心所得为也。其居心之险,大非事上之敬。"(卷三)对这样的人来说,个人私利是衡量一切事物的唯一准绳,阿谀上司,是为了能取悦于人,以便得到仕途腾达;一旦事情搞砸了,"事势乖违,民怨沸腾",就立即表示这都是"上官之意",把所有责任推得干干净净。

喜欢阿谀奉承的人,不但在需要承担责任的时候,会迅速变脸,就是在平时,也常常是两副嘴脸,这就是人们常说的,"媚上者必欺下"。对上是一副面孔,对下则又是另一副面孔。"事上则俯首鞠躬,临民则逞志作威。"(《学仕遗规补编》卷三)"小人之事上也,必谄以媚;其待下也,必傲以忽。"(陈宏谋《从政遗规》卷上)人们不必惊诧于他们面目变化之神速,因为在这些人的心目中,官与民、上司与下属之间,前者对后者的颐指气使、呼幺喝六,同后者对前者的低眉顺眼、胁肩谄笑,都是天经地义的。他们看似冰火不容的两种面目就合乎逻辑地统一在这种卑劣陈腐的意念之中。

大凡好谀之人,总是特别热衷于沽名邀誉,做表面文章,图热闹好看,真正关乎老百姓痛痒、民生疾苦的事,却漠然置之。有时甚至会打着"便民"的旗号却干着"病民"的勾当。汪辉祖《学治臆说》就讲了这个道理:"一有沽名邀誉之私,其奉我以虚名虚誉者,即导我以偏好偏恶,而便民之事,亦且病民。"(卷下)方大湜《平平言》也说:"官不可好名。实者,名之形;名者,实之影。一味好名,则纯盗虚声,毫无实际,必至名裂而后已。"很明显,这里所讲的"官不可好名",决不是说当官的不必看重和珍惜自己的名声,而是说不要一门心思地去沽名钓誉,欺世盗名,最后落得个图虚名而得实祸。所以,为政"宜崇实效不宜务虚名",实在是一条至理名言。

说到底,能不能杜绝好谀之风,关键在于官员们是不是能够真正实心任事,办事的出发点究竟是"为民"还是"为名"? 对于这一点,老百姓心里其实是一清二楚的。高廷瑶《宦游纪略》中有一段话,讲得极为精彩:"不可沽名邀誉。到任时做一二事以市名,后将不继,前此皆假矣。进锐退速,名岂能久? 惟地方一切利弊,或因或革,实心实力办去,实至而名自彰。百姓愚而最神,所为为名也者,百姓知之;所为为民也者,百姓无不知之。"(卷下)一个封建士人,竟能以如此明白的语言,宣称素被视作"愚民"的老百姓,其实是"愚而最神",他们对官员们的所作所为,"为名"抑或"为民",统统都心知肚明,一眼可以看穿,这样的识见在当时实在是不可多得的。但这却是一个千真万确的真理。

俭以成廉　侈以成贪

李文海

人们在倡廉肃贪的过程中,察觉到一个重要的社会现象,那就是奢俭和贪廉之间,存在着紧密的关联。侈靡风行之处往往也是贪风炽盛之地,竞尚挥霍之徒也常常是贪赃枉法之辈。康熙时担任过文渊阁大学士的陈廷敬曾说:"贪廉者,治理之大关;奢俭者,贪廉之根柢。"(蔡冠洛《清代七百名人传》)意思是说:官吏之贪墨或清廉,是事关政治大局的事情;而决定官员或贪或廉的根基,则在于追求奢侈还是谨守俭约。既然人们对贪官污吏深恶痛绝,崇俭鄙侈也自然成为政治伦理的一个重要价值取向。

康熙帝在《庭训格言》中曾这样说:"若夫为官者俭,则可以养廉。居官居乡,只缘不俭,宅舍欲美,妻妾欲奉,仆隶欲多,交游欲广,不贪何以给之? 与其寡廉,孰若寡欲? 语云:'俭以成廉,侈以成贪'。此乃理之必然者。"(《康熙政要》卷十三)

为什么俭可以养廉,侈足以成贪呢? 康熙帝所说"此乃理之必然的"理",又究竟何在呢? 关于这方面的议论,清代的"官箴"书中反映得十分充分。

觉罗乌尔通阿的《居官日省录》中有这样两段话:

"侈则多欲。君子多欲,则贪慕富贵,枉道速祸;小人多欲,则多求妄用,败家丧身。是以居官必贿,居乡必盗。故曰:侈,恶之大也。"(乔立君编《官箴》)

"盖国家廉俸有常,人念奢侈无度。金樽玉硌,器必精工;细葛轻裘,服必华丽;脂车秣马,壮我观瞻;食美饮甘,遂我哺啜。甚至娇婢娈童,一呼百喏。穷奢极欲,取给无门,由是百计搜求,贪得无厌。势不能不籍下民之脂膏,以供骄奢淫逸之念,其流毒可胜言耶?"(同上书)

《平平言》的作者方大湜用不同的语言表达了几乎同样的意思:

"俭以养廉,老生常谈也。其理,却至当不易。""若习为奢华,饮食、衣服、车马、器皿、玩好等项,件件讲究,所出之数浮于所入,势必缺用。缺用不已,势必借债。借债不已,势必贪赃。"(同上书)

封建君主也常常用这个道理告诫大小官员们。嘉庆帝在一个谕旨中指出,那些因贪渎而"身罹重罪"的高官,"如蛾投火,实堪悲悼。推原其故,总由恣情糜费,日事奢华,以致廉俸所入,不足供其挥霍,因而败检踰(同"逾")闲,多方婪索。伊等岂不知得受赃款,律有明条,而利令智昏,遂自蹈重谴而不顾"(《清仁宗实录》卷七十五)。

可惜言者谆谆,听者藐藐。清代官场的侈靡之风,不说愈演愈烈,至少也是经久不衰。这种状况的出现,有深刻的社会根源。说到底,是一个同人民群众相对立的封建政权,对掌握着巨大权力的官员们,不可能存在有效的制约和监督机制。在这种情况下,那些原本就没有什么"治国平天下"政治抱负,一心只想升官发财,以攫取政治权力作为个人飞黄腾达手段的人,一旦头戴乌纱,手握重权,就立即安富尊荣,穷奢极侈,整日里锦衣玉食,声色犬马,骄奢淫逸,纸醉金迷，"以官场为享福之地，借临民为行乐之方"。而为了满足这些无休止的欲念，就必定要巧取豪夺，苛征暴敛，贿赂公行，残民以逞。

常言道："由俭入奢易，由奢入俭难。"对侈靡的追求是难有止境的。一旦身涉浮华，就会得陇望蜀，贪多务得，久而久之，则沉溺其中而不可自拔。如有人所生动描述的："侈靡之为害也，取之百姓不已，必至侵及官帑（tǎng，府库里的钱财）。其始偶然，继乃常然，久且习为固然，而忘其所以然。"（汪祖辉《学治臆说》）到那个时候，"利径一开，万难再窒。情移势逼，欲罢不能"，再没有回头路可走。明知长此以往，终不免身败名裂，但欲壑难填，利令智昏，自然也就不惜以身试法了。

官场上的一些陋习，也常常成为助长侈靡之风的温床。例如讲排场的风气，就是如此："仕途中有种习气，俗谓排场，亦曰讲款。如衣服合时，进退中度，仆从都秀，饮馔佳良，器皿精工，轿伞齐整，应对便给，书札殷勤，皆所谓排场也。"（徐栋、丁曰昌《牧令书辑要·屏恶》）在这种风气下，不讲排场，似乎就有失身份，反而成了官员中的另类；而竞尚奢华，也就成了官场的一种潜规则。从这里我们再一次看到社会风气对社会生活的巨大影响，一旦某种陋习形成了风气，往往能够造成积非成是、以丑为美的怪现象。

侈靡之风的泛滥，促使社会更加增强了宣扬"以俭养廉"观念的紧迫性。这种观念的提倡，究竟能在多大程度上对侈靡与贪渎现象起到遏制作用，其实是大可存疑的。但无论如何，作为一种政治荣辱观，鲜明地提出"俭以成廉，侈以成贪"，使崇俭鄙侈成为社会的一种主流意识，是有重要的积极意义的，它也可以成为古代政治文明中一份有价值的历史遗产。

人们总是把俭与廉紧紧地联系在一起。所谓"惟俭足以养廉"，所谓"居官之所恃者在廉，其所以能廉者在俭"，所谓"欲教以廉，先使之俭"，都是讲勤俭是廉洁的根本。从政治上来说，只有经得起财色等物欲诱惑的人，才能身正行端，真正做到"无欲则刚"。"士能寡欲，安于清淡，不为富贵所淫，则其视外物也轻，自然进退不失其正。"（《居官警语》）从生活上来说，只有清心寡欲，淡泊自甘，才能无觊觎之心，杜贪婪之念。"俭，美德也。余谓仕路诸君子，崇尚尤急。数椽可以蔽风雨，不必广厦大庭也；痴奴可以应门户，不必舞女歌童也；绳床可以安梦魂，不必花梨螺钿也；竹椅可以延宾客，不必理石金漆也；新磁可以供饮食，不必成窑宣窑也；五簋（guǐ，古代盛食物的器具）可以叙间阔，不必盛席优觞也；经史可以悦耳目，不必名瑟古画也。去一分奢侈，便少一分罪过；省一分经营，便多一分道义。"（陈宏谋《从政遗规》卷下）《居官日省录》有人总结俭有四大好处："俭则安分，俭则洁己，俭则爱民，俭则惜福。故曰：俭，美德也，官箴也。"能俭则"不至侵用官项，朘（juān，剥削）削民膏。身心俱泰，寝食皆安。"（乔立君编《官箴》）

应该指出，这里所说的俭，同吝啬完全是两码事。"可省则省，谓之俭；不可省而省，谓之吝啬。"（方大湜《平平言》）俭不是指需要用而硬不用，而是指应该用而用之不过分。提倡俭约，也不是要取消一切正当的物质需求，更不是要装腔作势，矫情作秀。人们常常拿西汉时"以宰相封侯"的公孙宏为例，他标榜自己"布被，食不重肉"，但大家认为这只是"矫情干誉"，"饰诈以钓名"，并不合乎俭的本义。其实，所谓俭，只是不要纵情声色，耽于逸乐，暴殄天物，劳民伤财而已。下面的一段话，也许对侈俭之辨讲得比较切实明白：

"凡宫室、饮食、衣服、器用,受用得有数,朴素些、简淡些,有何不好? 人心但从欲如流,往而不返耳! 转念之间,每日当省不省者甚多。日减一日,岂不安静快活? 不但治生,即是寡欲清心之要。力持此法,更加一勤字,终身不取一毫非分之财,泰然自得,衾影无惭,不胜贪秽之富千万倍耶?"(乔立君编《官箴》)

皇太极所得"传国玉玺"考绎

卜 键

公元 1635 年,亦即明崇祯八年、皇太极天聪九年,局势一步步变得对后金更为有利。这年秋,出征察哈尔的大军又传来捷报,不独整个儿绥定曾经强悍的死敌,还意外得到了一块"传国玉玺"。后金汗廷一片欢腾。文馆汉官鲍承先上奏,"大宝呈祥,天赐玉玺,乃非常之吉兆也",建议由工部特制宝函,皇太极择吉郊迎,然后以此玺钤行敕谕,"颁行满汉蒙古,俾远近闻知,咸识天命之攸归"。皇太极心情愉悦,一一允准。

"传国玉玺"的出现,曾被作为天意天命的象征,作为后金走向"大清"的重要依据,是清朝建国史上的重大事件。对它作一番梳理考证,还原其历史本真,则是这篇小文的尝试。

一、多尔衮逼降察哈尔,缴获"传国玉玺"

远征察哈尔的是多尔衮等四贝勒统帅的一万精骑,当年二月出师,西渡黄河,四月二十八日抵达额哲所部驻扎的托里图。时察哈尔林丹汗已在前一年病死,部众大半降了后金,连其福晋窦土门都被皇太极列入妾班。唯察哈尔太子额哲率部远遁，不来归顺，心病未去，是以大兵压境，务绝后患。多尔衮不独精于用兵，亦擅于用情，军中叶赫将官南褚是察哈尔太后的弟弟，受命先入营谈判，苏泰太后恸哭出见，令额哲率众出降，不战而屈人之兵，降众跟随大军前往盛京。

多尔衮是在此际得到的"传国玉玺"吗？应不是。《清实录·太宗文皇帝实录》卷二四：

庚辰，出师和硕墨尔根戴青贝勒多尔衮……等征察哈尔国，获历代传国玉玺。先是，相传此玺藏于元朝大内，至顺帝为明洪武帝所败，遂弃都城，携玺逃至沙漠，后崩于应昌府，玺遂遗失。越二百余年，有牧羊于山冈下者，见一山羊三日不啮草，但以蹄跑地，牧者发之，此玺乃见。既而归于元后裔博硕克图汗，后博硕克图为察哈尔林丹汗所侵，国破，玺复归于林丹汗。林丹汗亦元裔也。贝勒多尔衮等闻玺在苏秦太后福金所，索之，既得，视其文，乃汉篆"制诰之宝"四字。璠玙为质，交龙为纽，光气焕烂，洵至宝也……

庚辰，为八月三日，距收降之日已过去三个月有余。多尔衮奏章称："天赐至宝，此一统万年之瑞也！"如果当时便收缴到这块宝玺，四贝勒应会即刻呈报，上达皇太极。

据所能看到的记载，多尔衮等不仅没有飞骑驰报这一重大喜讯，甚至没有直接还兵。是没当回事儿？是路远不便？还是宝玺尚未到手？以第三种可能最大。其实皇太极在五月二十七日即收到多尔衮派员呈送的捷报，详述收服察哈尔的过程，不厌其烦地列举归顺的王室成员和臣属名单，自然也不会遗落察哈尔奉献的各类宝物，如"驼、马、雕鞍、貂裘、琥珀数珠、金银、彩缎等物"。奏报中只字未提宝玺之事，理由只有一个——宝玺尚未到手。

察哈尔的屈服，大约让贝勒们觉得不过瘾，便于归程往明朝边境大肆劫掠，"自平鲁卫入朔州，直抵长城，又经宁武关、代州、忻州、崞县、黑峰口、应州，而复还平鲁"，真可称入无人之境啊！宣大密迩京师，向称明朝的军事重镇，此际竟如此不堪。而多尔衮以九千部卒（岳托因病，分兵一千驻守归化城），又挟带着察哈尔王室和族属，不是直接东向还兵，却要南下袭扰劫杀，一次出征非要有多重收获，那份军事上的自信与恣纵，亦让人慨叹。

也许就是在这一过程中，苏泰太后交出了察哈尔王室的各种玺印，其中也包括这块"制诰之宝"。

二、皇太极隆重迎接宝玺

对于皇太极，祛除肘腋之患本在计划中，得到"传国玉玺"则属意料之外。他决定隆重出迎，甚至渡过辽河，远迎到一百多里之外的阳石木。九月六日，皇太极率皇后诸妃、大贝勒代善及众贝勒众大臣亲迎凯旋大军。实录记载：在御营南冈事先筑好的坛下，凯旋诸贝勒以毡案置放玉玺，引领部将列阵跪拜；正黄、镶白两旗主举案趋前，至坛虔敬呈献；皇太极亲自捧起玉玺，拜天行礼，传谕左右曰："此玉玺乃历代帝王所用之宝，天以畀朕，信非偶然也！"接下来是多尔衮、岳托等依次向前跪拜抱见，然后轮该苏泰太后、额哲和一众察哈尔降臣。满蒙各部落贵族多娶且联络有亲，彼此的辈份常常是一笔乱账，以叶赫贝勒金台石论，皇太极为亲外甥，苏泰太后则是亲孙女，于是这一受降仪式又显得亲情络绎。

喜得玉玺的影响在受玺仪式后持续发酵，尤其那些在后金任职的明朝降将表现积极。都元帅孔有德自前线送来奏章："自古受命之主必有受命之符,昔文王时凤凰鸣于岐山,今皇上得传国宝玺,二兆略同。此宝实非寻常,乃汉时所传,迄今两千余年。他人不能得,唯我皇上得之……"同一天还收到总兵官耿仲明上疏："天赐宝玺,可见天心之默佑矣。惟愿蚤正大统,以慰臣民之望。"至此,这块玉玺已被渲染为"历代传国玉玺","历代帝王之宝","镇国传世之宝"和传承两千余年的汉代宝玺。果真如此吗? 不。

三、宝玺不应是元顺帝遗落之物

此玺当然是一块分量很重的皇家玺印,它的真实出处和流播过程都很值得研究。但由于政治目的,一出场便被添加了太多的祥符色彩。

首先它不应叫作传国玉玺。传国玺者,一般特指秦始皇时所制"受命于天,既寿永昌"宝玺,用蓝田白玉,一说用和氏璧,李斯书篆。秦亡,子婴献于刘邦,与那柄斩白蛇起义的剑并称汉家二宝,所谓"玺剑"是也。后来此玺与时隐现,演绎了一连串的历史故事,也衍生出"受命于天,皇帝寿昌"、"受天之命,既寿永昌"等不同版本的仿品,各有起讫,事详《万历野获编·秦玺始末》。明清两朝仍有上献传国玺之事,好在帝王都没太当回事儿。

其次,孔有德称其传自汉代,属附会之浮辞。《文献通考》载汉代除传国玺外,国宝凡六玺(皇帝之玺、皇帝行玺、皇帝信玺、天子之玺、天子行玺、天子信玺),且秦汉以至于隋皆称为"玺",未见以"宝"名之者。唐朝武后间"改玉玺为宝",略经反复,至玄宗天宝十载定制"天子八宝",除神宝、受命宝之外,其他与汉六玺名色相同。降至两宋宝玺,旁而及各少数民族政权,城头变幻大王旗,尚未见谁家皇玺中有关"制诰之宝"的记述。

哪一个王朝没有祥瑞故事?又哪一个祥瑞故事不充满着荒诞夸张呢?那只执着的山羊显然有几分怪诞,而将玉玺的价值极度夸张,更是当事者所乐见乐为。这颗偶然被发现的玉玺,既不是严格意义上的传国玺,也不宜宽泛名之为传国玉玺(如秦汉"乘舆六玺"、唐"天子八宝"),是不是元顺帝宫中旧物,亦颇有几分可疑。《元史·舆服二·崇天卤簿》中"金吾援宝队"项下,详述八宝之排列,仅以"传国宝"代替"神宝",其余与汉唐无异。史载元顺帝当仓皇溃败之际,阳翟王阿鲁辉帖木儿向他讨要国玺,愿代以支撑危局,顺帝以"天命有在"拒之。而在那个逃离大都皇宫的黑夜,他也没忘携带帝国的象征——宝玺,甚至还带走了元宫收藏的前朝玉玺。

明洪武三年(1370)四月,饱尝皇位艰辛的元顺帝病逝于应昌,这是一个距上都开平(时已为明军残破)不远的小城。徘徊不去,想见其仍抱着复国的梦想。明左副将军李文忠不久即引兵杀至,元室的皇孙、后妃、诸王和众大臣多被擒获,大元宝玺随此一役没入明宫。仅数十骑从皇太子脱逃,惊惶之下怕也只顾性命,一直逃到遥远的和林。

今未见元朝宝玺的实物流传,然以清朝玺文体式推想,大约也不会只用汉字。元代设蒙古翰林院,"掌译写一切文字,及颁降玺书,并用蒙古新字,仍各以其国文字副之",可证其对蒙文的重视。而《隋唐以来官印集存》中录元"皇帝之宝",玺文由八思巴文、汉语、梵文组成。"制诰之宝"不见诸历朝宝谱,也未被列入元朝宝玺,顺帝或臣属又怎会独独将此玺埋于草丛呢?

四、关于玉玺来历的推测

这块被称为传国玉玺的"制诰之宝",究竟来自何方?

笔者推测应是大明宫中之物。因为只有在明朝前期"十七宝"和嘉靖后增补的"二十四宝"中,始有"制诰之宝"的明确列入。我们看清廷收藏的明代玺印,中有一枚"制诰之宝",玺文结体,行款格范,与此玺颇为相似。

明朝统治仍在,明朝宝玺怎么会到了察哈尔王室?看似不可能,其实也有一些途径。皇帝亲征或出巡,例以国宝随行,以示隆重,以便钤用。而土木之变,连明英宗都成了蒙古瓦剌部的俘虏,诸宝中有些也难免流入大漠,辗转传接,最后到了一度强盛的林丹汗手中。山羊的传说果有几分实情,埋宝者或也是跟随英宗,被裹挟着在蒙古草原跑来跑去、跑了几乎一年的人。另外,明正德、嘉靖间宫中两次大火,说是御宝尽毁,或有太监乘乱下手,盗出个别御宝卖钱。明季宫禁虽严,漏洞也多多,玺印之丢失绝非一例。从宫中流出,当也有多种渠道。

象征皇权的宝玺,历来都有着明确的使用或不使用规定。皇玺系列中较晚出现的"制诰之宝",用途主要为"一品至五品诰命",与传国宝、受命宝诚不可相比,较之乘舆六玺的地位也差很多。然不管怎样说,它的确是一块出自皇宫的宝玺。皇太极和臣僚以此作为天命攸归的吉兆,大肆宣扬,积极筹备更新国号和改元。八个月后,皇太极更定国号为"大清",改元"崇德",新年号也隐隐见出"传国玉玺"的影子。崇德元年(1636)七月,清太宗册封庄妃,即钤用此宝。

越一百年有余,乾隆帝作《交泰殿宝谱序》,详细梳理此前清朝御宝的演进,保留了皇太极所用四宝。而对其视为重宝的"制诰之宝",却说"初不藉以为受命之符"。通晓儒家典制的乾隆帝,大约也见出这一符瑞事件中的夸饰与荒唐。

作者简介:卜键,1955 年生,江苏徐州人。文学博士,研究员。现任国家清史纂修领导小组办公室主任、国家清史编纂委员会常务副主任。为中国艺术研究院特聘教授,享受政府特殊津贴。已出版《从祭赛到戏曲》、《传奇意绪》、《嘉靖皇帝传》、《绛树两歌》、《双舸榭重校评批金瓶梅》等著作 10 余种,主编《元曲百科大辞典》等,发表论文及其他文章百余篇。

"御门听政"——康熙朝中枢决策"朝会"

王思治

　　康熙帝玄烨,14岁亲政伊始,便"御乾清门听政,嗣后日以为常"(《清圣祖实录》卷二十三),非遇重大事件,或皇帝病患,终康熙之世,始终不辍,御门听政成为常朝制度。

　　御门听政,因皇帝行踪与季节寒暑的变化,或在乾清门东暖阁、懋勤殿东暖阁,或在畅春园澹宁居、南苑东宫前殿;若出巡外地,则每晚与扈从官员处理本章。

　　御门听政时,各部院官员面奏政事,内阁大学士、学士以折本请旨,康熙帝则不时征询诸臣意见,实际上成为皇帝御门处理政务的会议,故又称"朝会",是康熙朝中枢决策的主要形式。兹试举清政府统一台湾后,决定派兵驻守台湾及行政建置的决策过程以明之。

　　康熙二十三年(1684)正月二十一日,辰时,康熙帝"御乾清门听政"。大学士、学士以折本请旨,奏称:"福建提督施琅请于台湾设总兵官一员,兵八千;澎湖设副将一员,兵二千,镇守其地。"业经议政王、贝勒、大臣、九卿、詹事、科、道会议准行。于是康熙帝问大学士等曰:"尔等之意若何?"李霨、王照奏曰:"据施琅奏内称,台湾有地数千里,人民十万,则其地甚要,弃之必为外国所踞,奸宄窜匿其中,亦

66

未可料,臣等以为守之便。"康熙帝说:"台湾弃取关系甚大","弃而不守,尤为不可"。(《康熙起居注》第二册)命再确议具奏,决定在台湾设一府三县,派兵驻守,隶属于福建省。后于光绪十一年(1885),台湾设巡抚,建省。可见,台湾收复后的行政建置及设兵驻守,是先经议政王大臣及九卿科道会议,最后在御门听政时,康熙帝在征询大学士等的意见后,拍板决定。

对关系国计民生而又难于决断的重大问题,御门听政时,康熙帝则召集相关官员于御前详议。如治理黄河,康熙说:"河道乃漕运民生所系之大事。"时黄河经常泛滥,"河道实属难知",治理十分不易,且治河重臣所见歧异。康熙二十七年(1688)三月初八,御门听政时,康熙召集大学士、学士、九卿、詹事、科、道及两江总督董讷、河道总督靳辅、直隶巡抚于成龙,原任尚书佛伦、熊一潇,原任给事中达奇讷、赵吉士等有关大员,共同会议治河方案,详加讨论。康熙说:"此等大事,议须至公,方有当于理耳。"诸臣应:"互相辩难,以得事理之宜。"负责治河的主官靳辅、于成龙二人意见相左,彼此恶语相加。董讷说:"至尊之前,如此争辩,便失奏对之体"。康熙帝虽然也认为两人"互相诋诟",殊失大臣之体,但二人均系干练大员,故不表明态度,否则九卿等必将望风承旨,如此,便不能议论至公,求得最佳治河方案。于此可见,御门听政时,康熙帝处理大政之慎重,且不因言罪人。

御门听政又称"视朝",一般在早晨举行,故又称"早朝"。康熙帝每日"未明求衣,辨色视朝",天不亮就起床,曙光初露就视理朝政,"惟恐有怠政务,孜孜不遑。"据大学士明珠说,康熙帝是自古以来唯一一位每日视朝的皇帝。自秦始皇至康熙帝,称帝而有年号者,凡211人,唯独康熙每日御门听政。由于听政时间太早,启奏官员需三四鼓(相当于23点至凌晨3点)趋朝,严冬深夜,寒风凛冽,其辛苦可知,年老者甚至因而乞休,如黄机、魏象枢皆年逾七旬,"不堪逐日趋走,故具疏乞休"。康熙帝说:"朕御朝太早,各官于三四鼓趋赶朝会,殊为劳瘁。"因而决定自康熙二十一年(1682)九月二十一日起,"每日御朝听政,春夏以辰初刻(早7点),秋冬以辰正刻(早8点)为期,启奏各官,从容入奏。"

康熙帝还通过御门听政对各部院官员进行考核,察其奏对情况,于政事或勤或惰,便可一目了然。他说,御门听政时,"朕亦可鉴其贤否"。康熙二十五年(1686)五月规定,无启奏请旨的各衙门官员,"亦着每日黎明前齐集午门,俟启奏各官事毕同散。"都察院及科道官员、职司纠参,不是每日都有事启奏,亦"俱着每日黎明齐集午门"。满汉部院官员"有怠惰规避者,即行题参。"康熙帝此举虽意在督促官员勤于政务,但无事启奏者齐集午门,不免太重形式,康熙帝亦觉于事无补,实行四个月后,同年九月,命无事启奏官员,仍一月三次上朝。

康熙帝每日起大早听政,群臣中有恐皇帝过于劳累者,不断有人"奏请御门听政以五日或二三日为期,其意盖欲君臣之间,政事余暇,稍得休息。"康熙帝断然不允,认为如此必荒疏朝政。他说:"朕自躬亲庶政,宵旰弗遑,念致治之道,务在精勤,励始图终,勿宜有间。"致治之道在于一心"精勤",故不宜间断,若将每日御门听政改为"三日、五日以为奏事常期,非朕始终励精之意也!但因御门太早,可以稍迟时刻,如此,大臣俾得从容入奏",而"非图便安"。

视朝听政,关乎国计民生,议论时,康熙帝多征询有关官员或熟悉情况者的意见,然后作出决断。他说"部院诸事,朕向与诸臣商酌之"。在商酌时,尽管对某一政事的处理,康熙帝已有定见,但如发现不妥,则加以改正,对诸臣所言择善而从。他说:"朕从来不惮改过,惟善是从。即如乾清门听政时,虽朕意已定之事,但视何人之言为是,朕即择而行之,此尔等(指大学士)所共知也。"

为了鼓励官员申说己见,康熙帝强调:"凡公事皆宜尽言。言之而当固善,即言之不当,亦何妨。"以消除臣下的顾虑。对缄默不言,或依违从众者,则严加训斥,说这种人"未见议论一事,如此则用一无用之物耳,于国家何益?"对在集议时不言,退后饶舌者,更是深恶痛绝,斥之曰:"今大庭广众之前,所见而不言,退则喷有烦言,此真非人类矣!"对望风承旨者,只知迎合"圣意"者,更是大不以为然。他说:"一切政事国计民生所关,最为重大,必处置极当,乃获实效。朕每详览奏章,内有所疑,或折五六本、七八本咨询尔等(大学士)者,务得至当耳。今尔等不各以所见直陈,一切附会迎合朕意,则于事何所益哉!"康熙帝阅览奏章,反复思量,励精求治,凡有所疑,则"或折五六本、七八本",即所谓"折本"。"折本"是已由内阁票拟的题奏本章;"票拟"即代皇帝草拟的初步处理意见。如若皇帝认为不妥或不同意者,折角为标志,发回内阁,待积存十件以上,御门听政时,由大学士、学士捧进,请旨后另拟,谓之"进折"。此时,康熙帝多咨询大学士的意见,希望不要附会迎合"圣意",敢于直陈己见,以期"处置极当"。由于鼓励各官知无不言,因而不少大臣敢于坚持己见,如大学士杜立德"廷争之状,即如与朕抗衡一般。""李霨、卫周祚若有所言,亦不让步。张玉书、熊赐履凡有上谕,一字未妥,必行改正,不肯草率放过。"康熙帝鼓励臣工大胆直言,无损于"乾纲独断",

69

相反,却使他在处理政务作出决断时,能听到各种意见,然后"躬自断制"。这就是他所常说的"精勤政务"。

由于御门听政"皆系国政",康熙帝不允许臣下说"颂圣"之类的套话、空话。康熙二十年(1681)二月,郎中苏立泰奉命前往河道总督王光裕处看河后返京。御门听政时苏立泰回奏,一开头就说:"光裕奏称:臣本微员,蒙皇上殊恩,特擢受兹重任。"康熙帝立即加以制止,指出:"此系套语,不必陈述,尔即将看过河工具奏。"康熙帝时年二十八岁,正当好胜之年,但青年皇帝之于政务却不务虚名。康熙四十六年(1707),康熙帝已是五十四岁。是年春,第六次南巡视河,至清河县查看,问河道总督张鹏翮,奏请开溜淮套的原因。张鹏翮奏曰:"皇上爱民如子,不惜百万帑金,拯救群生,黎民称颂圣恩。"由于他尽讲"颂圣"空话,康熙帝立即加以制止,说:"尔所言皆无用闲文。朕所问者乃河工事务。文章与政事不同。若作文字,牵引故典,便于敷衍成篇。若论政事,必实在可行,然后言,非虚文所能饰也。今满汉大小诸臣齐集,尔可将此河当开否一一奏明,何必牵引闲文。"从青年到老年,康熙帝为政不务虚名,正如他自己所说,是"以实心行实政","凡于用人行政,事无巨细,罔不殚心筹划,早夜孜孜,有如一日。"

作者简介:王思治(1929—2012),四川自贡人。中国人民大学教授,国家清史编纂委员会编审组专家。主要著作有《清史论稿》、《清代通史·康熙卷》、《康熙大帝》、《康熙事典》、《避暑山庄与外八庙》等,并主编《清代人物传稿》上编第一、三、五、八卷等。

清朝军机处

王思治

清世宗雍正帝即位时,竭力加强封建专制主义中央集权的统治。军机处的设立即为一项重要措施。

一、军机处的设置

清朝军机处,其初是因清廷用兵西北而设。雍正七年(1729),清军两路出征策旺阿拉布坦,于是设军机房,以亲王大臣主其事,"密为办理"军需事务。

雍正八年(1730),增设军机章京,十年铸军机处印信,文曰:"办理军机处印信",储于大内。雍正十三年(1735),雍正帝逝世,乾隆帝继位。十月,罢军机处,改设"总理事务处"。乾隆二年(1737)十一月,罢"总理事务处",恢复军机处。直到宣统三年(1911)四月,辛亥革命前夕,清廷设责任内阁,作为中枢机关的军机处才废止,其存续时间一百八十余年。

军机处初设时并非正式机关。其事权由办理军事机密而不断扩大,"机要奏章皆下焉",故又称"枢廷",执掌军国重务。其职官称

"军机大臣上行走",初入者加"学习"二字,称"军机大臣上学习行走",简称军机大臣。军机大臣"惟用亲信,不问出身",由满汉大学士、尚书、侍郎等简任。其名次排列以官位高低或以入军机处先后为序,也有由皇帝指定者。军机大臣之领班通常称为"首揆",或称"领袖",所谓"任军机者,自亲王外,其领袖者,必大学士"。军机大臣之下有军机章京,从内阁、翰林院、六部、理藩院、议政处等衙门官员中,挑选敏慎者充任。雍正帝曾给军机处御笔书写匾额曰"一堂和气",意在告诫军机处所有官员,应融融一堂,和衷共济,俯首听命,忠勤皇帝,尽心王事。

二、军机处办事既快且密

军机处无正式衙署,其办事处称"值房",先在乾清门外,后移乾清门内,靠近皇帝寝宫养心殿。雍正时,每日寅时(3—5时),军机大臣、军机章京入值房,以便皇帝随时召见。军机大臣根据皇帝面谕,撰写诏旨,进呈皇帝审阅改定后,加钤军机处印,交兵部加封,发驿驰道,依事情之缓急,分别日行三百里至六百里,称"廷寄"。廷寄规制是由雍正时军机大臣张廷玉规划的,后逐渐完善形成制度。曾任军机章京的管世铭有诗云:"面承密敕语从容,分写新纶撰进恭。御笔亲添三五字,别传天语带朱封。"此诗反映了承旨书谕与廷寄的过程。诗中所说"朱封"是将皇帝朱笔修改的原件照发,即所谓"诏草经朱笔更改,例应另纸恭录,惟廷寄谕旨,即以朱发"。

廷寄谕旨内容所关者,是皇帝"告诫臣工,指授方略,查核政事,责问刑罚之不当者"。举凡事关军国的机密重务,皆由军机处廷寄给应该接收并执行上谕的大员,故又称"寄信上谕"。此外,凡属国家重大政令中外臣民应共知者,如宣布皇帝巡幸、谒陵、蠲(juān,免除)赈,中上级官员黜陟(chù zhì,指官吏的罢免提升)调补等等,由内阁发布,称为"明发上谕",或称"内阁奉上谕"、"内阁奉旨"。

廷寄的特点是传达皇帝谕旨迅速、行政效率高。曾任军机章京的赵翼说,乾隆帝在出巡途中,有时于马上降旨,军机大臣奉面谕后,即命司员歇马撰拟立就,飞驰前往,赶在皇帝至行宫前进呈,名曰"赶乌敦"。"乌敦"是满语,指皇帝中途小憩之"尖营"。赵翼曾扈从木兰行围,他说:"扈从木兰时,戎帐中无几案,率伏地起草,或以奏事黄匣做书案,而悬肘书之。夜无灯檠(qíng,烛台),惟以铁丝灯笼作座,置灯其上,映以作字,偶萦拂,辄蜡泪污污满身。"木兰秋狝(xiǎn,古指秋天打猎)时,军机章京撰拟谕旨的条件虽然简陋,但办理快速,效率却甚高。

军机处具有高度的机密性。为了防止泄密,军机处有官而无吏,故凡收发、文移、登记档案、奉寄谕旨、存封文件,这些本应由吏员操办的具体事务,皆为军机章京之职责。凡需各衙门密议之事,亦由军机处领管。乾隆朝规定:"军机处系机密之地,所交密议奏章,本无宣泄。其应交该部密议者,嗣后俱交军机处存记档案,交发部议。其奏事处所奏密议事件,著亦交军机处记档转发。"军机处成为各衙门密议政事的主管。

嘉庆帝说:"军机处办理枢务承写密旨之地,以严密为要,军机大臣传述朕旨,今章京缮写,均不得稍有泄露。"为防泄露,皇帝召见军机大臣时,太监不能在侧伺候。军机处值房,乃是保密重地,其他官员更不得稍有涉足。乾隆帝说:"军机处系机要重地,凡事俱应慎密,不容宣泄。"自王公以下满、汉文武大臣均不准到军机处与军机大臣叙谈,军机大臣亦不得与督抚等地方大员交接。赵翼说:"军机大臣罕有与督抚外吏相接者。前辈尝言,张文和公(廷玉)在雍正年间最承宠眷,然门无竿牍,馈礼有至百金者辄却之。讷公亲当今上(乾隆)初年,亦最谋眷遇。然其人虽苛刻,而门庭峻绝,无有能干其私者。"而军机处值房更是体制谨严,部院官员如有在阶前站立,立被逐斥:"此机要地,非公所宜至也。"每日有都察院御史一人,到军机处旁之内务府值房监视,如有违规者,参奏候旨严惩;若御史失职,则由军机大臣参奏。彼此互相监督,以严肃军机处机要重地。

三、军机处的主要职掌

由于军机处传达谕旨既快且密,行政效率高,皇帝又能得心应手,故其事权不断扩大,成为"综军国之要以赞上治机务"的中枢机构。其主要职掌有:

1. 撰写谕旨,经皇帝审阅改定后,需公开宣示者,交内阁颁发。举凡"或速谕或密谕",经抄录存档后,由军机大臣封寄。凡官员奏折请旨,录副送内阁传抄后交回存档(即军机处录副奏折),题本则归内阁。2. 办理皇帝交议的大政,或由军机处密议具奏,或会同有关部门会议具奏。3. 办理重大案件。4. 奏补京内外中上级官员,请旨任用。5. 遇有军事行动,稽考山川道里,绘制成图,以备皇帝查询;并将所需兵马钱粮,由户部、兵部提供简单确数,缮单备皇帝查询。6. 总汇并稽查各省督抚年终汇奏事件,如各省拿获命盗、各盗已结数等等,稽查有无迟延遗漏。

皇帝面谕军机大臣,起初承旨者只是首揆军机大臣。雍正时,"凡有诏旨,则命(张)廷玉入内,口授大意,或于御前伏地以书,或隔帘授几,稿就即呈御览,每日不下数十次。"乾隆初年,也是首揆讷亲一人承旨。讷亲能强记,然不甚通文,回到值房,令汪由敦撰拟。"讷公惟恐不得当,辄令再撰,有屡易而仍用初稿者。一稿甫定,又传一旨,改易亦如之。文端(汪由敦)颇苦之,然不敢较也。"后傅恒任首揆军机大臣,其人记性欠佳,皇帝面谕唯恐有所遗忘,于是恳请军机大臣一同进见,乾隆帝允准,遂为定制。

军机大臣"职居密勿(机密要务)",但也只是"承旨书谕",国家大权始终由皇帝"乾纲独断"。军机章京草拟谕旨用皇帝语气,其人外任督抚后,往往习以为常,批答下属公文,仍然如此。如吴熊光先任军机章京,后外任湖广总督,"因其在军机章京年久,拟写谕旨,文禀批答,率意书写,竟与拟写谕旨相似",遭到嘉庆帝训斥。

嘉庆帝曾说:"我朝列圣相承,乾纲独揽。皇考高宗纯皇帝(乾隆)临御天下六十年,于一切纶音宣布,无非断自宸(封建时代指帝王住的地方,引申为王位、帝王的代称)衷,从不令臣下阻挠国是。即朕亲政以来,办理庶政,……大权从无旁落。"

军机处的设立具有重要意义。由于军机处地位显赫,在皇帝的授权下,可以总揽军国大计,就使"议政王大臣会议"显得有名无实。另外,由于它对一切军国大事均须听从皇帝裁断,没有丝毫行动和决策余地,军机大臣不过是"承书谕旨",实际上就是皇帝的高级机要秘书,这自然加强了皇帝的权威,使封建专制主义中央集权获得了空前稳固。

清朝的任官回避制度

郭松义

　　封建国家政权在任命官员时,为了避免亲友邻里的请托徇情,制定出一定的限制条例以防患于未然,这就是回避制度。清朝的任官回避制度中,最重要的是地区回避和亲属回避,此外还有师生回避和拣选回避,其中又以地区回避牵涉面最广。

　　地区回避是指官员的籍贯与就任地区不得相同或接邻。由于京官和地方官的情况有所不同,故反映在回避的具体规定上也有差别。

　　在京官员的回避是指出任户刑二部司官和道监察御史的籍贯,不得与所管省份相同。例如,浙江籍人不得充任户刑二部浙江司和都察院浙江道监察御史等。其原因除了它们都属要害部门,还由于这三个衙门均以省名设司、设道,并各按所称省名辖理或监督所在省份的钱粮、刑名等事。

　　外地官员的回避,规定自督抚至州县官,本省人不得在本省任职;有的虽非本省人,但因原籍与任地相距在五百里以内,也得照例回避。由于外官任职情况比较复杂,所以在具体施行时,还常有调整。比如按照原先的定例,地方官回避只限于省道府州县厅的正印官,佐贰杂职不在其内。雍正十三年(1735)回避面则有扩大,规定

"各省佐贰杂职驻扎地方在原籍五百里以内者,亦令回避"。又如盐场官员,向例"因无地方之责,并不回避本省"。乾隆五十二年(1787),以"盐斤既关系民食,且所属晒丁、灶户钱粮、词讼,俱系该员经理,究恐有徇私瞻顾等弊",决定也要"回避本省"。再如管理治河的河道官员,初时亦无地区回避之说,乾隆三十二年(1767)议定:凡河工同知以下各员,有官居本省而距家在三百里以内者,俱应加以回避。五十五年(1790),又扩大到五百里。

清朝政府规定的地区回避,开始并不包括满洲等八旗官员。这一则是因为八旗官员除少数驻防者,多集中于京畿地区,回避问题并不突出;再则在顺治、康熙之际,八旗人员多出任显要,很少有担任基层职务的。雍正四年(1726)规定:"汉军人员,京官不补刑部司官,在外回避顺天、直隶各官",但这只指道府以下官,至于督抚布按,仍照旧不在回避之列。乾隆十五年(1750)把对汉军旗人的限制扩大到满洲旗人,确定若有补授直隶州县官员,凡在五百里以内者,悉行回避。

在地区回避中,有的人因迁居他省,属于长期寄籍者。对于这些人,乾隆七年(1742)规定,无论原籍、寄籍,"均令回避"。比如浙江人寄籍于顺天府,那么浙江、直隶均列为地区回避。另外还有一种人存在原籍和祖籍问题,或者商人经商具有商籍身份。对此,原则上亦确认这些人都应回避,即原籍、祖籍、商籍统统回避。稍有例外的是对盐场河工官员,可放宽不回避祖籍。至于寄籍回避,光绪时进一步规定:凡现任官员,在其任所属民中,如有五服以内亲族寄籍,而又"系属聚族而居,业已成村者,应令回避,以别府之缺酌量对调"。就是说,只要在辖下有近亲聚居,即需回避。

亲属回避是指有直接血缘关系和姻亲关系的人员,避免在同一衙门、或有上下级关系的衙门、或互为监察的单位担任职务。回避的原则是,同辈由官小的回避官大的;若系同一品级,则由后任回避先任。不同的辈分,除京官出任部院堂官,例由官小者回避外,若系相同官衔,或品秩稍有大小,则由辈分小的回避辈分大的。至于地方官中,遇到直系亲属为上司或下属的,通常令官小者回避。有的虽非直系但因关系密切,也要加以回避。

以上定例,在实际施行时,根据宗族血缘关系的远近,还常有不同的处置。比如对外姻亲中的母之父及兄弟,妻之父及兄弟,己之婿、嫡甥,均属至亲,回避之例较严。至于母兄弟之子,姨母之子,关系较远,虽同任外官,"可无庸避"。

在亲属回避中,任官职司的重要,也与回避的轻重大有关系。康熙十年(1671)规定,"外官有关系刑名钱谷,考核纠参者,不分远近,系族中均令官小者回避"。在这里,回避所及,不止是直系亲属,而扩大到一般同族之人,因为刑名钱谷,牵涉利害较广,聚族一处,情谊关切,故得倍加防范。同样的道理,户部十四司、刑部十七司分省者,司官之宗族,照外官例加以回避。另外像嘉庆十七年(1812)议准:"现充盐商人员,不准选户部司员";"祖孙父子及嫡亲伯叔兄弟,有现充盐商者,亦令其回避户部"。原因是户部总司各省盐务,盐政牵涉到国家赋课,因而需要从严控制。

由于亲属回避在某些方面比地区回避更难划分界限,界定过苛,难免自缚手足。到道光以后,不得不在某些方面稍加放松。如将血亲范围限于祖孙父子伯叔兄弟之内,其同宗同支而不同祖父的远房兄弟,可不在回避之列。又规定道府以下官员,如只是同宗同族关

78

系,可准许在同省隔属道府任职。

师生回避指授业师生和乡会试中的座主和门生之间,在授官时应有所回避。因为师生之谊情同父子,其中又确有人利用师生关系,联络声气,以至徇私结党,互相排陷,所以不得不加防范。

关于师生回避的范围,清廷曾于雍正七年(1729)作出明确规定:凡乡会试,"若取中之人为督抚司道,而考官适在下属,应令官小者回避;如考官外任督抚,其属官内有系伊取中者,咨部存案,遇举劾时,于本内声明;考官外任司道,其属官内有系伊取中者,申报督抚存案,如有举劾,于督抚本内亦将该员与司道谊系师生之处,一并声明,以凭查核"。至于府州以下官有"谊关师生"而为上司下属的,或者是督抚司道的下属佐贰官中有师生名分的,因关系直接,或牵涉刑名钱谷之案,故依定例,一律令官小者回避。此外像学政与各府州县的教职官,也谊属师生,嘉庆元年规定,"凡教职俸满甄别保题及大计卓异保荐等项",学政不得在会衔题报中列名。

拣选回避之例出现的时间较晚。嘉庆时,清廷发现有的拣选大臣在拣选官员时,竟将本人至亲挑入,以造成既成事实。为此,需要制定法规予以限制。经吏部等官员集议奏准,规定凡与拣选人员和钦派大臣有宗亲或姻亲关系的,一般照京员回避之例,令官小者回避。遇到某些特殊情况,像拣选满洲、蒙古和汉军的某些职位,可采取事先呈明或请旨多派大臣等方式加以解决。

清廷为了保证回避制度的执行,规定候选官员向吏部投供验到时,都得随缴履历亲供和同乡京官印结,如实填写原籍、祖籍、寄籍等情况,以及祖孙三代身份等等。如有需要回避姻亲者,应在有关注册文结内一并声明,有的则在掣签分发到省后,向督抚提出补调。官员领凭赴任后,所在督抚还得进行审核,"确查所指之省有无先行流寓、寄籍、置买田产,与本身父子胞兄弟、胞伯叔侄开设典铺及各项经商贸易,及在各衙门协办刑钱等事,取具同乡官印结,声明是否顶替",然后咨报吏部,"以凭核办"。违反回避规例,比如应该具呈声明而没有如实说明,或"故意捏饰,希图规避"等等,要受到革职、降一级到三级调用以及罚俸等处分。主管官员若有"徇私瞻顾",或"讳饰隐匿"、"扶同捏报"者,也要受到革职、降调和降级留任等处分。

总的来说,清代的回避制度在总结以往朝代经验的基础上,规定比较严密细致,执行亦较认真。但在专制主义极权的时代,皇帝拥有最高的权力,同样的规制,只要皇帝下旨,便可作为特例另行处理,甚至加以推翻。比如在地区回避中,有任官不得于籍贯五百里内就职的条规,可同时吏部却有"汉军凡奉特旨补授人员,不行回避"的补充说明。还有像"满洲道员以下等官,如系奉特旨补授者,亦照汉军之例毋庸回避"。

回避制度对抑制官员请托徇情起到了一定防微杜渐的作用,但同时也产生了一些副作用。特别是地方州县官,因为异地做官初来乍到,不熟悉当地民情风俗,甚至存在语言障碍而无法任事,不得不委权于幕客吏役,从而造成吏胥弄权的局面,也给社会带来了一定危害。

作者简介:郭松义,1935 年生,浙江上虞人,中国社会科学院历史研究所研究员。主要著作有《伦理与生活——清代婚姻关系》、《中国屯垦史》等 20 余部。

清代对疆土版图观念的嬗变

邹逸麟

我国地处亚洲的东部,地域辽阔,在不同的自然条件下,形成了东亚季风、西北干旱半干旱和青藏高寒等三大自然地理区。由此而逐渐形成了从事农耕、畜牧、采集和狩猎等三大经济区。清代中叶以前我国历史上疆域变化,实质上是由三大自然区决定的三大经济区之间的交融与争斗的表现。

18 世纪中叶,清代前期统一帝国的形成,是农耕、畜牧、狩猎采集三大经济区的民族长期相互交流、融合的自然结果,有利于三大经济区之间的和平共处,大大减少了对社会经济的破坏性,为各经济区的发展、人民生活的安定,创造了良好的条件。

在我国传统上,中原王朝统治者均认为其统治的核心地区是所谓"九州",为天下之中。"九州"之外有甸、侯、绥、要、荒五服。五服之外,为四海,即蛮夷之地。他们认为直接统治的农耕区是中国本土,其周围四夷均为臣属之地,所谓"天子有道,守在四夷";"四夷"的文化远落后于中原,只是臣服朝贡关系。

我国作为一个数千年的传统农业社会,土地和人口是国家统治的基础。今天大家所公认的表示国家领土的"版图"一词,在我国古代是指中央王朝派官直接控制和治理的人口和土地。所谓"国家有疆宇,谓之版图。版言乎其有民,图言乎其有地"。版,即版籍,人口统计数字;图,即所据有土地的地图。对农耕区以外周边少数民族地区,一般采取羁縻的统治方式,政治上臣服于中央,经济上不纳赋税,不服劳役,与内地农耕区不同。

清初,康熙帝巡视到蒙古喀尔喀部时曾说:"昔秦土石之功,修筑长城,我朝施恩于喀尔喀,使之防备朔方,较长城更为坚固。"可见"天子有道,守在四夷"的观念,还是根深蒂固的。"新疆"一词,在康、雍年间已经出现,并非指今新疆,而是指贵州、云南、湖南、四川等改土归流后,中央派官直接统治的地区。

18世纪中叶,乾隆朝平定西北后,帝国疆域最终形成。以后随着国内和世界形势的变化,朝野对版图、疆域、边界等概念也逐渐发生了变化。这种变化是由内外两方面因素促成的。

内因是:经过康、雍、乾三朝的经营,社会相对稳定,内地与边疆的交往日益密切,边疆、内地"一体化"进程加速,大一统观念进一步深入人心,华夷之别,逐渐为中外之别所替代。特别是乾隆中期以后,在朝廷高层官员中,多民族大一统国家的意识已经形成。其时对疆土、版图的认定,已经不限于传统的版和图了。乾隆时平定新疆后,谕曰:"关门以西,万有余里,悉入版图。"乾隆五十八年(1793)英马嘎尔尼使团来华,要求在天津、宁波等港口泊船贸易,乾隆答曰:"天朝疆界分明,从不许外藩人等稍有越境搀杂。……天朝尺土俱归版图,疆址森然,即岛屿沙洲亦必划界分疆,各有专属。"这固然是封闭锁国政策,但也明显反映了强烈的国家版图的意识。

这种大一统版图意识,还反映在康、乾、嘉三朝《大清一统志》的修撰上。中国有撰写全国总志的传统,其内容是反映全国疆域、政区、山川、户口、物产、古迹等等,为统治者提供疆土情况,以便治理,同时也有炫耀盛世之意。清康熙二十五年(1686)开始编纂《大清一统志》,完成于乾隆五年(1740)。乾隆二十九年(1764)因新疆内属而重修,完成于乾隆四十九年(1784)。嘉庆十六年(1811)开始第三次纂修,至道光二十二年(1842)完成,其在边疆统部范围、门类、辖境、边界等方面,大大超过前两次,并附有反映全国疆域的"嘉庆大清一统舆图",其范围"东尽费雅喀,西极葱岭,北界俄罗斯,南至南海",是中国有史以来最完备、质量最好的一部地理总志。这三部《大清一统志》修撰的过程,反映了统治者心目中大一统疆土意识的形成。

引起清代对版图等概念变化的外因是:清朝与西方政治势力和文化接触后,开始加强了自我认同的意识,近代民族国家的意识逐渐产生。

一、中俄《尼布楚条约》、《恰克图条约》的签订,大大冲击了传统的疆土观念。《尼布楚条约》是中国历史上第一次按照国际法的规则与外国订立的平等的边界条约,确定了中俄东段边界。在条约里,"清朝"和"中国"已经互称,这时"中国"一词已有近代主权国家的意义。雍正五年(1727)签订的《恰克图条约》,确定了中俄中段边界。这两个条约的签订,对清朝统治者传统的边疆观念产生了重大的冲击,使统治者明白了一国疆土必须有明确的界线,以保证领土不受侵犯。

二、16世纪西洋耶稣会传教士在地理大发现背景下,带来的地理学知识,对中国固有的天下、中国、疆土的观念,产生了极大的冲击。晚明利玛窦《坤舆万国全图》、艾儒略《职方外纪》以及清初南怀仁《坤舆全图》的传入,使一部分中国士大夫开始知道了地球、五大洲,令他们开始有了"世界意识",并激励他们去了解中国在地球上的位置以及疆域和领土的范围。康熙帝在《尼布楚条约》签订后,渴望对清朝的版图有一个新的更全面的了解,于是在耶稣会传教士协助下,完成了在实测经纬度基础上绘制的《皇舆全览图》。以后乾隆时又据新平定西域实测资料,绘制成《乾隆内府舆图》。这不仅是一幅历来被认为是奠定了今天疆域版图基础的中国全图,同时也是当时世界上最早的、最完整的亚洲大陆全图,其覆盖面积远远超过《皇舆全览图》。《嘉庆重修大清一统志》所附《嘉庆大清一统舆图》,则标出了盛清疆界:北到外兴安岭,西到帕米尔和后藏的阿里地区,东到库页岛,南到南海。

　　三、清代中叶以来,有两股学术潮流影响了中国士大夫阶层对疆土、版图的认识:一是清中叶开始,延续至晚清的边疆史地之学。清代中叶开海禁以来,一部分有识之士有感于对自己国家的懵懂无知,对地理学的研究开始"由古而今,由内而趋外"。同时,一系列丧权辱国的不平等条约,对中国朝野震动极大,士大夫阶层怀着割地之痛,掀起了研究边疆史地的热潮,出现大量研究边疆史地的著作,促进了中国士人现代国家疆域的概念形成。二是鸦片战争前夕,随着西方传教士的东来,一批西方地理学书籍开始传入东南沿海城市,受到了一批意欲了解中国以外世界的中国士大夫的重视。魏源《海国图志》和徐继畲(yú)《瀛环志略》,是我国近代最早向国人介绍西方世界地理知识的著作,在当时社会引起了极大轰动。通过两部著作所绘制的世界各大洲的地图,朝野知识界开始认识到,原来传统认为中国是天下之中,周围全是落后的四夷的观念,是何等的落伍。这对长期以来落后封闭的疆土观念,打开了明亮的窗户。

到了晚清,人们对国家疆土、版图已具备了现代民族国家的意识。晚清国家机构改革,将原先与西方列强交涉的"抚夷局",改为总理各国事务衙门,清末又改为外务部,以及边疆地区设置行省,内地、边疆的一体化等举措,都是现代民族国家意识的产物。

清代是我国历史上最后完成中华民族国家建设的朝代。18 世纪中叶以后,在内外诸因素推动下,最后不得不放弃封闭落后的"天下观",融入世界格局的大潮流中,终于产生了具有近代国家意义的中华民国。

作者简介:邹逸麟,1935 年生,浙江宁波人,复旦大学教授、博士生导师。曾任全国政协委员、国务院学科评议组成员。研究方向为历史地理学,长期参加谭其骧《中国历史地图集》编绘,有《中国历史人文地理》、《椿庐史地论稿》等多部著作。

清代的秋审制度

李 岚

秋审是一种有着深厚传统、带有中国特色的死刑缓刑复核制度，是清代最重要的司法程序之一。它深刻体现了中国古代儒家的"恤刑慎杀"思想，使传统的"德主刑辅"的法律思想得到了充分实现，在中国法制史上具有特殊的历史意义。

秋审制度的渊源与主要内容

清代秋审制度直接承袭明代的朝审，而明代朝审又源于两汉以来的录囚。录囚就是审录复核在押人犯，以使轻罪释放，重罪减免，冤狱平反，这是儒家"恤刑"思想在司法制度上的反映。从汉到明，历代都曾举行录囚，清代的秋审更是把自古以来的录囚发展到更加完备的形式。

清代的死刑案件根据情节轻重分为立决和监候两类。立决就是立即执行（重罪立即处决的有凌迟、斩立决、绞立决），监候则缓决（罪行较轻，或案情可疑的判为斩监候、绞监候），等待当年秋审再决定是否执行死刑。死刑需由刑部、都察院、大理寺组成"三法司"最后审决,刑部负责审判,都察院负责监察,大理寺负责复核。三法司以刑部为主,分工合作,共同执法,凡死刑案件都要"专案"具题呈报皇帝审批。

"秋审"最主要的工作就是把在押监候死囚分为情、缓、矜、留等几大类,决定哪些罪囚的死刑应执行,哪些可以减等或免除。清初秋审还有"可疑"一项,即"罪名已定而情节可疑者"。雍正后正式确定为实、缓、矜、留四项。"情实":情真罪当,可执行死刑;"缓决":罪行较轻,继续监候,留待下年秋审再行复核;"可矜":罪行属实,但情有可原者,可减等免死发落;"留养承祀":斩绞重囚法无可贷者,因独子而父母老疾无人奉养,可特恩免死。在实际审判中,矜、留两类情况较少。

秋审案件的范围是判处斩、绞监候,留待秋后处决的案件。其主要内容是每年由三法司对斩、绞监候案犯,在全国范围内进行一次复核,一般于八月举行。秋审的主要程序有四:1. 初审:对各省奏报的秋审题本,先由刑部审录,摘叙案件缘由,写出具体结论。2. 会审与题报:由大学士、九卿、詹事、科道等在京三品以上官员齐集天安门前、金水桥西进行会审,然后由刑部领衔分情实、缓决、可矜、留养承祀四本向皇帝题报。3. 皇帝批示:奉旨缓决、可矜、留养承祀案犯的秋审程序即告结束,奉旨情实者,仍要复奏。4. 复奏和勾决:死刑执行前向皇帝复奏,是谓遵行"三宥三刺"古制,以示特别慎重。复奏本上,由皇帝用朱笔在应立决案犯名上打勾,称为"勾决",一旦勾到,即行处决。在全部秋审程序中,唯有勾决仪式由皇帝亲自主持,以示"生杀予夺之权操之自上"(乾隆语,见《大清会典事例》卷八四七),即皇帝掌握着死刑的最终复核权,掌握国家的最高司法权。

秋审制度的社会意义

秋审被称作"秋谳大典",是清代最重要的司法制度之一,从顺治元年刑部左侍郎党崇雅第一次正式提出秋审的建议,终清一代,秋审制度在不断地实施过程中,立法不断严密,制度日益完备。直至清末律政改革,光绪三十二年(1906)三法司制度废除,秋审制度才随着近代法律制度的诞生而彻底废除。

秋审的主要意义就在于区别情实与缓决,即将死刑案件中对统治阶级和社会制度危害较轻的,可杀可不杀的那一部分案犯甄别出来,以昭"法外之仁"。这样既可保持死刑的威慑力量,又可收到"恤刑"的效果,防止滥刑擅杀,维护了封建法制的统一。雍正帝在一次谈到秋审时说:"朕惟明刑所以弼教,君德期于好生,从来帝王于用刑之际,法虽一定,而心本宽仁。"(《大清会典事例》卷八四六)就是说"以宽仁之心去行严格之法"。在这种思想指导下,凡情有一线可原者即入缓决。至于停勾、减等、免死,以至留养承祀等"法开一面之网"都是为了使执法得中、持平。

清代的秋审制度使死刑的审理与复核纳入了前所未有的严格的法律程序中,保证了皇帝为首的国家专制权力对死刑的控制,使国家牢牢掌握最高刑罚的权力。在幅员辽阔的清朝统治范围内,秋审制度最大可能地做到了司法的统一,限制了地方各自为政和擅杀滥杀。

秋审制度与司法腐败

秋审制度体现了清代司法审判制度的完备性,保证了案件按法定程序的审理,在一定程度上限制了君主的任情生杀、官吏的违法乱纪。清代皇帝对死刑案件的审断,较少发生历史上曾经有过的君主随意杀人现象,与其说是专制权力受到制约,不如说清代高度发展的专制权力已经制度化,虽然有时这些制度的执行也不免流于形式,甚至出现司法腐败。

道光二十九年(1849),张集馨任四川按察使。他说:"秋审并不难办,固须条规例案娴熟,尤在定案时预为秋审地步。……四川秋审部费,向例给以六百金,部书于五六月间专人将秋审实缓底折送署,收取部费,司(臬司)中不与交通,皆在省佐杂,有部办出身者网罗其事,彼即于中取利。"(《道咸宦海见闻录》)

这个事例说明,至少在道光年间,刑部与各省在秋审前已暗中沟通,刑部将预先审定的实缓底折送交各省,各省据此信息向皇帝题报本年实缓名单,就不会因错误较多而受到皇帝申饬,但为此要付出"部费"600两白银,秋审之流于形式和司法腐败由此可见一斑。清代的秋审制度实行到后期,更是积弊如山,难以发挥其应有的作用了。

"天下之事,不难于立法,而难于法之必行,不难于听言,而难于言之必效。"(《张文忠公集》奏疏三)这是明代著名宰相张居正在万历元年(1573)提出"官吏考成法"的奏疏中曾经说过的一段名言,如有法不依,执法不严,再好的制度也会成为一纸空文。

作者简介:李岚,女,1972 年生,安徽庐江人。历史学博士,国家清史纂修领导小组办公室副研究员。研究方向为中国近代社会史、思想史。著有《清宫档案证史书系·光绪王朝》,发表《孙中山的救荒思想》、《〈申报〉中晚清救荒资料述略》等论文数十篇。

清代处分制度与官员的规避

孟姝芳

奖惩是清代吏治的重要组成部分,处分制度是其中的重要环节。

一、处分的类别与程序

为加强吏治,早在雍正十二年(1734)和乾隆二十三年(1758),清廷即分别制定了《吏部处分则例》和《兵部处分则例》。随后至光绪朝,本着五年一小修,十年一大修的原则,清政府对《处分则例》进行了数十次修订,具体规定了处分机构、处分程序等,同时按照吏、户、礼、兵、刑、工六类,将处分按照事由分类纳入。处分制度不断完善,成为清代处分文武官员的直接法律依据。

清代的官员处分主要指朝廷对在职官员在行政过程中所犯的过失、过错给予的一种行政制裁,不牵涉刑事治罪。吏部的考功司专掌文官的处分,兵部职方司专掌武官的处分,都察院作为清代最高的中央监察部门,专掌吏部和兵部各级官员的处分。

清代的官员处分分为罚俸、降级、革职三大类。罚俸是处分中最轻的一级,以罚取官员所得的俸禄为目标,有罚俸一个月、二个月至二年共七个等级。其上是降级,分为降级留任和降级调用。降级留任的官员按照所降之级支取俸禄,但可保留现有职位,从降一级留任到降三级留任共三个等级。降级调用是给予官员实降,俸禄和职位都要实降,有降一级调用到降五级调用五个等级,是较重的一类处分。最重的是革职处分。官员一旦被革职,即永不叙用。

清代处分官员的程序一般有五个环节。一是处分的提出,由本人或其相关的上司机构提出,官员品级不同,提出方式也会有所区别。二是对处分的议定,先由享有处分权的部门根据处分法规,对官员的过失、过错进行初议,再由皇帝对初议结果进行最终裁定。三是处分的执行,根据处分最终裁定结果,由吏部、兵部分别负责执行。四是处分的解除,官员在法定的处分期满(一般为三四年)之后,由本人或其上司向吏部、兵部提出解除处分的申请,一般在此期限内没有再受处分,则其处分就可按时解除。五是对处分的申诉,主要体现在官员的自行检举权和官员对处分的申诉权。这样既保障了官员的权利,又防止了督抚的滥参和处分机构的滥议。

封建社会的专制特征决定了皇权要得到强化,必须加强对官员的有效控制。为了实现对各级官员的控制,皇帝借助于各种权术手段,尤其注重对各级官员过失、过错的处分,隔一段时间就对官员过失进行检查,加以谴责,使其心存戒惧,必要时予以处分,但是却仍用其办事,日后再据实提拔。在这样严格的处分制度的威慑下,清代官员在仕途、生活乃至精神上都受到一定程度的约束。

二、官员对处分的规避

大多数官员不会甘心接受处分，"处分重，则人思规避"。官员规避处分的方式主要有：

以"无为"规避处分。这是当时官场中颇为盛行的一种规避方式。官员为避免处分，对于各种政务不愿实心办理，常常抱着多一事不如少一事的心理，遇事尽量化大为小，化小为无。对于吏治民生也不着急，只求保住官位。对于政事不求有功，但求无过。这种规避，危害很大。

以篡改文书规避处分。清代曾经出现过很多秘密结社，最有影响的是天地会。天地会最初在福建、台湾等地陆续出现，是官府严厉打击的对象。清廷认为，"从来倡教立会，最易煽惑人心，为地方之害"，因此而规定的失察处分较重。地方官员为避免因失察而导致罢爵丢官，就想尽一切办法来规避，如在上报文书中把"天地"改为"添弟"二字，希图化大为小，规避处分。

以记过替代处分。记过是将官员的失职行为在地方记录注册而不直接劾参上报吏部，因此有过失的官员不会受到真正的罚俸或降级。这种记过是对其处分的一种弹性处理，并没有实质性的政治和经济影响，随后又可改可消，致使这种风气在全国各省盛行，成为地方督抚回护下属、规避处分的一条途径。

以讳匿不报规避处分。乾隆年间曾有一案，湖北江陵县有一民妇蒋竺氏，其家中衣物被劫，由于历任知县讳盗匿详，怕担处分，此案直到10年后才被发现。可见，为了避免处分对其切身利益造成损害,官员不顾民意,竟连小小盗案也要刻意隐瞒。

以加级记录规避处分。《处分则例》规定,官员功过可以相抵,可以凭借获得的加级记录来减轻处分。因而,各级官员都想尽一切办法取得加级记录,"赶捐加级"(利用财物获得加级)即为其一。如乾隆十九年(1754),安徽巡抚尤拔世因为没有按时上报本省马匹疲瘦状况,被降二级调用。本可加恩从宽留任,但因尤拔世试图以赶捐加级以抵消处分,乾隆帝见其用心取巧,反不准其抵消,并加重了对他的处分。

三、清廷对官员规避的应对

处分本是清廷维护其有序统治的手段,却不料出现了种种规避行为,且造成不良后果。为维护朝廷和制度的威严,清廷从三个方面对规避行为予以应对。

第一,不断完善处分条例。为有效约束官员的治政行为,达到"官司有所守,朝野有所遵",清代曾系统地制定了多部处分法规,并不断对疏失、不当之条进行删改。先是乾隆年间,将"事涉具文、无关政治"的条例大加删改。后在嘉庆年间,又将"烦苛无当"的条例进一步删减。在一定程度上精简条例,从而减轻、纠正了对官员的不恰当处分。

第二,调节从重处分。清代吏部、兵部处分官员,基本上是按照处分条例予以定议,处分往往较重,官员不是被实降数级,就是被革职。但是,如此众多的官员或降调或革职,对于封建统治者而言,也会造成人事调配上的困难。在这种情况下,皇帝往往会加以干预,对涉事官员从轻发落。一方面维护了制度的合理性,另一方面又显示了"皇恩浩荡"。乾隆帝的做法是,对于官员的处分,依据情节的轻重、过失的性质斟酌而行,给予适当从宽,对制度的僵化、不完善予以调节,把法治与人治相结合。

第三,加重处分规避官员。有的官员出现失职、渎职、溺职,却不愿为这些行为负责。对于这类官员的规避,则依据"以法治吏"的原则,加重对其规避的处分。《处分则例》中规定,"规避降革处分者革职","该管官降二级调用",将原有的降级处分提升为革职处分,以警诫那些敢于规避处分的官员。如当某地区发生案件时,主管官员假装出差或者谎报出差时间,查实后将被革职永不叙用。本来是降调的处分却招致革职,那些投机取巧、规避处分的官员,面临的是更为严厉的制裁。

清代是古代封建专制集权统治的最后一个王朝,朝廷试图通过制度来约束管理各级官吏,而官员们为避免因受到处分危及其切身利益,往往利用制度的漏洞,采取种种手段进行抵制和规避。因此,处分制度的实施效果受到一定影响。

作者简介:孟姝芳,1974 年生,内蒙古丰镇市人,内蒙古大学历史与旅游文化学院副教授。专著有《乾隆朝官员处分研究》,论文有《蔡珽与年羹尧案关系初探》、《多尔衮入关之初是否取消了"三饷"加派》等 10 余篇。

清末官方的"俚俗体"文告

董丛林

从历史上看,官方文告多用严肃文体,与以俚谣和民间口语为表现形式的"俚俗体"似无共通之处。但是,清末的官方文告,特别是面向大众发布的文告,却常常使用"俚俗体"。这一变化,反映了当时的时代特色。

"俚俗体"文告大体有以下类型:

政治类文告。光绪二十六年(1900),正值义和团运动期间,时任山东巡抚的袁世凯,作有"劝谕百姓各安本分"的《勿立邪会歌》。其中有这样的文句,"朝廷爱百姓,百姓尊朝廷,上下相维系,地义与天经";"昔传白莲教,并有义和门。蔓延各州郡,党羽日纵横……相去数十年,旧事重翻新,义和名未改,拳会祸更深";"其实皆邪说,妖妄不足凭。传帖聚徒众,飞符召鬼神。言能避枪炮,又能避刀兵。血肉薄金石,析理殊未真。大抵奸黠(xiá)辈,立会敛钱银。外匪乘机入,久辄滋乱萌。前鉴尚未远,近事已堪征";"遵旨剀(kǎi)切(剀切,意为切实)谕,俾尔咸知闻……各人安本分,里社乐丰亨。何苦信邪说,受累到而今。出示已多次,昏迷应早醒。再如坠昏迷,法网尔自撄"。

96

当时袁世凯属下的寿张县知县,也发布过劝谕百姓"去邪从正"的简明告示,称:"倡言立会,大干例禁。累及身家,难保性命。怎奈乡愚,一呼百应。拳勇大刀,寇盗行径。""凡尔子民,勿再邪混。前虽为匪,也许改正。改正自新,去逆效顺。只要安分,即好百姓。从前劣迹,永不追讯。"

山西巡抚毓贤则是当时督抚中持仇教排外态度的官吏,他有责令教民背教的谣体示谕:"洋人传教,邪术迷人。毒害中土,灭绝五伦。今敢谋乱,亲往捕巡。按名正法,以除祸根。凡尔教民,亟宜自新。倘能出教,便为良民。"

四川巴县知县张铎,则以同类体裁的告示晓谕保护教士、教民,曰:"各国领事教士,近赴上海游行;均因料理商务,并无别项事情。其有房屋各项,俱交本县查明;责成地方团保,照常保护认真。至于教民人等,尽我中国民人;应与大教(指'儒教')百姓,一体保护无分。倘有不法匪类,胆敢包藏祸心;藉以捏造上谕,冀图恐吓教民。似此无知妄拟,实属大干典刑;亟应晓示严禁,军民团保凛遵。"

文教(包括习俗内容)类告谕。光绪二十七年末(1902年2月初),慈禧太后有劝止女子缠足的懿旨,此后各级官府纷纷发布告示劝行,不少即用俚俗体。比如光绪三十年(1904)间天津县令颁布的示谕,通篇为六言歌谣,其文句如,"中国妇女缠足,贻患几及千年。弱种妨身费事,诸多行动不便";"绅士明理人家,遵循听信已坚。创设天足公会,名门士族联翩。女子永不缠足,彼此互缔姻连。或恐愚夫愚妇,依然积习相沿。动谓女不缠足,及笄(jī,及笄:古时指女子年到15岁)许字维艰。众人如此解说,本县殊不为然";"我今苦口再劝,编成歌谣六言。特劝为人父母,将此恶俗永捐"等。

97

除了这种劝诫型的文告外,还有禁令性文告。如光绪三十一年(1905)间北京外城巡捕西分局,就以白话文发布禁止在前三门外乱倒垃圾的布告:"近日人情懒惰","乱倒秽物灰土","前三门外,地窄人稠,街道更难洁净","不但外人瞧见不成模样,(而且)这种恶臭气味,令人受了最容易生病",指令"积下的土灰之类,断不许在门口乱倒。本局自有土车,按时挨门传唤。如有不遵的,查出定要受罚"。

春节期间燃放烟花爆竹是中国的传统风俗,因此而引发火灾也屡见不鲜。天津巡警局于光绪三十二年十二月下旬(1907 年 2 月初)发布禁燃通告说:"入冬以来,风高物燥。瞬届年节,竞放花炮。起花双响,高入云霄。遗火落下,遗害非小。贩卖燃放,均干禁条。特先晓谕,广为劝告。父戒其子,兄为弟导。子弟有犯,父兄枷号。倘敢故违,决不宽饶。"

清末新政中,大兴学堂、发展新式教育蔚然成风,光绪三十年(1904),力主新政的张之洞写了长达两千余言内容丰富的《学堂歌》发布。其中在宣传新知识方面就有这样的文句,"最尊贵,是太阳,行星地球绕其旁;地球圆,微带长,万国人物生四方。热带暑,寒带凉,南北极下皆冰洋;温带下,中华当,赤道二十三度强……五大洲,非渺茫,地球东半亚洲广;欧西方,澳南方,美洲对我如反掌。阿非洲,西南望,天气毒热地多荒;中国圆,日本长,都在东亚地球上"。

类似的例子还有许多。这种官方面向大众的文告惯用"俚俗体"的情况绝非偶然,是与当时"白话文"渐兴的文化背景密不可分的。

"白话文"的兴起,大多数人以为始于民国初年的新文化运动。实际上早在清末,新派人士即已开始倡导白话文。譬如梁启超在他的维新名作《变法通议》中,就表达了这样的意思:今人说话,都用现时的口语,而下笔为文,则"必效古言",这种状况亟须改变,应该"专用俚语,广著群书,上之可以借传圣教,下之可以杂叙史事,近之可以激发国耻,远之可以旁及彝(夷)情",乃至对"宦途丑态,试场恶趣,鸦片顽癖,缠足虐刑",都可以深刻具体地揭露于世,动摇和改变陋俗恶俗,其好处不是会很大吗?创办属中国最早白话文报刊之一的《无锡白话报》的裘廷梁,曾这样宣示他倡导白话文的立意,"中西有用之书,尽当以白话文演之",使天下识字的人都能喜好读书看报,这样"民智可以广开",而一切利国利民的事情都可以次第举办,"白话之效,数百倍于鸿文也"。

使用白话文便于对民众开展宣传,利于开启民智,这成为当时新派人士的共识。从维新派到革命派,尽管他们改造社会的目标有所不同,但都主张使用白话文。比如陈天华的《警世钟》和《猛回头》,不仅全用白话文,其中《猛回头》还模仿通俗唱本,以说书人的口吻宣讲。就连通常为文艰涩的章太炎,也认为革命宣传品以"浅直"为好,因能"感动普通社会"。他写的《排满歌》,就使用了"莫打鼓,莫打锣,听我唱个排满歌"这类文句。

清朝官方进行社会宣传,不得不考虑怎样便于民众的理解和接受,以尽可能发挥好其教化作用。在政治立场上,清朝官方与维新、革命的新派人物明显不同,甚至截然对立。但清末官方采用"俚俗体"发表各类文告,除为了维持其统治秩序的作用外,在鞭挞不良社会现象、改良社会风气方面,也具有一定的积极意义。

当时的民众识字率很低,即便是初识文字者,文化水平也不会很高,要让他们易看易懂,当然是白话的"俚俗体"为宜。而且,更多不识字者还需要识读者转达以了解文告。在吸引民众和易于记忆、理解方面，"俚俗体"尤为适宜。天津《大公报》曾载文指出，像巡警局等官府机构"每遇张贴示谕，总用白话演成"；"各处张贴，街上立观者莫不出口成文，了然心目，是亦文明之一端也"。又说此种文体"甚浅"，"老妪都解"，普及面自然很广。

可以说，清朝官方"俚俗体"文告多用，既是清末白话文渐兴背景下的一种"应时"事物，也是合成这种背景内容的"支流"之一。它尽管与新派人物的通俗宣传在内容上或有殊途之异，但在形式上又属同归之合，共同成为当时的一种文化现象。

作者简介：董丛林，男，1952 年生，河北盐山人。历史学博士，河北师范大学历史文化学院教授，博士生导师。中国义和团研究会副会长、中国太平天国史研究会常务理事，已发表论文百余篇，出版个人著述 10 余种。

清朝第一大贪污案

倪玉平

乾隆帝即位后，一改雍正严酷之风，施政主张宽严相济。但对于贪污，乾隆帝却一直严加惩治。乾隆三十九年（1774）开始的甘肃捐监冒赈案因贪污数量大、延续时间长、牵涉官员多、惩处罪犯严，被后人称为"清朝第一大贪污案"。

一、误用贪官，好事办坏

乾隆三十九年，陕甘总督勒尔谨以甘肃省土地贫瘠，时有灾荒，常需政府救济，请在甘肃实行捐纳，让无法考取功名而财力有余的人，向政府缴纳一定数量的粮食换取监生名号。捐纳之风从明清以来就一直盛行不衰。乾隆帝于四月十八日准勒尔谨之奏，并特意将"能事之藩司"王亶（dǎn）望调任甘肃布政使，负责捐监事宜。

王亶望赴任之后六个月，向乾隆帝报告了甘肃省的捐纳情况：目前已有19017余人前来捐纳，共收得粮食827500余石。看到奏折后，乾隆帝心有疑问：甘肃百姓向来贫穷，怎么会有近2万人前来捐监？开捐半年就收到粮食八十多万石，年复一年，势必会无处存放，潮湿损坏,又该如何处置?不久甘肃回奏称,因为平定少数民族起事后,新疆与内地的商品流通日益发达,商人们获利颇丰,甘肃为商民必经之地,所以报捐者很多。而甘肃省雨水稀少,连年大旱,需要大量的粮食赈济百姓,所收监粮正好用于赈济百姓。乾隆帝一时也找不出破绽,便批示:"尔等既身任其事,勉力妥当可也。"乾隆帝没想到,王亶望所收"监粮",竟全系纸上之数,仓库之中一粒未有;他所上报的"赈灾"粮食,也从未送到百姓手中。

骗局没有被揭穿,王亶望等人的贪欲愈来愈甚,上报的收捐数目也愈来愈多,到乾隆四十二年(1777)五月,在不到三年的时间里,他所上报的"粮食"已多达六百多万石,是甘肃省全年赋税的 7 到 8 倍。报捐人数和所收粮食数,不仅在甘肃省是空前的,就是在全国也名列榜首。同时,三年内甘肃省所奏报的"赈灾粮食"发放数额也多达六百多万石。因为捐监有功,王亶望被提升为浙江巡抚。四十五年(1780)春,乾隆帝下江南,王亶望投其所好,竭力逢迎,大肆铺张,得到了好大喜功的乾隆帝的欢心,乾隆帝还赏赐王亶望之母御书匾额和大缎二匹、貂皮四张。此时的王亶望,官居从二品,是独领一方的封疆大臣,踌躇满志。

二、多雨生疑,顺藤摸瓜

乾隆四十六年(1781)三月,甘肃河州发生回民苏四十三起义,乾隆帝派最为亲信的大臣阿桂前往平定。阿桂在上报军情的奏章中,多次提到由于当地雨水太多,官兵推进困难。乾隆帝回想到过去甘肃的灾情报告总是"连年干旱",不禁疑心大起:"该省向来年年报旱,何以今年雨水独多?此中有无蒙蔽?"他觉察到甘肃年年报旱可能有诈,于是命阿桂等人仔细查办。

阿桂很快就查明,王亶望等人的"捐纳",所收的不是粮食,而是银子。乾隆帝随即命闽浙总督兼浙江巡抚陈辉祖,查讯在浙江家中丁忧(旧称遭父母之丧)的王亶望,又命接替王亶望出任甘肃布政使的王廷赞呈报捐纳私收折色(中国历史上对原定赋税征收之财物称本色,改征其他财物称折色。清代折色专指银两)的情况。六月初,王廷赞上疏辩称,自己到任后,原不许折色,因无人报捐,只得照旧章办理;又担心粮价不一,所以统一规定,报捐者以每人55两为准。

六月初十日,乾隆帝指出,甘肃开捐,原本是为收粮济赈,自应收取本色,岂能公然核定折收价格?如此重大之事,为何甘肃各级官员从无一人对朝廷提及?况且,所定55两银子的价格,表明该省的粮价并不算高,粮源充足,又何必赈济?三天后,陈辉祖报告说,王亶望承认在办捐过程中,确实听说过有折色一事,并曾就此事责备过属下,但考虑到收银后可以补购粮食,所以也就不了了之。乾隆帝不相信这种辩解。又过了四天,因阿桂再报"连遇阴雨",无法采取军事行动,乾隆帝连下几道谕旨断言:"甘省如此多雨,而历年来俱称被旱,可见冒赈是假,贪污是实。"他指令阿桂一定要追查到底,务必水落石出。

到七月初,阿桂将王亶望等人在甘肃省折收捐纳、冒销赈粮等违法乱纪事实,查明上报。乾隆帝于七月三十日上谕对案情做了概括:王亶望上下其手,公然征收折色;勒尔谨竟如木偶,毫无见闻。王亶望又依靠兰州府知府蒋全迪,胡乱编造全省各地的旱灾情况,报销冒领,下面的地方官更是上行下效,串通一气,肆无忌惮,所以造成了如此重大的贪污案件。

三、集体作案,怵目惊心

王亶望等人所收的捐纳银两和贪贿,已经无从知晓具体数额,但可以肯定,数目必然非常巨大。按王亶望所说的收捐八百余万石,则共有捐生十八万余人,以每名 55 两计,所收的银子应该有一千多万两,而这 1000 万两银子,最后全部消失在"赈灾"活动中,也就是说,全部被这帮"蛀虫"侵吞了。其贪污数量之巨,堪称清朝之最。浙江查抄王亶望家产时,虽然闽浙总督兼浙江巡抚陈辉祖私自侵占不少,但上报的数字仍高达 300 万两。

四十六年七月三十日,乾隆帝上谕将王亶望立即正法,勒尔谨自尽,王廷赞绞监候。八月十八日,乾隆帝又对其他涉案官员作出处理:贪污在 2 万两白银以上者,立即正法;2 万两以下者拟斩监候;1 万两以下各犯亦斩监候,并随时请旨定夺。通计甘肃官员,前后赴刑场正法的多达 56 人,而以后又陆续免死流放的则有 46 人之多。

甘肃省当时共有直隶州 6 个,直隶厅 1 个,州 6 个,厅 8 个,县 47 个,而最后被追查出来的贪官即达一百余人,其中县官 63 人,知州 5 人,同知 3 人,通判 5 人,县承 2 人。经过此番审理,甘肃省的官员几乎"为之一空"。而且这还只是指贪污数量在 1000 两银子以上的人,如果贪污数额划定不是以千两为底线,细查下去,涉贪人员必定更多。

这种上至总督,下至州县衙役,全省官员几"无不染指"的大规模集体作案,在清朝的历史上是很少见的;而一次就斩杀、绞决、流放如此多的贪官,更是闻所未闻。回想到"内外大臣,皆知而不举",以致形成如此贪污巨案,也使得乾隆帝"思之实为寒心",不得不当即停止了甘肃和陕西的捐监之事。

四、案中有案,又揪贪官

王亶望的家产被查抄后,由浙江运解京城。乾隆帝亲往验收,发现所交物品大多平淡无奇,与这位大贪污犯的身份很不相称。九月初七日,乾隆帝再次派大学士阿桂和户部右侍郎福长安前往清查,同时还要陈辉祖也来参与对此案的审理。他深信"陈辉祖深受朕恩,必不肯同流合污"。

没过几天,在接见浙江盐道陈淮时,乾隆帝才得知查抄王亶望之财产时,浙江官府曾有公然以黄金换白银的情况。乾隆帝感到此举绝非抄家的兵丁营私舞弊所为,怀疑与陈辉祖有直接关系,于是命将陈辉祖革职审查。

十月下旬,阿桂等人通过陈辉祖的家人刘大昌等供词得知,陈辉祖曾偷换过玉器字画等,兑换黄金 800 两。接着,署河东河道总督何裕成也报告乾隆帝,陈辉祖曾给其妻舅送银 3 万两,"令开典铺生息",又在去年十月份,送来杂色金子一千余两,要他兑换银子,并叮嘱他"勿向人言"。

王亶望案中之案终于暴露了。十二月初二,乾隆帝对陈辉祖一伙作出处理决定:陈辉祖斩监候,秋后处决(次年因又查明其亏空仓谷银钱多达一百三十余万,"令其自尽");布政使国栋、知府王士瀚、杨仁誉,通同作弊,从中分肥,均判为斩监候;知县杨先仪、张翥

(zhù)直接经手其事,却不闻不问,发配新疆充当苦差;布政使李封、按察使陈淮对此事毫无察觉,著革职并发往河工效力赎罪。

至此,历时多年的甘肃捐监冒赈案在乾隆帝直接过问下才最终宣告结束。然而,该案也暴露出乾隆朝在用人和赈灾等制度上存在的弊端和漏洞。

作者简介:倪玉平,1975 年生,湖北汉川人,北京师范大学历史学院副教授。专著有《清代漕粮海运与社会变迁》、《博弈与均衡:清代两淮盐政改革》等,论文有《〈汇核嘉庆十七年各直省钱粮出入清单〉所载关税额辨析》等数十篇。

清代后期中央集权财政体制的瓦解

魏光奇

在清代前期,实行中央集权的财政体制。至咸丰、同治朝以后,这种体制趋于瓦解,出现了各省各自为政的局面。这种财政体制的变化,并非出于清廷自上而下的主动改革,而是地方督抚专擅财权的结果。因此,它一方面具有财政体制近代化变革的意义,另一方面又是导致晚清督抚专权局面形成的重要因素。

清代前期,实行中央集权的财政体制,一切财权统掌于中央财政机构户部。中央政府虽不直接经理全部财政收支,但却通过制定统一的收支科目、收支标准和报销制度来保证一切财政收支都由中央控制。

清前期的经常性财政收入有地丁、杂赋、盐课、常关税等10项,其中田赋、杂赋由地方组织征收,但税目、税额(或税率)以及缓减免政策都由户部统一规定;各常关商税(即常税)名目繁杂,清廷为此制定了数十万字的《各关税则》,具体规定了每一项商品的税额和税率。在中央规定的税收之外,地方不得另立名目征收地方税或在国家税基础上征收地方附加税。浮收、瞒报、冒销虽然普遍存在,但并不合法,属于官吏的贪污行为,不能形成地方税收收入。这样,就保证了一切财政收入权统归中央而地方官不得专擅。这一时期的经常性财政支出为官吏俸食、军队饷乾等 15 项，其中绝大部分由户部定额，层层分解到各部门、各地方(直至州县)，必须严格按照部定科目和数额开支，并直接作为国家支出由户部核销。

清廷通过严格的报销制度来保证这种财政收支的集权体制，户部设立 14 个"清吏司"，负责中央各部门和全国各级政府的收支报销。各省虽然存在不经户部报销的所谓"外销"(类似于现代财政的"预算外")收支，但数目很小。

清代前中期之财政机构，在中央为户部，在各地为各省布政使司、各地盐运使司、粮储道、海关道，属于中央财政机构的分支或代理机构。他们虽然受各省督抚节制，但并非各省地方财政官员，在履行财政职责时唯听命于户部。他们所掌管的各种款项，全系国家财政基金，动支、报销均由户部直接掌核，地方官员无权支配。

这样一种中央集权的财政体制，在顺治至雍正年间逐步形成并完善起来，直至咸丰元年(1851)太平天国起义爆发，大体上没有变动。

在中央集权财政体制下，凡有大兵役，兵饷全由户部筹拨，各省统兵大员无须自筹，也无权自筹。咸丰三年(1853)，太平军进入长江流域富庶省份，部库和各省布政使司库藏帑殆尽，至无款可拨，于是，各省、各统兵大员截留税收，自己筹饷。这种局面的出现，意味着地方督抚开始取得财政收支权。在以往中央集权的制度下，各省布政使司库定时向中央上报库存银两数目，听候户部随时调拨；而这时各地截留税收，报告中央"无款可拨"，中央政府因此失去了经费保证。于是，清政府不得不改变"京饷"的拨解制度，自 1853 年起，实行各省布政使司库每年定额向中央上解款项的"大包干"制度。

这一变革,本来只是清中央政府保证自己常年经费的权宜之计,但它所产生的实际影响,却远远超过于此。第一,京饷由各省每年将库款尽数报拨改为由户部定额指拨,意味着中央同地方进行了财政收入的划分,各地上解京饷以外如有剩余中央不再过问,可由地方支配;第二,中央既然不管各省每年收支情况如何,而要求他们必须按定额上解京饷,也就不能再要求他们恪守户部规定的收支制度,必须默认他们在入不敷出的情况下,甚至在并非入不敷出的情况下,自行增收、减支、挪用;第三,在中央集权财政体制下,户部对地丁、杂税、盐课、漕赋、关税以及出自这些项目的支出实行分口管理,"条条专政",分别责成布政使司、盐运使司、粮储道和税关监督经理。此后,实行以省为单位,统统责成各督抚筹款上解的办法。这样,就等于承认了各省督抚对布政使、盐运使等官员财政职权的干预,使这些官员成为督抚属员,其所管各库无形之中降为地方库,从而形成了以各省督抚为首领、以省为单位,各省包括藩(布政使)、运、粮、关等机构和其他财政局所的"块块专政"的财政系统。

至此,地方督抚自行攫取财权的做法被合法化,中央集权的财政体制开始陷于瓦解。

中央集权财政体制瓦解后,在事实上形成了省一级财政。各省开始自立收支科目,自定收支标准,经理大量的地方收支。其财政收入项目是:清前期各项传统租税上解京饷后的剩余部分、厘金、捐纳收入、杂捐、海关关税之一部、田赋附加、盐斤加价、洋务企业官股收入、发行纸币铜元利润、内外债和他省协款;其主要财政支出项目是:清前期各项传统支出之一部、自募营勇和新军军费、本地海防、江防

109

经费、自行设立的临时机构经费、洋务开支和新政开支、地方内外债还本付息、协济他省款项。这些地方收支,形式上仍须报部核销,但此时报销制度已经废弛,户部只是例行公事,无诘无驳。此外,各省无须由户部报销的所谓"外销",也数额剧增;清末清理财政后,国家财政收入骤增至2亿两以上(较五年前翻了一番),即与各省"外销"收入被清查出来有很大关系。

随着上述地方财政收支的形成,各省地方财政、税收机构也建立起来。它们是循着两种途径产生的:其一,在布政使司之外另设机构,如当时各地的总粮台、善后局、海防局、军需局、筹防局、筹款局、厘金局等;其二,不另设财政机构,而由布政使司、盐运使司等官员兼理本省财政。这一时期,各省还设立了自己的金融机构——官银局、官钱局、银行等。

清政府中央集权的财政体制瓦解后,中央财政的收入远不及各省多。光绪三十四年(1908),清朝全国财政收入已超过2亿两。其中户部收入不过2400万两,仅占12%。

清代后期中央集权财政体制的瓦解,直接原因在于太平天国战争爆发后,清政府军事职能的行使由中央转移到了地方。清代前中期遇有战事,由中央简任钦差大臣、调发营兵组成出征大军作战;而太平天国战争爆发后,绿营兵屡战屡败,清政府只得依靠各地官员募勇作战,并不得不听凭他们自己筹饷,中央集权的财政体制因而陷于瓦解。

此外,清后期中央集权财政体制的瓦解还有着更为深刻的社会经济原因。在中国传统社会,各地经济结构无显著差异,国家财政主要服务于政府自身的开支,而很少用于社会经济文化建设。正是这种情况,使得国家的财政收入、支出(项目和数额)均具有极强的稳定性,各地的财政收支结构,也具有同一性。这就使得清代前期国家能够通过制定统一的收支制度和报销制度来实现财政的中央集权。

清代后期,情况大变。商品经济的迅速发展引起了清政府财政收入构成的变化,财政收入不再具有稳定性;各省财政收入构成的同一性也不复存在。清政府的财政支出构成也发生了变化,军费、赔款、洋务、新政和债务支出剧增,其数额、项目不具有规律性、稳定性,因地而异,其具体项目更是纷杂不一;市场经济变动性也使得各种财政开支的标准无法固定。至清末新政,各省区、各州县又因地制宜,推动本地的经济、文化建设。在这种情况下,清政府对财政收入和支出不再能实行统一的定项定额管理,建立在这种管理办法之上的中央集权财政体制自然也就无法继续维持下去。

晚清政府不能因时而变,采取主动、积极的措施进行财政体制改革,以分级管理体制来取代中央集权体制,同时又没有能力阻止中央集权财政体制的瓦解,而是听任各地督抚攫取财权,结果造成了晚清数十年财政体制的混乱,为督抚专权和民国前期的军阀割据埋下隐患。

作者简介:魏光奇,1950年生,北京人,首都师范大学历史系教授,博士生导师,从事清代和近现代政治制度史研究。著有《官治与自治:20世纪上半期的中国县制》等,曾主持1999年国家社科基金项目"20世纪前期县乡行政制度研究"、2002年国家社科基金项目"清代州县行政和乡里制度研究"。

辛丑议和中的"惩凶"问题

王 林

1901 年 9 月 7 日,清政府与英、美、德、法、俄、日等 11 国签订《辛丑条约》。条约规定要"惩办伤害诸国国家及人民之首祸诸臣",并开列了"祸首"名单及惩治办法。

一、"惩凶"问题的由来及清廷的回应

1900 年 6 月,义和团运动达到高潮,西方列强以保护使馆为名,派兵入侵中国。8 月 14 日,北京陷落,慈禧太后西逃。

在京城被占、皇帝外逃的背景下,中外谈判的主动权完全掌握在列强手中。1900 年 9 月 18 日,德国政府向各国发出照会,表示:"将那些可以确定曾经在北京发生的违反国际法罪行中充当最初的和真正的唆使人交出,应该作为同中国政府进入外交谈判的先决条件。"同时要求各国训令他们的公使"提出那些毫无疑问的、犯有唆使或参预犯罪的主要中国人犯的名单"。对德国的照会,各国一致表示同意。

在列强商议"惩凶"的同时,西逃途中的慈禧太后为推卸责任,

于9月7日发布剿杀义和团的谕旨。一些原来就主张镇压义和团的封疆大吏为了维护清朝岌岌可危的统治,也要求清廷响应列强"惩凶"的提议。9月15日,奉命主持议和的李鸿章便与两江总督刘坤一、湖广总督张之洞、山东巡抚袁世凯联名上奏,以各国公使要求为由,请清廷主动"惩凶",并并列名单及惩治办法。

在列强和朝中重臣的压力下,清廷于9月25日发布第一道"惩凶"谕旨,所惩9人中,庄亲王载勋,怡亲王溥静,贝勒载濂、载滢,革去爵职;端郡王载漪撤去一切差使,交宗人府严加议处;辅国公载澜、都察院左都御史英年,交该衙门议处;协办大学士、吏部尚书刚毅,刑部尚书赵舒翘,交都察院、吏部议处。但列强对清廷的处理很不满意,他们要求将以上9人处以死刑,并增加董福祥和毓贤二人。

面对列强的压力,清廷于11月13日,又发布第二道"惩凶"上谕,惩处有所加重,但仍未杀一人,对亲王最重的惩罚是发往盛京永远圈禁,并将已经革职的山西巡抚毓贤发往边疆充当苦役,永不释回。

二、列强的威逼与清廷痛下杀手

清廷之所以在"惩凶"谕旨中未杀一人,其主要原因是当时各国列强在如何惩办"祸首"问题上仍存在分歧,还未向清廷施加绝对压力,而清廷还幻想保存一点朝廷的脸面,给皇亲国戚和大臣们留条活路。

12月4日,美国公使康格就"惩办祸首"问题的提案经各国公使讨论后通过,其内容是:将死刑作为最严酷的刑罚,对现在已经指出应处死刑的人,今后很可能坚持要执行死刑。这一提案很快就在条约草案中得到体现。12 月 24 日,11 国将《协议大纲》草案正式交给中国全权代表庆亲王奕劻,其中第二款第一条的内容是:对于 9 月 25 日上谕中所指的人犯及各国公使以后指名的人犯,按他们的罪行治以最严厉的惩罚。

1901 年 2 月 5 日,奕劻、李鸿章代表清政府与各国议和代表在英国使馆专门讨论"惩办祸首"问题。外国首席公使首先明确表示,对"罪犯"要处以死刑。当中国代表询问按"罪犯"情节轻重应分别采取什么惩罚方式时,英国公使说,对控告书内所包括的那些罪行最轻的人,适当的刑罚也是死刑。这场辩论长达 3 个小时,结果各国公使除同意将载澜"减死",载漪判为斩监候外,要求将其余列名人犯一概斩决。

在列强的威逼之下,2 月 13 日,清廷发布第三道"惩凶"谕旨:载勋赐令自尽,载漪、载澜发往新疆永远监禁,毓贤正法,董福祥革职,英年、赵舒翘定为斩监候,刚毅、徐桐及李秉衡已死,均革去原职,撤销恤典。同前两道谕旨相比,这次惩罚的力度明显加重,不仅将载勋、毓贤处以死刑,还将董福祥列入惩罚名单,甚至连死去的人也不放过。在同一天发布的另外一道谕旨中,又将礼部尚书启秀与刑部左侍郎徐承煜革职查办。

但是,列强对此仍不满意。英国公使警告中国全权大臣:载漪、载澜改为"假死",因系懿亲,已属从宽,其余诸臣,朝廷若再庇护,必将决裂。此时,联军统帅瓦德西威胁要率联军内侵。奕劻、李鸿章得此消息,惊恐万状,即刻电告清廷:姑息数人,坐令宗社危亡,殊为不值。会办商务大臣盛宣怀亦建议朝廷将徐承煜、启秀、英年三人赐死,独救赵舒翘一人。两江总督刘坤一遵旨与列强斡旋,商救朝臣,也是无功而返。列强甚至要对已死的刚毅、徐桐、李秉衡开棺戮尸,对被处死者监视行刑。李鸿章深恐联军内侵,建议清廷"曲徇所请"。

此时,清廷再无还手之力,于1901年2月21日发布第四道"惩凶"谕旨:除载勋已赐令自尽、毓贤即行正法外,载漪、载澜均定为斩监候,发往新疆永远监禁。刚毅应定为斩立决,因病故免议。英年、赵舒翘赐令自尽,启秀、徐承煜即行正法,徐桐、李秉衡均定为斩监候,因临难自尽,业经革职,撤销恤典,应免再议。这一道谕旨涉及11人,除刚毅、徐桐、李秉衡三人已死,载漪、载澜因系皇亲"假死"外,其余6人均被处死。随后,清廷又颁布谕旨,对列强指名的100余名地方官员加以惩罚。至此,清廷在列强的威逼下彻底屈服,完全满足了列强的"惩凶"要求。

三、"惩凶"的险恶目的及后果

在1901年的辛丑议和中,列强从一开始就把惩办"祸首"作为议和的前提条件。从表面上看,列强之所以急于"惩凶",是为给被杀的外国公使和外国侨民报仇,而其真正的险恶用心却是想通过"惩凶",以收杀一儆百之效,让中国所有官民都惊怵于"排外"必死的下场,从根本上消灭中国人民的反抗意志。

英国公使窦纳乐在向英国外相汇报时就明讲:"惩罚那些在最近反对外国人的骚乱中扮演主要角色的人,对将来具有十分重要的关系。除非对那些人加以严厉惩罚,目前危机的重演只不过是时间

115

问题而已。"美国政府在答复德国"惩凶"照会时也称"惩办罪首所以严防将来"(中国近代史资料丛刊《义和团》三)。列强在"惩凶"问题上步步紧逼,最直接的目的是以此来检验清政府的屈服程度,使清政府彻底沦为"洋人的朝廷",长远目的则是要从心理上摧垮中华民族抵抗外侮的民族意志和精神。但中国人民的抵抗意志并未被摧垮,反而更加看清了帝国主义利用清政府侵略中国,企图把中国变成殖民地的本质,进而把推翻清朝统治作为革命的目标。这是列强在"惩凶"时始料未及的。

就清政府而言,虽然满足了列强的"惩凶"要求,暂时维持了摇摇欲坠的统治。但是,清政府在"惩凶"问题上的屈辱表现,一方面使中国先进分子充分认识到这个政权已无可救药,要振兴中华就必须推翻清王朝的腐朽统治,建立一个民主共和国。另一方面,那些被列为"祸首"的大臣,本是奉旨抗洋的"忠臣"。如李秉衡奉命北上"勤王",慈禧太后曾倚为干城,战败而死,清廷谕令恤典。但清廷慑于列强的淫威,先是对其革职,撤销恤典,进而又定为斩监候,只因其人已死,才免于斧钺。英年、赵舒翘、启秀、徐承煜四人,清廷本认为罪不当诛,最终也难免一死。更有甚者,清廷为推卸责任,竟将1900年6月20日至8月14日发布的上谕说成是"矫诏"(假诏书)。以忠孝节义为政治伦理的清王朝,为维护自己的统治,竟不惜将那些忠于自己的朝臣当作"替罪羊",对那些仍然依附在体制内的官员产生了巨大的心理震动。1911年10月10日,武昌城头一声枪响,各省督抚纷纷宣布独立,再也难找一个为清朝卖命的"忠臣",统治中国二百余年的清王朝瞬间土崩瓦解。

作者简介：王林，1966 年生，河南正阳人，历史学博士，山东师范大学历史文化与社会发展学院教授。著有《西学与变法——〈万国公报〉研究》、《山东近代灾荒史》等。

清末新政与莱阳民变

刘天路

1910年(宣统二年),山东莱阳发生了一场较大规模的民众武装抗争,史称莱阳民变。这场民变反映出清末改革过程中国家、地方社会和民众各方面利益之间的复杂冲突。

1901年(光绪二十七年)以后,清政府实行新政,在经济、军事、教育、文化和政治等方面进行改革。各级地方政府先后举办各种新式事业,创办新式学堂、设立巡警、筹办地方自治。新政施行时期,正值国家经济凋敝、财政困难,于是,和全国多数地方一样,莱阳县地方政府把增加捐税作为筹措新政费用的主要途径。1906年征收庙捐作为兴办新式教育的经费,一年后抽取油捐以开办巡警,1908年又相继开征戏捐和城厢铺捐,1909年巡警局改为巡警公所后,又加重了契税的征收。1910年春,莱阳地方自治开办,政府又准备再次向乡民筹款,县教育会也准备一次性征收庙产提成捐,取代庙捐作为新式教育经费。除了捐税以外,荒地也要征收赋税,地方钱粮征收的数额大幅度提高。为解决经费严重不足问题,莱阳办理新政的官绅还打算向农民加征亩捐。清政府实行近代化的新政改革以巩固政权,可是不仅没有给生活原本十分困苦的乡村民众带来福利和希望,反而进一步加重了他们的直接负担,不满普遍存在,民怨不断积聚。

如果说,清政府在施行新政过程中无视民生、肆意加捐是莱阳民变爆发的根本原因,那么,有权势的地方绅商利用举办新政扩大政治权力,谋取经济利益,进一步激化了各种矛盾,则是导致莱阳民变的直接原因。

莱阳地方官员与部分有权势的地方绅商关系密切,赋予他们主持各项新政的权力,试图利用其权势推行改革。绅商王圻(qí)来自莱阳著名的王氏家族,其堂兄王垿(xù)在清政府担任法部侍郎,王圻本人在莱阳城内开设多家钱庄店铺,在当地绅商界势力很大。莱阳知县朱槐之委派王圻担任劝学总董,负责新式教育。在王圻举荐下,同族王景岳担任了县巡警局局董。另一位绅商于赞扬在莱阳县城也开有钱庄酒店,充当绅董二十多年,与朱槐之私交甚好,人称"于二知县"。朱槐之委派他和莱阳城内另一位较有资历的绅商张相谟负责筹办地方自治事宜。

这些绅商在主持地方新政改革以后,权力进一步扩展,直接对地方社会施加影响、进行控制,为他们利用公权谋取私人经济利益提供了条件。比如,王景岳在参与新政之前负债累累,但担任巡警局局董后不久就还清了所有债务,并购置土地,翻修房屋,被人怀疑滥支和贪污公款。王圻更是大肆利用公权,包占荒山,操纵市场,采取不正当手段排挤、打压其他商号,垄断了莱阳城内最有利可图的鸦片生意。王圻、王景岳、于赞扬等绅商还承揽修缮工程,通过向全县乡社征税的方式筹款,购买他们合办的窑场生产的砖瓦,并用工程完成后剩余的捐款放贷生息。1909 年,莱阳钱粮银大幅调升,给征收造成极大困难,地方政府决定将稽征权承包给王圻、于赞扬等人开办的商号。当时银价昂贵,铜元贬值,王圻等人便要求用铜元缴纳时以七折计,变相增加了农民的税赋负担。

因新政改革而不断增加的各种捐税,已经让生活困苦的民众怨声载道,而经办新政的王圻等绅商以公谋私、中饱私囊的行径更进一步增加了民众的不满情绪。怨恨和愤怒在民众心中积聚,终于爆发了群体性反抗事件,而引发这次事件的是灾荒引出的社仓积谷问题。

社仓是一种民间粮食储备制度,平时储存谷米,荒时出谷赈灾。1909 年,莱阳受灾,农村普遍歉收,1910 年又遭受更为严重的春灾,夏收减产已成定局。天灾引起粮荒,不良商人趁机囤积粮食,操纵市场,抬高粮价。一时间人心惶惶,民情浮动。在这种情况下,乡民要求提取社仓积谷赈济灾民,并抵缴因筹办新政而开征的各种捐税。莱阳社仓始建于光绪初年,后因仓房年久失修,部分积谷发霉变质,便将历年积谷全部变卖,以钱抵谷,所卖积谷款存在王圻、于赞扬等开办的钱铺中,以备荒歉时取用。这时,传言说积谷出了问题,有乡民追问此事,而绅商们没有做出让人满意的明确答复,引起乡民们的怀疑和愤怒。5 月 21 日,以曲士文(又名曲诗文)、于祝三为首的 30 多名村长、社长,率领近千名乡民进入莱阳城,找王圻、于赞扬等绅商追讨积谷。王圻等人事先得到消息,躲藏起来,乡民便转到县衙与知县朱槐之交涉。朱槐之在乡民压力下,答应向经管绅商质询谷款一事,并允诺在十日之内公示解决办法。乡民在得到知县答复后,返回各自村庄。

这一群体性事件发生后,如若地方官员查明事实真相,及时向民众公布,并采取积极措施予以解决,原本可能使矛盾得到缓和。然而,朱槐之在乡民散去后即向山东巡抚孙宝琦报告,声称乡民聚众闹事,必须严拿带头之人,以儆将来,要求派拨军队前来镇压。他的上司、登州知府文淇也支持这一态度,指示朱槐之对曲士文等人绝不可纵容姑息。由于官府并未履行查明积谷一事的许诺,乡民再次聚集,事态开始升级,向暴力冲突方向发展。6月11日,愤怒的乡民集结起数万人,焚烧了巡警局局董王景岳的家,抢劫了几家富户的财产。乡民提出清算积谷、免除各项捐税、完粮用铜元不得折扣、革撤绅董、停办地方自治等条件,并要求保证曲士文等为首之人不被处死。经城内众多商人说和,朱槐之为平息事件,答应了除停办地方自治以外的其他全部条件。

莱阳发生群体性事件的消息传到省城济南后,巡抚孙宝琦以朱槐之办理不善将其撤职,任命奎保继任知县。奎保上任后,坚持严惩曲士文等为首之人,并派军队前往抓拿。结果,乡民与军队之间发生争斗,士兵有数人受伤,乡民也死伤多人,并有十几人被捕。官府和乡民之间的冲突进一步升级。

莱阳民变的首领曲士文、于祝三等皆为乡村精英,在当地颇具号召力。他们联合起数十名村长、社长,组成"联庄会",团结各村庄力量。同时,他们散发传单,制造舆论,激发乡民对绅商和官府的不满和反抗情绪。在政府增加捐税和绅商假公济私的背景下,这些动员民众的手段在一段时间内产生了很大影响。全县106个村社中,有60个村社参加了反抗活动,集结在莱阳城周围的乡民最多时将近十万人。他们分四路驻扎在城郊各地,对县城形成包围之势。从7月4日开始,乡民连续几天攻打县城。

莱阳民变尽管一时间造成了相当声势,曲士文等乡村精英也表现出一定的组织能力,但终究是一场突发性事变,缺乏明确目标和组织训练的乡民难以与拥有新式装备、训练有素的正规军队对抗。在军队到达之前，乡民内部已经发生分裂，相当一部分力量被分化瓦解。当驻守山东的新军第五镇2000余人从济南赶到莱阳时，乡民很快溃散，曲士文、于祝三等逃匿。军队在莱阳各地搜查参与民变的乡民，烧杀劫掠，民众多有死伤。这场历时数月、有数万乡民参加的较大规模民变，最终被镇压下去。

莱阳民变震惊全国，舆论对于政府滥征捐税、绅商假公济私、官员办理不善和军队纵兵劫掠的行径，进行了激烈抨击。在清末革命党人咄咄逼人的政治局势下，莱阳民变和当时全国范围内发生的一系列城乡民众骚乱，进一步增加了民众的动荡感和危机感；而清政府在处理这些民变的过程中措置失宜，其漠视民生、无视民命的种种表现，使之逐步失去民众的支持和信任，当更加严重的危机来临时，便成为被无情抛弃的孤家寡人。

作者简介：刘天路，1951年生，河北乐亭人，山东大学历史文化学院教授。主要研究中国近现代史，著有《基督教会与近代山东社会》、《八国联军侵华史》等。

经 济 社 会

清 代 漕 运

江太新

　　漕,原指以水道运粮。秦汉以来,历朝政府所需粮食主要靠水路运输,故称漕运。有人说,漕运是指漕粮运输,这种说法不能说不对,但不够全面。因为漕运不是孤立的,所涉及的内容十分广泛,包括:粮食的征收、兑运和交仓、漕运官制和船制、运丁和屯田、漕粮运道的修治、运河河政等。漕粮的运输仅仅是其中一项,无法概括全部内容。为了全面、准确地反映漕运的内涵,似可作这样的表述:漕运是指中国古代政府将征收来的粮食中一部分,通过水路(水路不通之地辅以陆路)运往京师或其他指定地点所形成的一整套组织和管理制度。这种制度又称之为漕转(转漕)。

　　清代沿明代旧制,向运河及江河沿岸八省征收漕粮。每年计征漕粮正米 400 万石,其中江南省(今江苏、安徽)1794400 石、浙江省 63 万石、江西省 57 万石、湖广省(今湖南、湖北)25 万石、山东省 375000 石、河南省 38 万石;另征耗米 2352137 石,其中江南省 1057685 石、浙江省 468600 石、江西省 375400 石、湖广省 19 万石、山东省 131052 石、河南省 129400 石。两项合计 6352137 石。内除折耗、蠲免、改折及截拨等项外,历年运抵京通各仓粮食有 300 多万石。

另于江苏苏州、松江、常州三府和太仓州,浙江嘉兴、湖州二府,征收白粮 20 万石,供清室宫廷专用。

清政府除向粮户征收正米和耗米外,还征收各种名目繁多的附加税,如芦席税、楞木松板税,运丁出行期间的各种津贴粮、津贴费等。如将各项负担加在一起,粮户完纳正漕一石,需付出三四石粮食。因此,漕粮成了农民一种苛重的负担。

粮户缴纳漕粮,开始时沿明代之制,由粮户向运输漕粮运丁直接交兑。到征粮季节,运丁驾船到征粮州县水次(码头)停候,粮户携米向运丁交粮。粮户缴纳时,运丁倚仗官府,挑剔米色,额外勒索。粮户忍痛多交米石,或另给银钱。顺治九年(1652),官府为防止上述弊端,改为"官收官兑"。粮少州县,各州县设置粮仓;粮多州县,在乡村设仓,如江南苏州、松江、常州、镇江等府,漕粮较多,按照乡村设置仓库,粮户交粮到指定仓库,以免拥挤守候。湖北、山东二省和江宁府属,粮多之处按村置仓,粮少之处直送县仓。浙江、江西、湖南、河南四省,粮户一律运米到州县仓库缴纳。征收漕粮之前,由州县预先向粮户颁发易知由单,通告开仓日期,粮户纳完粮后掣给串票,作为完粮凭证。粮户完粮以白粳为原则,米粒须干圆洁净。待运船到州县水次,由州县官负责交兑,以避免运丁直接向粮户的勒索。

清廷为防止漕务弊端,采取许多措施:(1)收粮力求迅速,以减少漕官、漕书和胥役等勾结作弊的机会;(2)加重州县官征收漕粮的责任,收粮时州县官需亲身查验,以防止漕书胥役营私舞弊;(3)简化征收手续,防止浮收;(4)注意斛量,令各省收兑漕粮,由粮户自行执挡,以防斗级多收斛面;(5)地亩应征粮额明确化;(6)为防止豪右拖欠,对有抗欠绅衿按律治罪;(7)改善征收漕项银手续,乾隆二年

（1737），取消经承秤收制度，由纳户将银两自封投柜，届期一体监拆。雍正、乾隆两朝，在整顿漕政方面收到一定功效，但到乾隆中期以后，伴随吏治腐败，漕政逐渐败坏。

帮船派兑水次，有两种：一种是固定的，某帮船专到某水次兑运某州县漕粮，从不变动；一种是轮兑，某帮船今年兑运甲地漕粮，明年改兑乙地，将帮船和州县各分为六限轮流，周而复始，六年一轮。但这也有缺点，有时帮船离水次过远，迁延时日；另帮船所属卫所不归兑粮府县管辖，对运军的约束督催不便。顺治十二年（1655），改各省漕粮先就本地卫所帮船派兑，船只不足时，再由相邻州县卫所派船兑运。

派定兑运州县后，由粮道派定各卫所运船兑运前后次序，以防凌越挤兑。兑交漕粮还有许多规定，如办理通关手续，严定漕船抵达水次期限，征收米质规定，防止州县作弊、旗丁额外勒索规定，取样米规定，办理离开水次规定，白粮征收及解兑规定等。

漕船组织以帮计，每帮船只多少不等，一般为 30 多只到 60 多只，但也有少数帮船多达 90 多只，少者仅 10 余至 20 余只。帮船一般以运本地区漕粮为主，各帮船运粮地或以抽签为定，或以轮流为定。至清后期共计有 118 帮。每帮船配运丁 10 至 12 人，轮流出运，每次由 1 人领运，其余人出银帮贴济运。运丁运粮政府给予一定补贴：（1）行月粮；（2）可携带一定数量免税商货；（3）分派屯田耕种等，作为运粮报酬。

漕船北上，经过长江，横渡黄河，在淮安以南还有几个大湖泊，如遭遇风暴，或水流湍急之时，都存在覆没的危险。朝廷为预防意外，一方面严定漕船吃水限制，以防因超载而发生事故；另一方面设立望楼，加强对天气观察，指挥漕船行止。此外，加强救护设施，如设救生船只等。

漕粮运抵通州后，某省某帮船只所运漕粮兑交某仓库，在仓场主持下当众抽签而定（嘉庆十四年改为各省帮船未过天津以前即预先掣定所交仓库，以防止运丁和吏役勾结舞弊）。然后，分两处卸交，正兑漕粮在石坝卸粮，改兑漕粮在土坝卸粮，经检验后，由政府雇募经纪把粮运往京通各仓收贮。运丁运漕粮到通州起卸交仓时，须向坐粮厅诸仓缴纳部分银两作为交粮手续费，叫"茶果银"；按所运米额津贴转运漕粮的经纪和车户的叫"个儿钱"。这种额外勒索，以后得到政府认可，遂成定制。

贮存漕粮的仓廒，通州有中、西 2 仓，共 250 廒，专贮存王公百官俸廪米石；京师有禄米等 13 仓，共 956 廒，专贮供给驻扎在京师的三营八旗兵的粮食、文武四品以下官俸禄米、官军马豆。各仓贮粮都有定数。嘉庆以后，由于漕运额日减，各仓廒进存米额也日少。

漕船数量各个时期不同，康熙以前全国漕船共 14505 只，雍正以后逐渐减少。雍正四年（1726）有船 6406 只，乾隆十八年（1753）有 6969 只，嘉庆十七年（1812）有 6384 只，道光九年（1829）有 6326 只，咸丰元年只剩下 6296 只。漕船由专厂制造，或由卫所设厂打造。漕船大致可分为江广船、江浙船、浅船三种。各种漕船尺寸大小有严格规定。漕船的更新以十年为期，更新比例每年为十分之一。运满十年船只叫满号船，不准继续出运，有特殊情况，可多出运一年。造船经费除政府拨款外，主要靠屯田收入。新船从第二次出运开始，政府另给修艌（niàn）银（用桐油和石灰填补船缝的费用），修艌费按各船出运次数分拨。

嘉道以后，由于运道时常受阻，清政府着手进行漕运改革。道光六年（1826），江浙漕粮试行海运，随后河道疏通，海运暂止。道光二十八年,河道再次受阻,江浙漕粮再次改为海运。此后,这两省漕粮海运成常制。太平天国起义后,太平军攻占长江流域,运道受阻,湖北、湖南、江西、安徽、河南诸省漕粮无法兑运,改折收银两,不再征实。太平天国失败后,清政府想恢复征实,但遭各省督抚反对,于是,折收银两成常制。光绪二十七年(1901)诏令废除江苏、浙江、山东三省漕运,实行改折(即折收银两)。但为了保障京师粮食需求,实际上只有山东实行改折,江浙两省漕粮,除减征部分外,其余部分一直坚持海运,直至宣统三年(1911)才停止。河运停止,关键在于运道淤塞。随着光绪二十七年停漕令颁布,二十八年,清政府正式下令将屯田改为民田。

为保证漕粮顺畅、安全到达北京通州,政府每年要拨大量专款维护运河,疏浚运道,修筑堤坝,治理河渠,修理闸坝,引泉助运等。

漕运是一项庞大的系统工程,清政府为做好这项工作,建立了一整套高效的管理体制。中央由户部云南清吏司直接管辖,下设漕运总督、坐粮厅、河道总督,各省设有粮道,各州县也设有专门机构。就各级官吏职权区分,大致可分六类:监督巡查官、征收监兑官、押运官、领运官、催攒官、漕仓监收官,各司其职。为保证各级官吏尽职尽责,政府还制定了宽严结合的奖罚条例。这种做法在乾隆朝中期以前,收到很好的效果。随着乾隆朝后期吏治腐败,漕运的弊端不断发生,以致积重难返。

作者简介:江太新,1940年生,福建永定人,中国社会科学院经济研究所研究员。主要著作有:《清代漕运》(合著)、《中国地主制经济论》(合著)、《中国经济通史·清代经济卷》(合著)等。

清代的"黄宗羲定律"效应

郭松义

前些年,有的学者针对黄宗羲有关唐至宋明税制改革的议论,提出了一个"黄宗羲定律"。所谓"黄宗羲定律",指的是历史上赋役改革,都是基于不损害统治者既得利益前提下,在征收方式上所作的某些调整,即"并税式"改革。因为它简化了旧税的繁杂名目,减少运作中的中间环节,所以开始时还是有作用的。但日子一久,各种加派杂税又会出来,于是又得再搞并税。如此反复,每次改革都意味着税额加重和百姓负担的加大。对此黄宗羲哀叹说:"嗟乎! 税额之积累至此,民之得有其生亦无几矣"(《明夷待访录》)。

黄宗羲是明末清初人,他总结的是明代以前的事。清朝自肇建之初,统治者便表示要接受明亡教训,其中就有不搞赋税加派一条。以后康熙、雍正、乾隆诸皇帝,都有类似言论。那么,人们说到的"黄宗羲定律"在清代是否还起作用呢? 且看事实。

顺治元年(1644),当小皇帝福临在北京登极不久,七月,摄政王多尔衮就颁谕,痛陈明末三饷(指辽饷、剿饷、练饷,为明清战事、镇压农民起义和编练地方武装而收取的赋税)加派为弊政,并宣布自本年起,正赋之外一切加派尽行蠲免。可令人遗憾的是,如此嘉惠于百姓的承诺,还未来得及实施,很快就食言了。顺治三年(1646)四月诏称:正赋"自顺治四年正月初一日起,俱照前朝万历四十八年(1620)则例征收,天启、崇祯时加派,尽行蠲免"。这就是说,停征的只是三饷中的剿饷和练饷,可剿饷早于崇祯十三年(1640)明廷已下诏停征了(左懋第《萝石山房文钞》卷一)。可见,数额最大也是危害百姓最烈的万历朝加派的辽饷仍沿袭不变。随后户部遵旨修造《赋役全书》,辽饷被改称九厘银,正式归入正赋,成为其有机组成部分。据明万历年间辽饷即九厘银应征总数 5200062 两,清顺治十八年(1661)全国田赋额除米、麦、豆等本色外,征银 21576006 两,除去九厘银为 16375944 两,九厘银约占田赋征银数的 24%(梁方仲《中国历代户口、田地、田赋统计》)。当然这只是大概的计算,但把数额如此巨大、原属临时性的摊派,归并成为正赋的一部分,怎能说不是加赋呢?

如果说顺治年间把九厘银归入正赋,与清初正值大规模用兵、政府财政困难有关,那么后面两件事都发生在每年都有大量财政积余的雍乾时期。

一是推行"摊丁入地"。这无疑是一项值得大书特书的重大赋役改革,因为它一举取消了千百年来一直相沿的人丁税。不过这里所说的取消,不是指把原征税额抹除了,而是将其归并到田赋中去,就是用增加田赋的方法加以解决,因为人丁常常会流动,田地却是固定的。这样国家并不少收一两银子,而税额却更有保障。总计当时全国的人丁税银 3291229 两、米豆 38944 石,同时的田赋银 26362541 两、粮 4731400 石,摊丁入地后,等于使田赋负担银增加 11.1%,粮增加 0.82%(郭松义《论"摊丁入地"》)。按照丁银本由力役而来的原则,将力役改征银子,便含有政府代为雇役的意思。"摊丁入地"后,凡是没有田地的百姓都应免除官府追呼之苦。有的记载确实也是这么说的,如"民不知役……百工执艺闻鼛(gāo,用于役事的大鼓)鼓至者,皆计佣受值";"虽或逃丁,以鬻贩邀厚利,而官莫得而役焉"(嘉庆《宜章县志》卷八)。但实际情况却大打折扣,譬如直隶地当京师冲途,官员兵弁来往众多,丁差最为繁杂,即使在摊税后,力役仍有按牛驴派者,有按村庄派者,有按牌甲户口计征,间亦有按地亩均课者,一切与前毫无改变。更有甚者,有人竟建议仿摊丁之例,每地一亩,摊征差银一分,以收减差之效。殊不知那等于是在搞再摊派。其实直隶的事例具有相当普遍性,南方有的县,诸凡"修茸城垣、公署、刑狱,砖瓦灰石派民供亿,而上司过境,勒派民夫多至千数百名,枵腹(xiāofù,空腹)守候,其苦异常"(光绪《容县志》卷二八)。如果上述行为多少属于地方政府所为,那么乾隆二十一年(1756)的那道诏谕则完全代表朝廷的意见了。诏谕针对有人要求免除差徭,驳斥说:"我朝百年以来,薄海编氓,从无公旬徭役,所有守夜、开沟、栽树、修堰等事,乃民间自为保护、相友相助之谊,如江西、湖广等省沿江堤堰,民间自为修防甚多,何得谓之差徭"(《清高宗实录》卷五零六)。既然统治者把需要花费大工大料的修筑江湖防涝堤堰都否认为指派差徭,那么像修茸城垣、公署,接送官员之类,当然更可用民间勒派来加以搪塞了。及至清末,随着吏治更趋败坏和政府财政危机的加剧,这种差外加差、以加赋补差的事,已被视为理所当然、无顾忌可言,"摊丁入地"的成果已被盗食殆尽。

二是实施耗羡归公。这实际上是与增加官员经济收入的养廉银制度密切相关,并由此牵涉到赋税规制。耗羡又叫耗银和耗粮,原因是各税户在向州县衙门纳赋时都用碎银,可上缴藩库必须熔铸成锭,这不免有所损耗;粮食也是一样,仓储、运输都有损失,这都要落在大家头上,故规定于正额外,再加征些许,叫做耗羡。耗羡的另一个作用是弥补地方官员和衙署开销亏空。清朝对各级官员实行低俸制,加上顺康之际,朝廷为了应付庞大的军费开支,把地方衙门的公务开支都裁扣上供了,所以从皇帝起就默许官员收取适量耗羡以充公私日用。不过由于它本属额外课取,加多加少并无定制,所以各地方既有每收正赋一两,另征耗银三四钱、四五钱至七八钱者,也有"十两之税,加十两之耗,甚至有"数倍于正额"的。如此加耗,虽然喂饱了大小官吏,可百姓却遭了殃,而且也与朝廷进项无补。雍正二年(1724)七月朝廷颁谕,决定在全国推行耗羡归公和对地方官员实施养廉银制度。具体做法是:先根据各省情况把耗羡与正赋的比例确定下来,大致是10%—20%,少数也有稍高的,然后在耗羡总额中提出一定数额"恩赏"官员,叫做养廉银,其余暂存地方以填补亏空或兴办公用事业,如救灾、添置兵马器械之用。这样既补贴了官员俸饷的不足,又保证各级衙门的日常公私开销,还能抑制私取滥派,立意是好的。为了防止耗羡的正赋化,雍正帝还专门作出批示:"若将耗羡银两俱比照正项钱粮具题报销,相沿日久,或有不肖官员指耗为正项,而耗羡之外又事苛求,以致贻累小民,此风断不可长"(《清世宗实录》卷四三)。限额征耗,且取用有定规,相对于以往毕竟是一种约束。但就在雍正帝推行耗银归公的同时,便发现山东自巡抚至司道等官,于养廉银外"私受陋规如故",而且"用一派十,官役分肥"(《清世宗实录》卷七)。其他各省也各有花样。有鉴于此,到乾隆帝继位,朝廷便借口收取耗羡未定有章程,渐滋冒滥,正式要求地方于每岁归款后,造册咨送户部核销。这等于在管理上把耗羡银纳于正项赋课之中。由于耗羡随同正项钱粮送部核销,定例日密。地方衙门每有动支,无论多寡,必先报部,不准则不敢擅动,而且稍有不合规例,便会遭到驳斥,责令赔垫。于是"上司赔则取偿于属员,而馈送之路开;属员赔则取偿于百姓,而重戥征收因公科敛之端起。然则耗成正项,耗外加耗之弊虽峻防之,其流有所不能止也"(孙嘉淦《办理耗羡疏》)。至嘉庆、道光年间,此类"羡外加羡,耗外加耗"的情况已毫无掩饰、完全公开化了。根据手头可查的资料,光绪间全国地丁银29781693 两,并征耗银 3490577 两,计 33272270 两。朝廷等于在不加赋的名义下又增加了约 14% 的库银,而民则仍需承受征耗无度之苦。

我们看到,从顺治初年到乾隆间,清代田赋额所经历的变化为:明万历初年田赋数加 24% 的九厘银,再加 11.9% 的丁银数,再加14% 的耗羡银。在百余年里,百姓的田赋负担较之明代已增加了将近原额的一半,说明"黄宗羲定律"效应仍然在起作用。通过清代所显示的增税规律,我们还看到朝廷、地方官府和下层百姓(主要是农民)三方的关系。虽然朝廷需不时地通过规范税制来抑制地方官府的无度苛派,可一旦收权,便很难再把业经归入府库的税银返还于下,这就造成地方官府兴办公务的难度,何况官员们也愿意借再摊派上下其手,使额外摊派总无止息。在这三者的博弈中,最无奈的是小民百姓,因为他们完全处于受宰割的地位。虽然变革可能给他们带来一丝希望,但最终的结果却是只增不减的无底负担。只要三方博弈的格局不改变,那么"黄宗羲定律"效应也就不会消失。

清代农业生态环境和农业经营的新理念

郭松义

清乾隆朝后期,全国人口数达 3 亿。供养如此众多的人口,需要大力发展农业生产。在当时传统农业经营条件下,主要是靠扩大农业生产地域,向土地、向自然索取,这就不可避免地对原始生态环境造成破坏。大量的围水造田、毁林垦荒带来的后果就很严重。清代日益增多的围湖围江成田,进山毁林垦荒,以及边疆有增无减的垦殖,确实扩大了耕地面积,使业已呈现的人多地少的矛盾稍得缓释,但同时也付出生态环境日趋恶化的代价,甚至威胁到人们生命财产的安全。

且以长江中游的两湖地区为例。自明中叶起,这里已有"湖广熟,天下足"的美誉,及清康雍之际,更被号称为"天下第一出米之区"。然而,这些鱼米之乡多是用围湖、围江得来的大批"垸(yuàn,在湖边淤积的地方做成的圩田)田"作为保障的。特别到乾隆朝时,围水建垸更达到高潮。然而,当一个个湖泊被蚕食围垦,一处处通江口子被填淤成陆田时,其严重的后果也就呈现出来。有的百姓从水中筑垸为田,"一有漫溢,遂失生计";有的在滨湖老围外增置新围,"致湖身日狭,储水渐少,当涨发时,即有倒流横溢之患"。于是,对造成淤塞的已垦围田是保还是弃这个现实的问题,便横在官府和民众之间。具体地说,对那些倚江傍湖的已辟之地,本已"烟火万家,田畴弥望者",若因开流导水,不仅使无数良田遭淹,几十万农民失去生计,而且也可能使"湖广熟,天下足"的美名受损,这样的后果是当权者难以承担的。所以只能选择保住已围之田,但"须加谨防护堤塍"(chéng,田间的土埂),让百姓生活在"壅筑之中"。包括湖南在内的江南诸省也都选择了这种以保求稳的做法。

但是,在生齿日繁的清代,人们是否就只需守住已围垦的垸田,而不再有所作为? 事实上仅此是不行的。眼前利益和生存需求往往把基于长远的理性一面掩盖了,以致陷于为保垸而壅筑,再围垸、再壅筑的怪圈,使生态不断趋于恶化。

人们切实感受到由于过度开垦造成环境破坏的苦果。于是,改变昔日的农业生产模式,寻找修复之法,已引起不少有识者的重视,其中最迫切的莫过于垦种农民,他们想在实践中探索不同环境下持续发展的出路。于是,一种新的农业生产经营理念便萌动和发展起来。具体表现在:

一、倡导挖掘农田自身潜力。早在清初,张履在《补农书》中提出"多种田不如多治地"的道理,就是通过尽力治地,达到不扩大耕田也能增加收益的效果。当时一些官员也有类似的思想:譬如张英在《恒产琐言》中说的"良田不如良佃",虽是从地主使用佃户的角度出发,却表达了治田对增产的重要性。良佃能及时耕种,用心培壅,蓄泄有方,即使地不加广,亩不加增,也能达到一亩可得两亩之入。这不但使佃有余,地主也可得利。他还说,腴田不善经理,不数年就会变为中田,又数年变而下田,反之亦然。可见田地的肥瘠、产量的高低,与耕种者对田地的态度和耕作方式关系密切。乾隆朝初任河南巡抚的尹会一在奏疏中,比较南北不同的种植观念后称:"盖南方地窄人稠……力聚而功专,故所获甚厚;北方地土辽阔,农民惟图广种……以多种则多收,不知地多则粪土不能厚壅,而地力薄矣,工作不能偏及而人事疏矣。是以小户自耕己地,种少而常得丰收,佃户受地承耕,种多而收成较薄。"(《齐民要术》)以上说明一个道理:与其广种薄收,不如少种精耕厚获,从而避免因不断垦辟田土,又不竭力修治,造成地力耗竭,还可能导致生态的恶化。在清代,很多人鼓吹"区种法",姑且不论实际效果如何,这也是在人多地少的情况下,希望以此扭转只顾及外延式发展,而不重视农田内在潜力开发所做的一种努力。当然,倡导精耕细作主要着眼于增产,但作为一种耕作思想,它的应用和推广,对抑制单一地以扩大土地面积来实现农业发展的做法,意义深远。

二、改变山区种植方法。在农业垦殖中,对生态影响最大的是山区,因此,确保山区有一个良好的环境,已成为农业活动能得以正常运作的重要条件。我国很早已有关于梯田的记载。虽然梯田每层的宽度不大,但都保持了相对的平整。有的还用土或石垒成田埂,遇有霖雨,不致沙石俱下。建造梯田,往往与一定的排灌设施相结合,从而既保持了水土,也便于灌溉,使粮食亩产成倍增长,一举而数得。清代,由于山区开发的地域和速度都远超过前代,所以人们的梯田建设亦称空前。诸如南方各省的许多丘陵山地,凡有条件修建梯田者,几乎都有其踪迹。由沿坡漫种到逐步改筑梯田,已成为清代农民通过实践改善山区生态最重要的一条经验。

为了合理开发山区、利用山区,时人还总结了一套经验。譬如活跃于嘉道时期的士人包世臣在《齐民四术》中就有系统的论述:先把山自下而上分做七层,凡五层以下皆可开种,做法是先由低层艾烧柴草开始,选择能松土保岁的萝卜种起,待年再种玉黍、稗子,杂以芦稷、粟,土膏较重者可种棉花。两年后再上一层,如此渐行而上,土膏不竭。"且土膏自上而下,至旱不枯,上半不开,泽自皮流,限以下层,润足周到"。对于山地的水利设施,包氏也有叙述:"又度涧壑与所开之层,高下相当,委曲开沟于涧,以石沙截水,渟满乃听溢出,既便汲用,旱急亦可拦入沟中,辗转沾溉也"。他认为开发山区,不一定都种粮、棉、菜,可根据土地实际情况遴选和种植竹木,以获得收入。包世臣的论述具有很高的实践价值。

三、植林护林,打井建渠护沟。生态环境的恶化,主要的问题就是砍伐森林造成植被破坏,而植被的严重破坏会引发洪水灾害。对此清人亦有所认识。乾隆七年(1742),朝廷便提出禁饬"竭泽焚林,并山泽树蓄一切侵盗等事",命令各地方官实力奉行,督抚不时稽查。垦山农民则从切身体会中感到养护林木的重要性。它除了能涵蓄水分,固定泥沙外,更有重要的经济价值。乾隆初任贵州巡抚的爱必达作过生动描述:"树三五年即成林,二十年便供斧柯矣,郡内(指黎平府)自清江以下至茅坪二百里,两岸翼云,承日无隙,土无漏阴,栋梁杠楄之材,靡不备具。坎坎之声,铿匐空谷,商贾络绎于道,编巨筏放之大江,转运于江淮间者,产于此也。"

林木之利越来越被人们所认识。在山区开发中,已出现了一处处人造林地,实行以农兼林或以林为主的种植形式。清代人造经济林,在浙江、福建、江西、安徽、湖南、贵州等省的山陵地区相当普遍。林业价值的提升,又促使其在种植期间不被破坏,做到砍种相继,生生不息。在民间通过乡规民约，或以官府出示立碑的方式，严禁乱砍滥伐、预防火灾，使山林植被不遭损坏。这对于保护日渐恶化的生态环境，作用不可忽视。

清代对灌井堤岸沟渠等水利设施的管理维修，亦较以前尽力。一般由官府监督，地方士绅和农民分别出钱出力，定期修筑，利益共享。在山西、陕西、甘肃、四川等很多地方，对井渠水的使用、水量的分配，也有许多规约，并立石示信。这些方法既保证了那些共有的灌井堤岸沟渠不至于因疏于治理而遭损弃，同时又因协调均平用水，堵截浪费，使地有所浇，泉源不竭。官府条告和示禁碑，则显示出部分官员已将保护环境列入他们的视野之中。

在清代，由于以扩展土地来增加生产的外延式农业发展模式仍占有重要的位置，所以无法从根本上扭转由此造成的生态恶化的趋势。应该看到，清人对环境与灾害的认识，以及为保护生态环境所作出的努力，反映了农业经营理念有所改变，但由于历史原因，生态环境恶化的总趋势未能完全扭转。在科学昌明的今天，也可以从中汲取有益的教训和经验。

清代农业防灾抗灾的措施

郭松义

　　清代是一个灾害频发的朝代。根据《清实录》记载:在有清268年中,共发生水、旱、风、雹、雪、虫蝗、地震等灾害6253次,平均年发生率23次强。如以嘉庆二十五年(1820)划界线,此前177年有灾记录3371次,年均约19次;之后91年2882次,年均达32次,后者比前者年均多出近13次。这说明灾害次数在不断地递增(此数字由农史专家闵宗殿教授提供)。为了抵御灾害,减少农业损失,从朝廷、地方官府、士绅到直接从事生产的农民,都付出了很大努力。尤其是对灾害感受最深的农民,在抵御灾荒中起着不可或缺的主导作用。他们积极防灾抗灾的诸多举措,值得后人认真总结。

一、兴修农田水利

　　北方主要是大力挖掘水井,南方则是在山区修筑梯田和中小水利工程。北方少雨,开挖水井,平时可用于灌溉,灾年则有利于抗旱。康熙五十九年(1720),山西、陕西两省连遭大旱,山西东南和蒲州府辖州县以及陕西富平、蒲城等县，因汲井灌田，使百姓少受颠沛流离之苦。正如有人所说："水旱二者，旱之害尤甚……而园蔬烟地不虞旱者，以有井也"；又说家开有井，"虽有旱岁，不至流离"（盛百二《增订教稼书·开井》）。此后，直隶、山西、山东、河南、陕西等北方省区更注意开凿水井。有学者统计，乾隆时，该地区已有大小灌井六七十万眼，对抗灾防灾起到不小的作用。南方多雨卑湿，人们因地制宜，以修筑陂塘渠堰防灾。清人不但认识到水和田的关系，而且根据不同情况提出了水和田的比例，譬如十与一、十与二三和十与五等，即10亩水田需配置1亩或2亩至5亩水塘，平时防涝蓄水，少雨时节溉田抗旱，兼能养鱼虾、植菱苇取利，一举数得。其实在水利兴筑中，最能体现清代特点的是山区小型排灌体系的建设。这与雍乾以后大批农民进山垦荒有密切的关系。山区环境艰苦、交通闭塞，生产条件较平原传统农业地区要落后得多。人们进入山区后，若要长期生活下去，必须改变种田靠天吃饭的格局，加大在水利上的投入，使旱得以灌、涝有所蓄。"御旱之术，高下凿塘浚沟，或高山数十里引泉分灌，或平原溪涧设陂潴水洒之"（《祁阳县志》卷四）；亦有"大展陂岸，使广而多受，虽亢旱之年，不至耗涸。从高泻下，均资广及，沾润一番，可以经月，虽有凶灾，不能及矣"（《授时通考校注》）。这样的水利工程，在浙江、福建、江西、湖北、湖南、广东、四川、陕西的山地丘陵，几乎处处可见，尽管受益者多数面积不大，广者溉田千亩数百亩，少的不过百来亩、几十甚至十几亩。不过因为它们广而且众，集腋成裘，作用就不可小觑了。

二、开展多熟种植，扩大多种经营

清代的农业种植，除了关外东北、塞北、西北等地采用一年一收，其余像华北的大部分土地，已实行两年三熟，南方则有一年两熟和一年三熟制。开展多熟种植的基本目的是为了增产多收，当灾害袭来的时候，可在相当程度上缓解因一季绝收、歉收所造成的困难。因为夏收遭灾，还可指望秋收和来年的春花。在很多情况下，大水一过，若季节来得及，还可赶播补种早熟作物以弥补损失。至于农业中的多种经营，也就是一家农户在种田以外，往往要饲养家禽或猪、羊之类的家畜，用池塘或拦河养鱼，有的在房前屋后种树，南方可能还有片小竹林，妇女或男子在农忙之余，从事纺织和各种竹木草编。这样的多种经营，对于抗灾减灾也有积极作用，因为大田受害，正好用家庭副业补困，特别像纺织和编织，基本不受水旱等灾的影响。清朝政府一直劝谕百姓种树，原因是"桑柘可以饲蚕，枣栗可以佐食，柏桐可以资用，即榛楛杂木，亦足可以供爨（cuàn，烧火做饭）"（光绪《大清会典事例》卷一六八）。北方灾年，不但枣栗可以佐食，榆皮榆钱同样属充饥之物。灾荒来临时农民为躲避饥饿而大批外出逃荒的事，南方要少于北方，原因之一，就是北方地区的多熟制种植和农村多种经营情况不如南方，因而稍遇灾荒，便难以自救，只好外逃求生了。

三、尽力推动农学研究和农业技术发展

农书多出自读书人之手，但经验却得之于农民的实践，与农民关

系密切。据统计,在现存的中国古代 130 种救荒赈灾类书籍里,有 90 种即 70% 出在清代;再如捕蝗、治蝗类书籍,除 1 部出于宋代,一部系由明代,剩下 40 部全是清人作品。清以前载录书目偏少,不排除有缺失因素,但差距如此之大,显示清人对抗灾防灾问题研究投入之大、关注之深。至于在农业技术方面的成就,也是通过实践不断摸索、不断总结出来的。据有学者研究,清代培育水稻品种不下五千多个,有的就与防灾有关。像一种生长期短的"黄绿谷",便是为了对付水害的;再有名叫"野猪怕"的稻种,则为阻止山区野猪践踏田禾而培育出的新品种;另如"叶下藏"、"雀不知"等名目,均是如此。作物品种的增多有利于农作布局的改进。像太湖平原区,原来多种晚稻,但该地常有季节性水涝,为了避免田淹,农民便改种早稻或中稻。

四、推广抗灾农作物品种

在推广抗灾农作物中,作用最显著的当属番薯。番薯又称甘薯、红薯、白薯、地瓜,系明末由南美洲辗转传入,而且与救荒有关。徐光启在《农政全书》称此为"枝叶附地,随节作根,风雨不能损";"可当米谷,凶岁不能灾";"根在深土,食苗至尽,尚能复生,虫蝗无所奈何"。又说:"其种宜高地,遇旱灾,可导河汲井灌溉之;在低下水乡,亦有宅地园圃高仰之处,平时作场种蔬者,悉将种薯,亦可救水灾也。若旱年得水,涝年水退,在七月中气后,惟剪藤种薯,易生而多收"。故被推颂为"亦救荒第一义也"。在清代,番薯首先在福建、广东、浙江等省传播,然后延及南方其他省份。但至乾隆初年,北方仍少见种植,原因是气候干燥,冬季寒冷,苗种无法越冬。后来通过窖藏法,才算攻克难题。清代推广番薯种植,差不多都牵涉救荒。特别是乾隆五十年(1785),因河南、山东歉岁不登,百姓艰食,朝廷鉴于"番薯既可充食,兼能耐旱",乃谕令官员前往闽省采取藤种教导种法,并将先前陆耀在山东臬司任内刊刻的《甘薯录》传抄散发。次年冬,内阁学士张若淳又疏请朝廷下谕,"敕下直省广为劝栽甘薯,以为救灾之备",事得允准。自此番薯得到广泛推广,不但用于备荒,也成为很多地区贫民的重要口粮。

五、积极防治虫害

如果说,水旱风雹属于大自然行为,直到今天也难以防范,那么对于有些灾害,譬如虫灾,即使在当时条件下,也可有所作为。实际上虫害对农业所造成的损失也相当严重,像蝗虫长成后数以千万计,形成十几里、几十里的虫带,飞越过境,天为之昏暗,大田一片狼藉,稼禾草木尽皆遭毁,有人甚至认为"其害尤惨过于水旱也"(徐光启《农政全书》卷四四)。清人对于防治虫害,颇有新的发展。以治蝗为例,特别强调抓住卵蝻生发成虫以前将其挖掘消灭。若卵蝻成为飞蝗,可利用天黑起更或黎明前,蝗虫聚集不能起飞群聚而捕之。还有埋蝗法,"凡蝗生之地,中掘深坑里许,两边用竹梢木枝惊逐,蝗性类聚,一蝗返奔,众蝗随之,并堕坑中,即行掩埋,不能复出"(《清高宗实录》卷一二七)。当飞蝗群出时,用"竹箔、芦席,竖高数丈,令人顺风以金鼓鸣喝,左右后三面执火撑烟攻追,虫前趋飞,见箔席截路俱止,停息箔席,急将倒地捕之,或焚、或埋、或溺,杀其蝗"(张宗法《三农记校释》)。其他像治螟蛉、地蚕、桑牛等虫害,也多有创造。

在构建社会防灾抗灾体系中,政府和其他外部力量的介入固然重要,但发动农民,激起他们的自救意识似乎更有必要。在清代,正是农民主动采取措施全力投入,这才大大减轻了灾害带来的压力,使暂时中断的农业生产活动重新运转起来。这种积极的防灾抗灾,也是清代农业能在灾害频发中维持发展态势的一个重要原因。

清末企业垄断与中国商战的失利

郑起东

  企业"垄断",自古有之。秦始皇时的朱砂专卖,可称是古代最早的全国性垄断。此后,汉代的盐铁专营、唐代的榷酒、宋代的榷茶,皆可视为垄断。古今"垄断"含义不尽相同,而清末的企业垄断较古代的垄断弊端更多,危害更大。

  清末官办、官督商办和官商合办的企业都是垄断企业。其时,垄断被称为"专利"。中国的第一家织布厂——上海机器织布局创立之始,即被授予十年专利,"酌定十年内只准华商附股搭办,不准另行设局"。其专利并不限于通商口岸,实是全国性的垄断。其他官办企业也都享有各种特权,如开平矿务局,"距唐山十里内不准他人开采";滦州矿务局"矿界四至较定章三十方里特为宽展(达三百三十方里),他矿不得援以为例";对于轮船招商局,李鸿章规定"五十年内只准华商附股"。

  清末企业垄断的结果是限制了华商,却未能限制洋商,如开平煤矿终落英商之手,"以滦收开"的企图成为泡影,最后滦州煤矿反被开平煤矿吞并。再如轮船招商局,虽然收买了美商旗昌轮运公司,却对英商太古公司无可奈何,始终未能从外商手中夺回中国航运业的主要控制权。

　　清政府曾经把解救自己财政危机的希望寄托在商办工矿企业上,但是,出于它的封建本质,又时时企图实行官办,商办与官办的矛盾始终贯穿于清末"振兴工商"的实践中。清政府坚持官办主要出于两个原因:一是对民族资本不信任。如对于军火工业,是从来不许民族资本染指的;对于铁路事业,也是紧抓不放的;对于铁路修筑权的开放,始终是有限度的。各地商办铁路公司的设立以及总协理的人选都要经过清朝的批准。清政府原计划"招商设立铁路公司,不用官督商办名目",但当光绪三十二年(1906)湖南奏请商办铁路时,又出尔反尔,申明"铁路系军国要政,仍应官督商办"。二是与民族资本争利。对于企业,清政府本着"有利者留,无利者去"的原则,无利可图的企业,推给商人去经营,而有利可图的,则往往禁止商人插手,甚至已经商办的企业,发现利大,也不甘让利于民,收回官办。如电政局原来是商办的,营业利润很高,清政府便以"电务为军国要政"为由,"筹还商股,将各电局悉数收回"。各省督抚为扩充实力,凡属"可兴大利"的矿产,定为官办,不准商办。即使已经商办的,也往往被他们夺走。如广东士敏土厂被两广总督岑春煊定为官办,"不准商人仿制,致碍公家之利"。广西平乐、富川锡矿,广东曲江、合浦、江苏幕府山等处的煤矿,都是因为"苗旺质佳,获利甚厚",而被"勒令交出,改归官办"。而这些企业实行官办以后,由于官僚的无能和挥霍浪费,都陷入了管理混乱、亏损不堪的状态。不仅这些企业,凡是官办企业,莫不如此。张之洞创办的湖北官纺局"机器的情况很坏,同时有严重的浪费、混乱和怠工"。这个纱厂,"最大的困难是派来大批无用的人做监督,这些人都管叫坐办公桌的人,因为他们坐在桌旁,无所事事"。他们甚至"为了一点私利把训练好的工人开除了,雇用一些生手"。

官督商办或官商合办的企业,因为官僚掌权而商人无权,也是腐败不堪。如汉冶萍公司虽是官督商办、官商合办企业,但据《时报》文章描述:"其腐败之习气,实较官局尤甚。督办到厂一次,全厂必须悬灯结彩,陈设一新,厂员翎顶衣冠,脚靴手本,站班迎迓。酒席赏耗之费,每次至二三百元之多,居然列入公司账内。督办之下,复设总、会办,月支薪水二百两、一千两,一凡绿呢轿、红伞亲兵、号褂以及公馆内所须一切器具、伙食、烟酒零用,均由公司支给。公司职员,汉、冶、萍三处,统计不下千二百人,大半为督办之厮养,及其姜之兄弟,纯以营私舞弊为能。上年有萍矿坐办林志熙侵吞公款三十余万两,经工商部委员查出,现方由公司起诉,将林拘留。然汉冶萍公司开办以来,侵款自肥,如林志熙者,殆不可胜计,不过互相包庇,无人发现耳。即如汉口扬子江机器公司,即由汉阳铁厂搬出之旧机器所组成,并由铁厂提银五万两作为股本,由汉厂总办李维格出名承办,得利由各厂员均分,实则厂员并无一钱股本在内,即窃汉厂之旧机器及五万金为彼数人之私产耳。"(《时报》1913年3月4日)

清末官办、官督商办、官商合办的垄断企业出路只有三种:第一种是被腐败官僚出卖,为外资吞并或沦为外资的附庸。如上述汉冶萍公司从光绪三十四年(1908)到宣统三年(1911),共借了11次外债,其中8次是日本债,累计欠日本债款1721万日元,其中最重要的是600万日元的预借生铁价款。自大冶铁矿砂输日后,日方因矿砂运费颇巨,便有获取汉阳厂所炼生铁输日,由日本八幡制铁所专重炼钢的计划。宣统二年(1910)达成日本八幡制铁所购订生铁合同,规定自1911年起15年间购买汉冶萍生铁114万吨,并规定每吨价26日元,15年不变。同时仿矿砂办法,签订借款合同,向日本正金银行借款600万日元,年息六厘,15年为期,日本并派顾问、工程师、会计师进驻公司。当年,运交日本生铁19164吨,占年产量的20.5%。至此,汉冶萍的铁矿和生铁就以供应日本为首要任务,日本人监督、掌握了生产和财务权,并有日军驻扎。当时即有舆论:"汉冶萍三厂,虽名系中国,实为日人也。"

第二种是经营失败,被迫招商承办,成为商办企业,走上自由发展的道路。如武昌织布局、纺纱局、制麻局、缫丝局四大制造厂,在官办时期,经营无利,连年亏累,时常关厂停工。但在光绪二十八年(1902),由广东商人韦应南承办,订立了20年的借让合同。初改商办后,每年仍有亏累,后经逐步实行财务上的整顿,渐能达到收支相抵,1908年四局共获纯利149384两,从此每年的净利在15%以上,其后发展成为著名的裕大华纺织集团。

第三种出路是,经营的官僚以亏损为名,勾结洋商,化公为私。如盛宣怀承办的华盛机器纺织总厂,资本80万两,官本甚多,开办以后,连年亏折。光绪二十三年(1897)暂租与洋商包办三年;光绪二十七年(1901)会同两江总督刘坤一,奏准华盛股本亏尽,老局股票一概作废,另行招商顶替。其实,所谓招商顶替,乃是盛宣怀把官厂变为私厂的一套诡计,股票始终还是握在盛家手里。为了掩人耳目,盛宣怀使用了金蝉脱壳、瞒天过海的手法,于光绪、宣统年间先改名"又新",又改名"集成"。在辛亥革命后,恐被政府查抄,于是改名"三新",并聘英人 H. C. 马歇尔为总经理,向香港注册,并悬英商牌号,当其改名三新时,其资本已扩大为150万两。厂主原为盛宣怀,后由其子泽丞、苹丞等继续经营,一个好端端的官办企业就这样被腐败官僚变成了私人企业。

当时,即有人看出企业垄断的危害。上海机器织布局十年专利之奏一出,就有人指出:"是何异临大敌而反自缚其众将士之手足,仅以一身当关拒守,不亦傎(diān,颠倒错乱)乎?"据该局招商章程所述,当时洋布行销中国每年不下 3 千万两,该局计划设织机 400张,每年织布 24 万匹,可售银 44.4 万两;只抵得进口值的 1.5%,尚不准成立其他织布企业,真可称是"一身当关"。曾任该局主持人的马建忠也说:"十年之内,不许他人再设织布局,而所设织机不过二三百张,每日开织只五六百匹,岁得十八万匹,仅当进口洋布八十分之一耳。则十年之间,所夺洋人之利,奚啻九牛一毛哉!"就是后来华盛总厂设立时,限定全国纱机 40 万锭,织机 5000 张,也还是自缚手足。当时进口是以纱为主,光绪十八年(1892)为 2457 万两,而华盛 40 万锭全开可出纱 30 万包,按当时市价不过 1800 万两,不足进口洋纱 73%。在《马关条约》签订后,外商获得在华设厂权,清政府张惶失措,颁布上谕,要求各省设厂抵制,然而,此时中国工业基础未立,朝野上下徒唤负负,悔之已晚。

作者简介:郑起东,1947 年生,湖北秭归人,中国社会科学院近代史研究所研究员。专著有《转型期的华北农村社会》等,论文有《清末"振兴工商"研究》、《清政府镇压太平天国后的让步政策》、《农民负担与近代国家财政体制》等。

"重农桑以足衣食"——康雍乾三朝
重视农业、关心民生琐谈

左步青

明末清初,长期的战乱使社会经济受到了极大的破坏。河北、山东和长江流域、两广地区,甚至号称膏腴之地的四川,人口锐减,耕地荒芜,民不聊生。康熙帝亲政后,把发展农业生产放在重要地位,关心农事,奖励稼穑,兴修水利,减免徭役和赋税。康熙九年(1670)颁布了"圣谕十六条",其中第一条至第三条,"敦孝弟以重人伦","笃宗族以昭雍穆","和乡党以息争讼",是为了建立一个安定和睦的社会;第四条和第五条,"重农桑以足衣食","尚节俭以惜财用",是为了建立一个丰衣足食又勤俭节约的社会。可见其用心深广,思虑周详。

康熙帝注意吸取文景之治、贞观之治的经验,以休养生息推动残破的社会经济复苏。他认为,"务本足国,首治农桑","民为邦本,必使家给人足,安生乐业,方可称太平之治"。他重视农业生产的发展,自称"自幼喜观稼穑",对春耕夏锄,秋收冬藏怀有极大的兴趣。他喜欢读书,经常巡行四方,接触面广,因而知识丰富,熟悉全国各地的地形、气象、农事活动等情况。他对农业与江河水利的关系,农作

151

物生长与南北土壤、节气的关系,都进行过深入的研究。对我国主要农作物水稻、小麦、谷子、高粱、油菜以及各地土特产,如新疆的瓜果等也都熟知。他在宫中丰泽园旁治田数畦,种植水稻,在田旁植桑树盖蚕舍,经过30多年的试验,培育出一年两熟的"御稻种",这些事迹已经成为历史佳话。

康熙帝关心农事,也十分关心农业气象,注意天时的变化和水、旱、风、雹、虫等自然灾害的防治。他命令各地官员和苏州、江宁织造每月奏报晴雨录和粮价单,力图全面准确地掌握各省农业气象和粮价等情况,及时考虑对策。江浙两省财富甲天下,是全国赋税的中心,时任苏州织造兼两淮盐课监察御史的李煦,在康熙三十二年(1693)至六十一年(1722)任内的奏折,保存下来的有四百余件。这些奏折大都有康熙帝的批语,从中可以看出他非常注意江南雨水、粮价、收成等情况。

到康熙中期后,重农政策取得了良好的效果,田亩增加,人口增长,仓有余粮,库有余银,社会财富增长,为清王朝的强盛奠定了物质基础。康熙帝不愧为有清一代杰出的君主。

被清史开拓者、史学家孟森先生称为"英明勤奋"之君的雍正帝即位后,强调"为治之道,要在务实,不尚虚名"。他重视国计民生的实际问题,首重农业,说:"我国家修养生息,数十年来,户口日繁,而土地止有此数,非率天下农民竭力耕耘,兼收倍获,欲家室宁止,必不可得。"他继续执行前朝行之有效的政策,如奖励垦荒,修治河道等,还采取许多新的措施,发展农业生产,繁荣社会经济。

雍正帝认为,"农为天下之本务",农民辛苦劳作,给人提供粮食,给国家缴纳赋税,在士、农、工、贾四民之中,除了士,"农为最贵"。雍正二年(1724)二月,命各州县每年从各乡遴选一两位勤劳俭朴又清白无过的老农,授予八品顶戴。这一制度,意在树楷模,奖励稼穑。雍正七年(1729)命将一年一选改为三年一选。

在整顿和减轻赋税方面,康熙帝实行"滋生人丁,永不加赋"的政策,宣布以康熙五十年(1711)的人丁数为基准征收丁粮,以后不论增添多少人丁,不再增税。这对于后世不断增加的人丁来说,减少了丁银的负担,有利于劳动力的繁衍。雍正即位后在此基础上又进了一步,实行"摊丁入地",将丁银均摊地粮之内,按人们占有土地的数量征收田赋,"于穷民有益,而于缙绅富户不便",因此被称为是"损富益贫利国"的政策,也是中国赋税制度史上一次重大的改革。

雍正帝驭下极严。他谆谆告诫各地官员要关心农业生产,要了解天时节气、土地肥瘠,要提高农民的生产热情。官员要"存重农课稼之心",使农民"无苟安怠惰之习"。他反对上报垦荒数字弄虚作假,一经发觉,立即严惩。他提倡农业要多种经营,以粮食为主,"不可种植五谷之处,则不妨种他物以取利"。他命州县官劝谕农民在村旁种植枣树栗树,在河堤植柳,池塘种菱藕养鱼,适合种桑麻的地区,更要重视栽植。北方农民不懂得种水田,他命招募江南、浙江的老农前来传授,所需水田农具和兴修水利所需的工具,延请江浙工匠制造,并命直隶工匠跟从学习,以便把技术传承下来。

雍正二年(1724)五月,江宁织造曹頫奏报江南蝗灾情形,并报米价,述及"今年闰四月间,蝗蝻生发,幸在二麦登收之时,不能为害。今自五月初一日至初五日,连得大雨,淋漓霑沛,蝗蝻殪灭大半。"雍正帝不以为然,朱批"蝗蝻闻得还有,地方官为什么不下力扑灭?二麦虽收,秋禾更要紧。据实奏,凡事有一点欺隐作用,是你自己寻罪,不与朕相干。"雍正五年初,湖南巡抚布兰泰奏事时未报告雨水,雍正朱批指责:"此当青黄不接之际,朕待报湖南雨水情形,现特使人来奏,何雨水粮价竟无一语及之? 汝任地方之责,试想宁有大于此事乎?"为了保障杭嘉湖三府的民田水利,阻止海潮侵袭,雍正不惜巨资修筑浙江、江南海塘,这也是受到后世赞颂的一项利民工程。

乾隆帝即位时宣称:"兹当御极之初,时时以皇考之心为心,即以皇考之政为政。"又说:"朕与皇祖皇考之心,原无丝毫间别。"他以年青皇帝的勤奋和进取精神,对乃祖乃父的各项政策措施有所调整,或进一步完善,或部分取消、改变,但治国方针仍与其祖其父一样,关心农业,重视粮食生产。他多次减免各种农业税,在即位诏书中宣布:"各省民欠钱粮,系十年以上者,着户部查明候旨豁免。"继而又宣布"将雍正十二年以前各省钱粮实欠在民者,一并宽免。"仿效康熙之例,以后又多次普免钱粮,散财于民。同时还取消了一些不合理的商业税收和其他杂税。他也十分重视水利建设,动用国库继续修建浙江海塘工程、永定河水利工程,疏浚黄河河道工程及浙江杭州、湖州水利等。

当时,各地出家的僧道甚多,良莠不齐,一度影响社会的稳定。乾隆元年(1736)四月,上谕称:"夫一夫不耕,或受之饥;一女不织,或受之寒,多一僧道,即少一农民。乃若辈不惟不耕而食,且食必精粮,不惟不织而衣,且衣必细美。室庐器用,玩好百物,争取华靡。计上农夫三人,肉袒深耕,尚不足以给僧道一人,不亦悖乎?"乾隆帝命礼部制定清厘僧道之法,严厉取缔依附寺庙为生、饮酒食肉甚至娶妻的伪和尚,又规定妇女年过四十方准出家。这些规定,一度限制了僧

154

道的泛滥,对社会经济的发展是有利的。

乾隆帝注意提高耕作技术。他比较南北方耕作技术的差异,认为北方耕作粗放,南方精细,命地方官劝导百姓要深耕细作,或延请老农传授。当时贵州等地桑树不少,但百姓不知蚕丝之利。乾隆帝责成地方官员雇募别的省份饲蚕缫丝之人设局教习。他还禁止宰杀耕牛,指出:"牛为农事之本,民赖以生,愚民妄肆屠宰,价钱低于羊豕,悖莫甚焉。"

康熙、雍正、乾隆能如此关心农业和天时气象,关心黎民生计,反映了他们的政治抱负。康熙帝说:"朕御极四十年,维冀天下黎庶尽获安全,边疆无事。"这三位君主锐意追求"天下大安,生民乐业",也确实取得了丰功伟绩,迎来了清王朝的全盛时期,创造了中国古代历史上又一个盛世——康乾盛世。

作者简介:左步青,1927 年生,江苏淮阴人。原中国大百科全书出版社编审,享受国务院特殊津贴。曾发表《乾隆初政》、《乾隆焚书》、《乾隆南巡》、《乾隆镇压王伦起义后的防民措施》等论文,主编《清代皇帝传略》、《康雍乾三帝评议》,标点《国朝宫史》、《续国朝宫史》等书。

"闯关东"——清代以来的东北移民

刘平　杨颖

关东,泛指今天的辽宁、吉林、黑龙江三省及内蒙古东部构成的东北地区,明朝称"辽东"。清人入关后,这一地区被称为"关东",因位于山海关以东,故名。以山海关为界,又有关里、关外之别。"闯关东"是一种约定俗成的说法,指的是清朝尤其是清末至新中国成立时期,关内汉人向东北的移民运动。"闯关东"的形成有其特定的历史背景。"闯",说明向关外移民在很长一段时期内属于越轨犯禁的非法行为;而且,因为尚待开发,"关东"的自然和社会条件也比较恶劣,进入的过程实际上是一种冒险行为。东北地区逐渐开禁后,移民关外变得合法,但"闯关东"一词却被沿用下来,成为 17 世纪至 20世纪中叶中国内地向东北移民运动的代名词。

从历史上看,内地向东北移民由来已久。从两汉开始,北方每遇战乱,便有百姓迁往东北避难。在清中期之前,因盛京(今沈阳)系龙兴之地,故清廷对东北地区长期实行封禁政策,"闯关东"没有形成规模。到了 19 世纪 60 年代,清廷在东北部分地区开禁,于是山东、直隶等地人民纷纷"闯关东",民国时期形成大规模的"闯关东"浪潮。到新中国成立前后,东北的移民及其衍生人口已由明末的

300 万人增加到 3000 万人。纵观"闯关东"的历史,其移民历时之长,人数之众,在世界移民史上也属罕见。

"闯关东"的几个阶段

"闯关东"的发生有移民自发的主观因素,也有当时政治、经济因素的影响。根据清朝至民国年间不同时期的不同政策,以及移民的多寡,"闯关东"的历史过程大体经历了"招垦"—"封禁"—"局部开禁"—"全面开发"几个时期。

1. 从招垦到封禁(1651—1860)

在清朝初年,由于明清王朝更替而发生的战乱等原因,东北地方经济遭到很大破坏,人口损失严重。为恢复东北经济,清廷于顺治初年颁布一系列条件优厚的招垦令,大量汉人应招前往。一时间,"直(直隶)鲁豫晋之人,来者日众"。但这种情形很快引起清廷恐慌,害怕关内汉人的大量迁入会损害满人利益,破坏满人风俗,尤其是有害于"龙兴之地"。故从顺治年间开始,至康熙中期,清廷沿辽河等地筑起一道壕沟,沟上植柳,或筑土为堤,堤上种柳,即"柳条边",又叫"边墙",择地设立关卡,查禁犯规之人。康熙七年(1668),清廷废招垦令,正式推行封禁政策。所谓"封禁",就是禁止边民越过边墙打猎、采参、放牧、耕种。康熙九年到二十年(1670—1681),清廷又构筑威远堡至吉林北边法特哈的"新边"。

尽管有"边墙"的阻隔与律法的惩处,大量流民仍然设法冲破封禁,进入东北地区谋生。据光绪《吉林通志》记载,乾隆五十四年(1789),三姓地区(今黑龙江依兰)一次就驱逐流民 61 户,303 人。

157

然而,到嘉庆中期,吉林府每查一次,辄增出流民数千户,"边墙"形同虚设。乾嘉之交,直隶、山东等省遭遇严重旱灾,大批灾民背井离乡,或泛海辽东,或陆行辽西,涌向关东谋生。清廷为稳定政局,不得不一度放松禁令,允许灾民出关谋生。

另外必须注意的是,清前期的东北也是内地"罪人"的流放地。这些人发配至此,当兵为奴,被称为"流人";而一般"闯关东"者,则被称作"流民"。

2. 从局部开禁到全面开禁(1860—1904)

咸丰、同治年间,战乱和灾荒使山东、直隶等省农民挣扎在死亡线上。他们为了求生存,大批涌入东北谋生,其势如潮水漫涌,强烈冲击着清廷对东北的封禁政策。另一方面,列强通过不平等条约叩开了东北的大门,沙俄更是不断侵扰北部边疆,东北防务吃紧,而人丁不足,又加剧了这一情形。凡此种种,均要求清政府改弦更张。咸丰十年(1860),黑龙江将军特普钦数度奏请"解禁",清廷宣布"移民实边"。自此,东北局部开禁,首先在奉天开放官荒、牧场。近200年的封禁,渐趋瓦解。

这一时期,清廷对东北开禁的态度是犹豫不决的。同治二年(1863),有官员奏请清廷开放奉天官荒马场。清廷饬副都统恩合查复此事,后将大凌河以东牧场全部放垦,以西牧场则封禁如故。光绪十年(1884)、十三年(1887),清廷曾两次下令永远封禁黑龙江。

光绪二十一年(1895),清军在甲午战争中惨败,东北面临空前危险,促使清廷改变立场,发布一系列招民实边的谕旨,以实际行动宣告全面开禁。光绪三十年(1904),日俄战争在东北爆发,黑龙江将军达桂、齐齐哈尔副都统程德全奏请全体开放,旗、民兼垦,并对垦民加倍奖赏。实施数百年的封禁政策至此结束,向东北移民进入一个新的时期。

3. 大规模开发时期(1904 年以后)

1904 年以后,关内移民东北的浪潮持续高涨。20 世纪 20 年代末、40 年代初,形成移民东北的高潮。其中,山东半岛与辽东半岛隔海相望,而山东人口压力最大,山东人成为"闯关东"的主力。据张善余《中国人口地理》统计,民国 38 年间,山东平均每年有 48 万人闯关东,总数超过 1830 万,留住的山东人达 792 万。"九一八"事变后,日本专门设立掠夺华北劳工的机构——"满洲劳工协会"。该机构仅在 1939 年到 1941 年间,就从山东、河北等地抓捕 400 万人赴东北做劳工,这又是一种变相的"闯关东"。

新中国成立之初,山东因为人口压力,移民东北的惯性仍然在进行着。20 世纪 60 年代,"进军北大荒"成为新一波、也是最后一波移民东北浪潮。

到东北的移民一般分为两种,即季节性移民与永久性移民。季节性移民春去冬回,年复一年,渐渐地,有人开始安家落户,变为永久性移民。早期以季节性移民为多,清末以后,永久性移民逐年增加。

"闯关东"的影响

大量人口迁入,使东北的社会和经济面貌发生了重要变化。没有广大移民披荆斩棘、含辛茹苦的艰难创业,就没有东北由荒凉沉寂到后来人烟稠密、经济发展局面的形成。

封禁时代的东北,"极边寒苦",风貌原始,生产落后。移民们通过种种形式的垦荒,使生产力水平得到提高,生产关系也有所变化。在清代,移民垦种的荒地主要分为旗地、官荒和蒙荒三种。移民初至,大多一贫如洗,往往被旗人雇为佣工,小有积蓄之后,开始向旗人佃种地亩,随后便借旗田之名额外开荒。旗人为了获利,开始出租典卖旗地,原先的农奴依附关系逐渐瓦解,旗地制开始向封建租佃制转变。此外,由移民带来的先进农业生产技术,使粮食产量不断提高。至清末,所产粮食除东北自给和消费外,还大量销往关内。

移民的进入,也使东北各地大小城镇迅速发展。满人入关后,清廷对商人出关贸易未加禁阻,出关经商者日众,但是那时的商贾大多为行商。后来,在移民浪潮影响下,关内商人日渐增多并定居下来。商业兴旺,带动了大小城镇的迅速出现。晚清以后,东北开始出现中国的工业重镇,其中,路矿业还走到了全国的前列。

简而言之,"闯关东"影响深远。上千万移民的到来,为东北经济发展提供了充足的劳动力,带来了先进的生产技术,繁荣了城乡市场。在社会文化领域,大量移民进入东北,加速了民族融合,有助于提高人口素质,形成新的地方文化。在抵抗外国侵略的斗争中,移民也做出了巨大贡献。时至今日,进取、拼搏、勤劳勇敢、艰苦奋斗的"闯关东"精神,不但是千百万移民的人生写照,也是我们今日积极进取、团结奋斗、振兴东北的精神财富。

作者简介:刘平,1962 年生,江苏苏州人,山东大学历史文化学院教授、博士生导师。主要研究领域:中国近现代社会史、中国秘密社会史、民间信仰与民间文化等。著有《文化与叛乱——以清代秘密社会为视角》、《中国民俗通志·江湖志》、《被遗忘的战争——咸丰同治年间关东土客大械斗研究》等。

杨颖,1982年生,吉林白山人,山东大学历史学硕士,天津市委研究室工作人员。

晚清义赈的历史作用与意义

朱　浒

作为世界上仅有的两个被称为"饥荒之国度"的国家之一（另一个是印度），中国的赈灾体系发轫于先秦，并在随后的两千多年中不断发展和完善。

大体上，这个体系的实践主体有两个部分，其一为国家，其二为民间社会。不过，在漫长的历史时期中，国家主导、以官赈为核心的荒政体制得到了更充分的发展，也始终在整个赈灾体系中占据着主导地位。而民间社会发起的赈灾活动，长期只能从属于国家荒政，并且力量十分微弱。直到晚清义赈活动兴起以后，才打破了荒政的垄断格局，使中国赈灾体系出现了重大变动。

明清以前，民间人士主要通过对政府组织的赈灾行动提供物力和财力上的报效或捐纳，来参与赈灾活动。在政府体制外自行赈灾的举动，多属个人或宗族内部的善行或义举。大约从明朝中后期开始，随着士绅阶层在中国社会中的壮大和分化，才开始在江南等局部地区出现了由地方士绅自主开办的赈灾行动。然而随着明清鼎革后的新一轮中央集权建设，民间赈灾力量却出现了极大的萎缩，基本上回到了明中后期以前的水平。

迄至嘉庆、道光年间，在经济发展水平较高的江南、岭南等地，由民间组织的赈灾活动又日趋活跃，民间组织也在各地的防灾救荒过程中担负起愈益重要的责任。但是，这一时期的民间赈灾活动仍不足以动摇官赈的地位。这是因为，这些活动基本上限于地方人士对本籍乡土的救济，规模和区域都十分有限，而且是在官方的整体调配下才得以举行的。

但也正是在嘉道时期，"义赈"开始成为赈灾活动中常用的专有名词。本来，"义赈"之名早在康熙年间就已出现，在雍正和乾隆年间亦有发现，但当时的含义十分宽泛和模糊，因为民间向国家的赈捐也往往被称为"义赈"。直到嘉道年间，才开始有意识地把"义赈"视为一种独立的赈济形式。但这一时期义赈活动并无多大的自主性，因为其资源虽然完全来自民间社会，但其办理形式却是"民捐官办"，或者"官督民办"，并且始终只能在官方划定的、狭窄的地方社会范围内举行。

晚清义赈活动具有鲜明的特点。首先，晚清义赈是一种实现了较大社会化的赈灾机制。正如著名义赈主持人之一经元善所说，此种义赈乃是"民捐民办，原不必受制于官吏，而听其指挥"。同时这种"民捐民办"的具体内容，是由民间自行组织劝赈、自行募集经费并自行向灾民直接散发救灾物资。其次，晚清义赈活动的规模和影响也远远超越了先前的民间赈灾活动。其最重要的一个表现就是，晚清义赈彻底打破了地方社会的空间限制，自主决定开办行动的规模和范围。正因如此，连时人都对晚清义赈的新兴性质有明确认识，称赞晚清义赈为"创千古未开之义举，为从来未有之经纶"。

晚清义赈活动兴起于光绪初年。从 1876 年起（光绪二年），清代历史上最严重的旱灾——"丁戊奇荒"在华北暴发,清王朝"竭天下之财"而"拯救不过十二三"。江南地区虽未受到灾荒打击,但是苏北一带遭灾难民纷纷南下,对江南社会造成了很大压力。为减轻外来灾民潮,维护本地社会秩序,常州绅士李金镛决定深入苏北赈灾。在寓居上海的著名绅商胡光墉和轮船招商局总办唐廷枢、协办徐润等人的帮助下,他募集赈款十余万两,于1876年年底率赈友十余人奔赴灾区,遂开晚清义赈之先声。李金镛入手即破官赈历来之程序,不用本地董保造具册籍,亦不假手本地人士查户放赈,而是与同行赈友数人分头下乡,随查随放,一乡查竣,立即施赈,手续既便且速。后来,李金镛又将此次行动中形成的查赈方法予以进一步完善,制定《海州查赈章程》,公之于世,从此奠定了晚清义赈活动的基本准则。

在苏北赈灾行将结束之际,江南绅商对华北灾情有了进一步的了解,遂决定扩大对华北灾区的赈济行动。在苏州绅士谢家福、上海绅商经元善、扬州绅士严作霖、寓沪粤商郑观应等人的领导下,江南许多地方都建立了助赈组织,呼吁民众捐资助赈。一时间,各界人士踊跃助赈,蔚然成风。此次以东南绅商为主体的义赈活动,历时四年有余,直到1881年初方告结束。"居者运筹帷幄,苦心孤诣,行者跋涉数千里,不惮寒暑疫疠",总共募集并散放赈银一百多万两,历赈苏北、山东、河南、山西、直隶共六十余州县,活"百十万之命",可谓千古未有之义举。如此长时期、远距离、大规模的民间赈灾行动,是中国赈灾史上的第一次,不仅改变了自古以来官赈一统天下的局面,也为百弊丛生的传统救荒体制带来了新鲜气息,使中国的赈灾事业进入新的阶段。

由于"丁戊奇荒"期间的成绩,晚清义赈活动赢得了广泛的注意和信任。此后,随着灾荒的频繁发生,义赈活动也不断举办,迅速发展为一种具有广泛社会影响和强大活动能力的赈灾机制。由于每年都有发生严重灾害的地区,义赈活动也就无岁不举。到19世纪90年代初,正如经元善所说,当时已是"海内成为风气,一若非义赈不得实惠"。特别在朝廷逃往陕西、国家处于风雨飘摇之中的1900年,义赈同人不仅自发组织了深入京津地区救助战争难民的行动,甚至还成为朝廷应付陕西旱灾的重要求助对象。在清朝的最后10年中,晚清义赈活动并未受时局动荡的影响,反而得到了更为长足的发展。

晚清义赈活动之所以能够迅速发展壮大,最主要的一个原因就是它形成了一套严密有效的运作机制。每当发生重大灾情,义赈领袖人物首先成立专门的义赈中心组织,然后大力开展宣传,向社会广泛募集赈灾资金。同时,赈所还邀请许多社会组织作为代理收捐处和联络点,各代理处再将募集款项统一交给义赈中心组织。等捐款数量可以展开赈灾行动后,赈所即直接选派人手前往灾区放赈,同时将收捐和放赈情况在《申报》、《新闻报》等大报上予以刊登,接受社会监督。总之,这是一套将募捐、司账、运解、发放等程序环环相扣、井井有条的行动程序,其目的是最大限度地将来之不易的捐款用到实处,以求达到"救人救彻"的功用。另外,参加义赈的同人大都"自备资斧"(自备个人开支),不从捐款中开支分毫。这就无怪乎晚清义赈活动的成就远远超过了当时积弊难返、黑幕重重的官赈制度。

因此,晚清义赈活动除救助大量灾民之外,其另外一个意义深远的作用,就是对国家的官赈体制产生了重大影响。在义赈兴起后不久,关于义赈优于官赈的看法,甚至得到了不少高级官员的认可。在这方面,最明显的例子是李鸿章。在 1895 年离任直隶总督之前,李鸿章"不信官赈而信义赈"的态度早已广为人知,而且他也多次在赈济直隶灾荒的过程中大力借助义赈力量,甚至采取"化官为义"的做法,即把相当一部分官赈交由义赈人员办理。而到 1906 年江淮大水灾期间,义赈又对官赈形成了进一步的冲击。在时任两江总督的端方和商约大臣盛宣怀的支持下,此次赈灾行动演变为一场彻底的"官义合办"行动。其主旨不是官赈收编义赈,而是把所有官赈款项全部交由义赈办理。这种民间赈灾活动全面影响国家赈灾行动的情况前所未有,也标志着中国赈灾事业进入了又一个新的阶段。

当然,义赈在其后来的发展过程中也产生了某些弊端,如有些人跻身义赈,或沽名钓誉,或视为利薮,甚至"闻灾则喜,以赈为利"。但这些现象毕竟是义赈活动中的末流,并不能因此而否定义赈对于中国赈灾事业的进步所具有的积极作用,特别是其中许多成功的经验,对于今天我国发展民间慈善事业也有颇为有益的借鉴作用。

作者简介:朱浒,1972 年生,浙江杭州人。中国人民大学清史研究所副教授。主要研究方向为中国灾荒史,著有《地方性流动及其超越:晚清义赈与近代中国的新陈代谢》,发表论文 20 余篇。

清代慈善机构的地域分布及其原因

刘宗志

　　清代慈善活动比较发达,大量慈善机构纷纷设立。它们所开展的救助活动包括慈幼、养老、恤嫠(lí,恤嫠意为救助寡妇)、助葬和疾病救助等。这些机构大体可分两类:一类是官方为主导的养济院、育婴堂、普济堂等;另一类则是以民间力量为主导的地方综合性善堂、宗族义庄和工商业者的会馆公所。这些慈善机构的设立具有明显的地域特征。

　　在官方为主导的慈善机构中,养济院完全由政府办理。养济院最早出现在南宋,到元代渐成制度,至元十九年(1282),诏"各路立养济院一所"。明代则将养济院推广到州县一级。清承明制,随着清政府对全国统治的建立与巩固,养济院制度也逐步得到恢复和发展。养济院要求受救济者必须同时满足三个条件:丧失劳动能力、没有私人财产并处于家庭赡养之外。这个群体处于社会底层,失去了生存能力,最需要外来帮助,在政府实施的有限救助活动中,得到优先考虑。养济院都有定额,按省确立,各省名额从数百到数千不等。各省再将名额分配给所属州县,基本上每州县设立一所养济院。可以说,清代的养济院是平均分布于全国各地的。

尽管如此,养济院受名额限制,还是难以满足日益扩大的救济需求。雍正帝曾要求地方督抚,倡导民间力量在大城市设立普济堂、育婴堂。乾隆元年(1736)则议准"各省会及通都大郡,概设立普济堂,养赡老疾无依之人,拨给入官田产,及罚赎银两、社仓积谷,以资养赡"(《清会典事例》)。用地方公产来保证普济、育婴二堂的设立。育婴堂和普济堂本来是由地方社会主持创设的民间慈善机构,由于政府的介入,两者逐渐带有较强的官方色彩。如"福建省城育婴堂经费,岁拨存公项下银五百两,又拨盐道库羡余剩充公银一千二百两,并以岁收田租、生息等银凑用,与普济堂各半分支,报部核销"(陈寿祺等《福建通志》)。从地方志书中可知,全国绝大多数州、县治,都置有相应的机构。

嘉庆、道光之后,社会救济需求增加,而政府财政困难,官办慈善机构日趋腐败,加上民间慈善机构的兴起。此前由政府主导的慈善活动逐渐向民间转移,新设立的慈善机构也主要由民间主持。一方面,主要依靠民间力量的综合性善堂在一些大城市开始兴起;另一方面,完全由民间办理的宗族义庄和会馆公所(以互助为主要职能)在江南迅速发展。

养济院、普济堂和育婴堂重点解决养老和育婴问题,功能单一。为全面应对各种社会问题,民间力量主持的综合性善堂应运而生。它们实施的活动覆盖面广,规模较大。如嘉庆九年(1804)设立的上海同仁辅元堂,开展的救济活动主要有"一恤嫠,凡旧族孀居,贫苦无依者,月给钱七百;一赡老,凡年过六十,贫苦无依或残疾不能谋生者,月给钱六百;一施棺,凡贫无以殓者,予之棺并灰沙百斤;一掩埋,凡无主棺木,及贫不能葬者,一例收埋。后又建有义学,施棉衣,收买字纸以及代葬、济急、水龙、放生、收瘗(yì,掩埋)路毙浮尸等事。它如栖流、救生、给过路流民口粮悉预焉"(博润《松江府志》)。又如创办于同治十年(1871)的广州爱育善堂,创设于光绪四年(1878)的天津广仁堂,均为影响较大的综合性善堂。综合性善堂适应城市发展需要,弥补了官办慈善机构的不足,同时也有助于地方士绅更多地介入地方事务的管理,从而得到士绅的青睐。这些善堂,政府仍然参与监管,但不占主导地位。

至于完全由民间办理的宗族内社会救济和工商业领域的救助活动,发展更不平衡。清代宗族内的救济以义庄为主。北宋皇祐二年(1050),范仲淹在苏州创建的全国最早的义庄——范氏义庄,对后世产生了广泛而深远的影响。陈奂在《济阳义庄记》中说:"范氏设义庄以赡族之贫,至今吴人效法者颇众。"义庄主要分布在江南地区,苏、松、常三府较多,以苏州最为集中。据潘光旦、全慰天在20世纪中期"土改"时的调查发现,苏南地区吴县、常熟两县义庄较多,吴县有64家,常熟有88家,其他各县除无锡、武进外,义庄却不多见。

工商业领域的互助活动是通过工商业者组织会馆、公所实现的。会馆、公所主要分布于各城市和商业巨镇,其职能很多,但救助功能较强的却集中在苏州、上海地区,开展救助活动是两地会馆公所主要甚至是唯一的职能。如嘉庆八年(1803),在沪宁波人的四明公所,以从事同乡救助为其唯一职能。进入民国时期,在其章程第一条中,仍规定以建殡舍、置义冢为公所宗旨。又如苏州漆作业,在这一时期创立性善公所,"以备同业贫苦孤独、病残无依者生养死葬等事"。

苏州、上海民间救济活动发达,当时人就注意到了。19世纪末,冯桂芬说:"今世善堂义学之法,意犹近古。能行之者,惟我江苏为

169

备,江苏中又以苏州、上海为备,虽都会如江宁、膏腴如扬州,弗逮也。"(冯桂芬《显志堂稿》)两地民间慈善活动的发达程度,远远高于全国其他地区。

从地域分布来看,清代慈善机构的平衡程度与政府的介入程度成正比。完全由政府开展的救济活动,其地域分布最均衡;政府起主导作用的,其分布比较均衡;民间自行开展的,则最不平衡。出现这些现象的原因,我们可以从政府政策和各地经济文化差异等方面进行探讨。

清政府的政策由各州县等地方政府来执行,政府起决定作用的慈善活动,其分布便比较均衡。救济需求是慈善活动存在的基础,无依无靠的孤老、寡妇、残疾人是一个社会的普遍现象,清代自然也不例外,因此对这个群体进行救助的养济院、普济堂、清节堂应运而生。随着人口的增多、社会的贫富分化,这个群体逐渐增大。而清政府受财力的制约,仅靠自身无法解决这个问题,只能号召民间力量来参与。清政府宣布:"凡士民人等,或养恤孤寡、或捐资赡族、或捐修公所及桥梁道路、或收瘗尸骨,实与地方有裨益者,八旗由该都统具奏,直省由该督抚具题,均造册送部。其捐银至千两以上,或田、粟准值银千两以上者,均请旨建坊。"(《大清会典事例》)由于各地经济、文化状况的巨大差异,民间社会主导的慈善机构分布极不平衡,多数集中在江南一带。

在民间盛行的儒、释、道三教中均有大量社会救济的思想观念。儒家认为仁者应超越自我去关心他人,这样才能达到仁的境界。佛家讲求因果报应,把布施救济、济贫恤困作为人生价值实现的途径。道家认为行善可使子孙得到福报。江南文化发达,善书传播广泛,行善的思想相应地也得到了广泛传播。从清初开始,好善风气逐渐在长江三角洲一带盛行。"生长是邦,耳濡目染,因视善善为分内事"(王国平、唐力行《明清以来苏州社会史碑刻集》)。一地有了慈善活动,就会带来善行的模仿。比如苏州肉店同业设立公所进行互助的理由是,"苏郡建设各善堂,恤养老幼贫病,施舍棺药,收埋尸柩等项善举,无一不备"(苏州博物馆《明清苏州工商业碑刻集》)。其最终结果就是"东南好义之名称天下",形成了民间慈善机构分布的不平衡局面。

清代江南地区社会慈善事业的兴盛,与商品经济的发展有一定关系。例如晚清上海慈善机构数目的大量增加,与这一时期上海人口膨胀不无关系。鸦片战争之后上海发展迅速,人口剧增,带来各种社会问题。又如晚清工商业领域的互助活动将广设义冢作为重点,与这一时期各大城市商品经济迅速发展,城镇地价不断上涨有很大关系;再加上交通不便和土葬风气的盛行,工商业者便把帮助安葬死者作为最重要的救助内容。另一方面,商品经济的发展带来了城镇繁荣、商业的兴盛,开展慈善活动需要大量的金钱,拥有雄厚经济资源的商人及其帮助必不可少。晚清上海的善堂领导阶层有越来越多的商人参与,如上虞商人经元善等,都是清末上海著名的"善人"。相对而言,经济较为落后的内地虽不乏各类善举,但缺乏持续、稳定实施救助的慈善机构,与当地经济实力较弱也有一定关系。

作者简介:刘宗志,1974 年生,河南南阳人,历史学博士,郑州大学历史学院副教授。主要研究清代社会救济史,发表相关论文 10 余篇。

边 疆 民 族

《四库全书》的编纂与中国传统文化

黄爱平

　　《四库全书》是清代乾隆时期编纂的中国历史上最大的一部丛书。它所收录的书籍,上自先秦,下迄清代,几乎包括了从古到今(指修书的乾隆年间)中国历史上的主要典籍,涉及中国传统学术文化的各个学科门类和各个专门领域。它集中保存了中国古代丰富浩瀚的文献典籍,全面展示了中华民族灿烂辉煌的传统文化,因此,历来有"典籍总汇,文化渊薮"的美誉。在 18 世纪,像《四库全书》这样的文化巨著,不仅在中国,就是在当时的世界上,也是绝无仅有的。

　　清代乾隆年间,统治者之所以要纂修这样一部超越古今的大书,与中国历史上独特的文化传统密切相关。在中国古代,很早就有"马上得天下,不能马上治天下"的至理名言。说的是夺取政权,建立新的王朝,要依靠武力,但治理天下绝不能仅仅依靠武力,而必须讲求文治。所谓"以武开基,右文致治",文治武功也因此而成为衡量历代王朝兴衰、国家治乱的重要标志。而文治的地位居于武功之上,作用也远比武功更为重要。综观历史,历代统治者讲求文治最常用的方法和最有效的手段,就是搜求典籍,编纂图书。历代王朝,也几乎都有访书编书的举措,这在王朝的鼎盛时期尤为如此。诸如唐代统治者下令编纂的《五经正义》(《周易正义》、《尚书正义》、《毛诗正义》、《礼记正义》、《春秋左传正义》),确立了儒家经籍注释疏解的官方定本;《晋书》、《梁书》、《陈书》、《北齐书》、《周书》、《隋书》等纪传体史书,开官修史书之先河。宋代编纂的三大类书《太平御览》、《册府元龟》、《文苑英华》,均取材广泛,内容渊博,卷帙浩繁,对当时和后世都产生了深远的影响;而编年体巨著《资治通鉴》,也被公认为编年体史书的代表作。明代初年编纂的《永乐大典》,是中国历史上最大的一部类书,不仅资料采择极为丰富,而且体例编排也颇具特色,有"中国古代的百科全书"之誉。清代历康熙、雍正两朝编成的《古今图书集成》,卷帙仅次于《永乐大典》,被视为中国古代体例最为规范、编排最为完备的类书。这些大型图书的编纂,不仅构成了中国数千年历史发展进程中独特的人文景观,而且形成了中国古代盛世修书的文化传统。

乾隆年间,正值清代的鼎盛时期,国家统一,政治稳定,经济发展,文化繁荣。乾隆帝仿效历代统治者的做法,大力提倡"稽古右文",组织学者校勘十三经、二十一史,开馆纂修各种书籍,并先后两次下令征访图书。乾隆三十七年(1772)第三次征书谕旨下达之后,时任安徽学政的朱筠就此专上奏折,提出了访书编书的四条建议。其中特别提出,翰林院所藏的《永乐大典》一书中收有不少当时社会上已经失传的珍贵典籍,请求派专人进行辑录。由于朱筠的建议既迎合了统治者讲求文治的需要,又与乾隆帝的征书谕旨相吻合,因此,军机大臣议定,立即选派翰林院官员查核《永乐大典》,结果确如朱筠所言。于是,乾隆帝立即下令从《永乐大典》中辑校珍本秘籍,并决定在全国各地广泛征集图书,同时采购社会上流传的通行本,挑选清内廷收藏的图书,再把所有的书籍都汇集起来,统一编排,定名为《四库全书》。一项大规模的文化工程,由此而拉开了序幕。

乾隆帝下令编纂《四库全书》之后,朝廷很快设立了四库全书馆,由皇帝任命皇室郡王、大学士以及六部尚书、侍郎兼任总裁、副总裁,并特别征召翰林院和全国各地的著名学者入馆担任纂修官,从事考核编纂工作。据统计,先后任职四库馆并正式列名的朝廷官员和文人学者达三百六十人之多。其中著名学者如纪昀、陆锡熊、周永年、戴震、邵晋涵、翁方纲、程晋芳、任大椿、朱筠、王念孙等人,都是学界深孚重望的最佳人选。根据书籍的不同情形,纂修工作主要分为三大部分:一是从《永乐大典》中辑录当时社会上已经失传的珍本、善本;二是对清代历朝皇帝下令编纂的各种书籍以及宫内各处收藏的图书进行校阅修改,并奉命编纂各种书籍增入《四库全书》;三是对全国各地进呈至四库馆的图书进行斟酌取舍、考证校勘。在众多纂修官的辛勤努力下,许多书籍的真实面貌得以恢复,文字讹误得以纠正,版本源流也得以厘清。

在全面清理甄别历代典籍的同时,纂修官还进而借助传统目录学的工具和手段,总结学术的渊源流变,反映典籍的分合存逸,确定图书的进退取舍。这就是与《四库全书》相辅相成的大型目录著作《四库全书总目》的编纂。它把《四库全书》所收录的图书分为两类,一类是“应抄书籍”。凡是流传稀少的珍贵古书,《永乐大典》中辑逸出来的珍本、善本,各个学科领域具有学术价值和学术水平,以及实用的书籍,或者虽有不足之处,但瑕不掩瑜的图书,都列入“应抄”的范围。这些书籍都要完整地抄录下来,也称之为“著录”书籍。其中特别稀见的珍本秘籍还专门送交武英殿刊刻流传。此即《武英殿聚珍版丛书》,共计收书 138 种(内 4 种刻本)。另一类则是"应存书籍"。大体说来,凡是不完全符合正统儒家学说和统治者的价值观念,或者在纂修官看来学术水平不高、价值不大,甚至有错误之处的图书,都列入"应存"的范围。这些书籍不再抄录,只是把它们的书目提要收入《四库全书总目》,也称之为"存目"书籍。在清理甄别、进退取舍的基础上,《四库全书总目》根据传统目录学的正统分类体系,把著录、存目的所有书籍分为经、史、子、集四部,并于部下分类,类下再细分为各个子目,计四部,四十四类,六十六子目。与此同时,《总目》还继承中国古代目录学的优良传统,于各部卷首撰写总序,各类卷首撰写小序,并为《四库全书》著录、存目的每一种书籍撰写详细的书目提要,介绍作者生平,叙述典籍内容,考辨篇章文字,评论长短得失。通过分门别类、提要编目的方式,《四库全书总目》不仅成功地建构了一个包罗宏富、组织严密的庞大体系,把《四库全书》著录、存目的上万种书籍统括为一个有机的整体,而且"辨章学术,考镜源流",对中国古代典籍和传统文化作了全面的清理和总结。

在中国古代文化发展和文明传承的过程中,图书典籍有着极为重要的作用。特别是雕版印刷术发明之后,书籍的种类和数量迅速增多。为便于保存和流传,人们往往把原来单独流行的著作汇集起来,编成一部大书,刊刻行世,丛书也由此应运而生。南宋以后,丛书的编纂日益受到重视,明清时期甚至成为学术界的一时风尚。清代乾隆年间编纂的《四库全书》,据《四库全书总目》统计,著录书籍3461 种,79309 卷,存目书籍 6793 种,93551 卷,二者合计达 10254种,172860 卷,堪称中国古代丛书之最。可以说,《四库全书》最大的价值和功用,在于保存典籍,传承文化,为学者的研究提供完整的文献资料。

在中国古代历史上,文献典籍的保存和流传,有这样一个值得注意的现象,即单本的图书,零散的著述,往往容易散失亡逸;而凡是编纂或汇刻为一部大书的,则比较容易保存和流传下来。以明末学者徐光启的《农政全书》和宋应星的《天工开物》为例。这是两部分别记述农业和手工业生产技术的书,均具有十分重要的价值。乾隆年间编《四库全书》时,著录了徐光启的《农政全书》,却没有收录宋应星的《天工开物》。结果,《农政全书》得以流传,《天工开物》却不幸亡逸,直到20世纪初年才在日本发现,转而传回国内。就此而言,《四库全书》把三千多种分散的图书汇集为一体,而且历经二百年来历史的风云变幻,完好无损地保存到今天,并将继续流传后世。这样的作用和功绩,是值得充分肯定的。

当然,《四库全书》之中,一些与正统儒家学说和统治者价值观念相悖离,以及与清政权的统治思想和文化政策相抵触的著作未能收录,甚至遭到禁毁;有关科学技术、生产技艺方面的书籍以及记载国外地理、风土、人情的图书,也收录很少。还有一些收录的书籍遭到不同程度的改易。所以,有人说《四库全书》实际上并不全,确实不无道理。但功过相比,其功绩仍然是主要的。因此,《四库全书》至今仍被公认为中国传统文化的宝库,古代典籍的渊薮。它与举世闻名的万里长城、京杭大运河同样,都是值得我们珍视并自豪的中华民族的珍贵遗产。

作者简介:黄爱平,女,1955年生,广西桂林人,中国人民大学清史研究所教授、博士生导师。长期从事中国古代思想文化、清代学术以及历史文献学的教学与研究,主要著作有:《四库全书纂修研究》、《18世纪的中国与世界·思想文化卷》、《朴学与清代社会》等,并发表论文100余篇。

儒学书籍的编纂与清初文治

史革新

康熙帝亲政及平定"三藩"之乱、统一台湾后,国内大的战事基本结束,清朝统治得到初步巩固,社会趋于稳定。为了适应这种新的情况,清廷在统治思想及文化政策方面做了相应的调整,强化了作为官方哲学的程朱理学的作用,出现了推崇理学的局面。此期间,清采取的一项重要文化措施,就是大力编纂、刊印和颁发儒学书籍。

编纂、颁发儒学书籍的工作早在顺治朝就已经开始,但由于清政府在当时所面临的各种反抗势力比较强劲,只能把主要精力放在军事方面,还不能对文治教化给以更多的关注。康熙时,统治者出于巩固自己统治地位和充分实行文治教化的需要,开始大规模编纂和颁发儒学书籍,为思想学术订立标准,以控制意识形态领域。一时间,各种"御纂"、"钦定"的儒学注解、讲义纷纷出版,一些大型的丛书、类书也相继问世,烘托出一派"盛世"来临的景象。

清朝"御纂"儒学经典的工作,是在康熙帝的亲自过问下进行的。一些汉族儒臣和深受儒学浸染的满族大臣则是这项工作的积极推动者。康熙三年(1664)三月,顺天府府尹甘文焜疏请印刷《四书大全》、《五经》等书,颁发顺天府及各省布政司,以备科场之用。礼部的意见是"应如所请"(《清实录·圣祖仁皇帝实录》卷十一),体现了朝廷在这个问题上的意向。康熙帝亲政后,对文治教化日益关注,多次颁发上谕强调编纂、颁发儒学典籍的重要性。尤其在康熙十年(1671)举行经筵、日讲以后,康熙帝深感现有儒学书籍,特别是一些儒经注解、讲本"篇目粗沉,而裒(póu,聚)辑未备",不敷使用,大有重新编纂的必要。他说:

自古帝王致治隆文,典籍具备,犹必博采遗书,用充秘府,盖以广见闻而资掌故,甚盛事也。朕留心艺文,晨夕披览,虽内府书籍,篇目粗陈,而裒辑未备。因思通都大邑,应有藏编,野乘名山,岂无善本,今宜广为访辑。凡经史子集,除寻常刻本外,其有藏书秘录,作何给值采集,及借本抄写事宜,而部院会同,详议具奏,务令搜罗罔轶,以副朕稽古崇文之至意(《清实录·圣祖仁皇帝实录》卷一二五)。

在这里,康熙帝不仅把采集、整理典籍看成"盛事",而且将范围扩大到经、史、子、集,"稽古崇文之至意"得到充分体现。在对儒学经典的整理编纂中,康熙帝出于提倡理学的需要,十分强调要编纂反映程朱理学思想的书籍。他采纳了熊赐履等一班理学士大夫的意见,即"讲明正学,非《六经》、《语》、《孟》之书不读,非濂、洛、关、闽之学不讲"(《清实录·圣祖仁皇帝实录》卷二二),把"崇儒重道"具体化为对朱熹的尊崇和对于程朱理学的倡导。对于孔子以后的诸儒,康熙帝最服膺朱熹,多次褒奖,称赞备至,说:

自汉以来,儒者世出,将圣人经书多般讲解,愈解而愈难解矣。至宋时,朱子辈注《四书》、《五经》,发出一定不易之理,故便于后人。朱子辈有功圣人经书者,可谓大矣(康熙《御制诗文集·庭训格言》)。

他还称赞说：

惟宋儒朱子注释群经，阐发道理，凡所著作及编纂之书，皆明白精确，归于大中至正，经今五百余年，学者无敢訾议。朕以为孔、孟之后，有裨斯文者，朱子之功最为弘巨（《清实录·圣祖仁皇帝实录》卷二四九）。

康熙五十一年（1712），清政府决定抬高朱熹在孔庙配享的地位，升附于大成殿十哲之次，对朱熹的推崇达到了登峰造极的程度。康熙帝还认为，学习圣人之道，必须遵循程、朱指示的治学途径，即先《四书》而后《五经》。《四书》不仅是通达《五经》的阶梯，而且集中了《五经》的精华。他说：

自尧、舜、禹、汤、文、武之后，而有孔子、曾子、子思、孟子；自《易》、《诗》、《书》、《礼》、《春秋》而外，而有《论语》、《大学》、《中庸》、《孟子》之书，如日月之光昭于天，岳渎之流峙于地，欤钦盛哉！盖有四子，而后二帝三王之道传；有四子之书，而后《五经》之道备。四子之书得《五经》之精意而为言者也（《清文献通考》卷二百十七）。

康熙帝推崇程朱理学的思想成为清朝官方在当时编纂、整理儒学典籍工作的指导原则。

据《清朝文献通考》记载，康熙朝颁发的第一部儒学书籍是成书于康熙十六年（1677）的《日讲四书解义》。以后各种儒学经典讲本、解说以及研习儒学的工具书不断告世，一直延续到康熙六十年。可见，清朝统治者把编纂儒学书籍一事当作一件经常性的工作来对待，其重视的程度于此可见。仅就《清朝文献通考》所收录康熙一朝"御纂"、"钦定"的各种《四书》、《五经》讲本、解义多达十五种（含两种文字学、音韵学书籍）。具体情况如下：

《日讲四书解义》二十六卷，康熙十六年（1677）大学士库勒纳等奉敕编；《日讲书经解义》十三卷，康熙十九年（1680）翰林院掌院学士兼礼部侍郎库勒纳等奉敕编；《御定孝经衍义》一百卷，康熙十九年（1680）翰林院学士兼礼部侍郎叶芳蔼等奉敕编撰；《日讲易经解义》十八卷，康熙二十二年（1683）翰林院掌院学士兼礼部侍郎牛纽、孙在丰等奉敕编；《钦定春秋传说汇纂》四十卷，康熙三十八年（1699）大学士王掞等奉敕编撰；《御纂朱子全书》六十六卷，康熙五十二年（1713）康熙帝御定，李光地主编；《御纂周易折中》二十二卷，康熙五十四年（1715）大学士李光地等奉敕编撰；《御定音韵阐微》十八卷，康熙五十四年（1715）大学士等奉敕撰，雍正四年（1726）告成；《御定康熙字典》四十二卷，康熙五十五年（1716）大学士张玉书等奉敕编撰；《御纂性理精义》十二卷卷，康熙五十六年（1717）年康熙帝御定，李光地主编；《钦定诗经传说汇纂》二十一卷，康熙六十年（1721）户部尚书王鸿绪等奉敕编；《钦定书经传说汇纂》二十四卷，康熙六十年大学士王顼龄等奉敕编；还有《日讲春秋解义》六十四卷、《日讲礼记解义》六十四卷、《日讲诗经解义》等。

以上各书，关于《四书》讲本、朱熹等人著述的编纂出版自然体现了康熙帝对于程、朱的推重，而那些关于《五经》的讲本也多以程、朱的讲解为准。如康熙帝命大学士李光地编纂的《周易折中》，名义为"上律河洛之本末，下及众儒之考定"，实际却是以程、朱，特别是以朱熹论《易》为折中的标准。康熙帝称："《易》学之广大悉备，秦、汉而后无复得其精微矣。至有宋以来，周、邵、程、张阐发其奥，惟朱子兼象数天理，违众而定之，五百余年无复同异。"（《御制周易折中序》)这就为该书的编纂确定了基调。康熙帝把程颐的《易传》、朱熹的《周易本义》视为论《易》的集大成之作。因此,此二书就成为编纂《周易折中》基本参照系。该书凡例称:"今经传之说,先以《本义》为主,其与程《传》不合者,则稍为折中其异同之致。"(《御制周易折中序》)论《易》如此,其余论《书》、《诗》、《礼》、《春秋》等书的编纂亦大致如此。

清朝统治者之所以组织大量人力、物力从事儒学书籍的编纂工作,主要是为了给士人研读《四书》、《五经》确定政治标准,以更好地控制思想学术领域,以免士人"淆于众说",被"异端邪说"所惑。康熙朝编纂、颁发的这些儒学书籍或者用于经筵、侍讲,成为皇帝进学的读本;或者颁发学宫,成为士人进学的范本,确实起到规范思想与学术的作用。以后,雍正帝、乾隆帝等都以此为范例,编纂和颁发了更多的儒学书籍,进一步发展了清朝的文治教化。只是随着学术风气的转变和理学的衰落,在后来所编的儒学书籍中,理学的色彩才逐渐被淡化。

作者简介:史革新(1949—2009),山西阳泉人,北京师范大学历史学院教授、博士生导师。主要从事中国近现代史、清代思想文化史方面的教学与研究,著有《晚清理学研究》、《宏观中国史·乱世卷》、《中国社会通史·晚清卷》(主编)、《中国文化通史·晚清卷》(主编)等十余部著作,发表论文80余篇。

程朱理学与晚清"同治中兴"

史革新

　　嘉道时期,清王朝曾经有过的"盛世"局面已经风光不再。鉴于国势衰落,有识之士开始进行反思,寻找社会危机产生的原因及解决的办法。当时许多人从儒家正统的"德治教化"观点出发,认为社会发生危机的直接原因是"道德废,人心坏,风俗漓",而根本原因则是程朱理学因受汉学压抑而多年不振,造成道德沦丧、人才匮乏。乾嘉汉学因此受到激烈的批评。这自然给程朱理学的"复兴"创造了有利的条件,使讲求理学的风气在一些地区再度兴起。经过数年的提倡,讲理学的风气渐起,各地的理学士大夫开始活跃起来。他们呼朋引类,推波助澜,或者著文鼓吹提倡,或者授徒阐扬流布,在全国范围内逐渐形成陕西、安徽、河南、湖南及京师等几个规模不等的理学群体。唐鉴、贺长龄、罗泽南、李元春、方东树、倭仁、曾国藩等就是这个时期鼓吹理学的代表人物。他们的学术活动为程朱理学在日后的复兴打下了重要的思想基础与社会基础。

　　咸丰年间出现的全国性社会动荡为程朱理学在晚清的复兴提供了重要契机。咸丰初年,太平天国农民起义在广西爆发,很快席卷了大半个中国,沉重地打击了清王朝的腐朽统治。在意识形态方面,起义者利用自己创立的拜上帝教反对传统的儒、释、道三教,尤其把孔孟儒学称为"妖书邪说",严加禁止。作为清王朝的精神支柱——包括程朱理学在内的传统儒学,受到起义者的猛烈鞭伐、亵渎,从而引起整个地主阶级的恐慌。为了镇压人民起义,挽救清王朝的命运,以曾国藩为代表的理学士人纷纷投笔从戎,积极参与镇压太平天国的活动。他们一方面网罗士人,组织湘军等地主武装,进行武力镇压;另一方面打出"卫道"的旗帜,呼吁振兴孔孟程朱之学,以对抗太平天国的"异端邪说",挽救人心,恢复封建秩序。1854 年(咸丰四年)初,曾国藩练成湘军率师出征,作《讨粤匪檄》为出师宣言,大肆攻击太平天国"举中国数千年礼义人伦、诗书典则,一旦扫地荡尽。此岂独我大清之变,乃开辟以来名教之奇变!我孔子、孟子之所痛哭于九原",并重申孔孟程朱所宣扬的"君臣父子,上下尊卑,秩然如冠履之不可倒置"(《曾国藩全集·诗文》),号召读书人起来"卫道"。然而,在当时,八股之士、考据之徒,显然是不堪任用的。理学之士是否靠得住,清朝最高统治者鉴于理学以往负有"迂拘"、"空疏"的坏名声,尚存犹疑。咸丰时,清政府不但在用人问题上表现出犹豫徘徊、举棋不定,而且还不时对理学士人进行排斥。以理学相标榜的李棠阶、倭仁、吴廷栋、曾国藩等人,大多仕途坎坷,不是归籍闲置,便是差派边远,不授实权。笃信程朱的倭仁于仕途一再蹭蹬,被"发配"到千里之外的叶尔羌"历练"。一向处事谨慎、屡立战功的曾国藩长期不受朝廷重视,未授权柄,吃尽了官场倾轧排抑的苦头。然而,这种情况到 1860 年便发生了变化。

1860 年 5 月,太平军击溃清朝江南大营,清政府所倚重的正规军八旗、绿营溃不成军,无力与起义军对抗,迫使统治者不得不起用汉族地主阶级地方势力武装——湘军,这就给曾国藩等理学士人以崛起的机会。是年6月,清政府以曾国藩为署理两江总督,8月改为实授,并命为钦差大臣督办江南军务,节制所有大江南北水陆各军。次年11月,清政府破例授权他统辖江苏、安徽、江西、浙江四省军务,所有四省巡抚提镇以下各官,悉归其节制。曾国藩的登进不仅是清王朝在对太平天国用兵选将上的重大政策调整,而且也是其重用理学大臣的标志。

北京政变后,清王朝为了树立"正人立朝"的形象,不遗余力地提拔所谓"理学名臣"。倭仁在1862年一年三迁,从工部尚书、协办大学士,升至文渊阁大学士,并当上年幼的同治帝的师傅,掌管翰林院,一跃而成为清王朝的内阁揆首和最高理论权威。曾与倭仁一起切磋过理学的李棠阶也于当年内召,授左都御史而入军机处,参与枢府机要。与此同时,吴廷栋也被授以大理寺卿、刑部侍郎等职。此三人素有理学名士的清望,各有自己的人事圈,一向为朝内外士大夫所尊仰,故在当时有所谓"海内三大贤"之誉。李鸿章为吴廷栋写的《神道碑》中称:吴氏"再官京师,倭文端公以首辅为师傅,河内李文清公以尚书掌军机,海内翕然望治,称为三大贤"(《续碑传集》卷十二)。

理学士大夫参与政治不是被动的,而是热情高昂,积极主动。同治即位后,因其年幼进学需要物色师傅。理学士大夫急于把这一要职抢到手。吴廷栋对此尤其看重,曾说:"用人行政,当以君心为本;欲格君心,培养元德,要以师傅为第一义;既系第一义,即非第一流人不足当此任"。(方宗诚《柏堂师友记》卷二)他们心目中的帝师人选即为倭仁。为促成此事,吴廷栋等人进行了多方面的活动,给同僚通消息,造舆论。他曾为此事专门致书曾国藩,要他以封疆重臣的身份予以干预。尽管曾国藩出于明哲保身的考虑,以"虚名太重","不复妄议朝政"(《曾国藩全集·书信》)为由婉言拒绝,但举倭仁为帝师的要求依然得到不少官员的支持。清廷经反复权衡,还是任命倭仁与祁寯藻、翁心存、李鸿藻等人同为同治帝的师傅。其中的李鸿藻也是讲理学的官员。倭仁当上帝师后,辑古帝王事迹及古今名臣奏议,编成《启心金鉴》,用这部渗透着程朱理学"君明臣良"思想的读本,来教导同治帝。

经过此番人事变动,理学派的地位已非昔比,达到炙手可热的程度。到同治初年,倭仁为大学士兼帝师,李棠阶入军机,李鸿藻为帝师兼尚书,吴廷栋官刑部。而在地方,湘系及与之关系密切的将领随着曾国藩地位的上升与巩固,一个个飞黄腾达,如李鸿章先为江苏巡抚后升两江总督,刘长佑任直隶总督,杨岳斌任陕甘总督,左宗棠任闽浙总督。其余还有安徽巡抚李续宜、山东巡抚阎敬铭、江西巡抚沈葆桢、陕西巡抚刘蓉、广东巡抚郭嵩焘、浙江巡抚曾国荃等,他们大都以书生典兵,而成为方面大员。这些具有理学背景的人物,乘镇压太平天国之机迅速崛起,成为统治阶级内部的一批新起的实力派,支撑起清王朝岌岌可危的半壁江山。

这个时期的理学营垒人数众多,分布广泛。无论是大江南北,还是沿海边远省份,都有标榜理学的士人在活动。这种情况为乾嘉时期以来所罕见。值得重视的是,此期理学群体具有明显的政治化倾向。他们绝大多数拥有官宦身份,具有明显的政治地位或官场背景。他们或者由科举步入仕途,或者因军功跻身官场,或者以学术受褒奖而得官,像徐淮阳终身未仕的布衣学者则如凤毛麟角。在具有官宦

189

身份的士人中，不乏担任高级职务者。身为大学士、尚书、侍郎、总督、巡抚等高级官员者，竟达 15 人。而担任大学士、军机大臣等要职的就有倭仁、曾国藩、李棠阶、李鸿藻、徐桐等五人。另外，督抚重镇李鸿章、左宗棠都是属于曾国藩系统的官僚，也有一定的理学背景。在清朝统治集团高层中充斥着如此众多的理学大臣，这是清朝自康熙以来未曾有过的情况。

咸同年间的程朱理学复兴，不仅是涉及一个学派的兴衰问题，而且与社会政治力量的消长紧密结合在一起。理学的复兴强化了士绅阶层封建性的意识形态，增强了他们对王权的向心力；太平军屡挫八旗、绿营，又迫使清王朝不得不寻求新的依靠力量，遂向士绅集团伸出求援之手，最终造成以曾国藩为首的地主阶级地方势力的崛起和以倭仁、李棠阶等理学官僚执掌朝纲的局面。所有这些都使统治阶级内部的关系和力量得到新的调整和振兴，从而加强了清王朝在政治、军事、文化等方面的力量，为镇压太平天国起义、实现"同治中兴"创造了条件。无怪清末儒生曾廉把清朝"同治中兴"归功于"正学"即程朱理学的昌明："其在道光时，唐鉴倡学京师，而倭仁、曾国藩、何桂珍之徒相从讲学，历有数年。罗泽南与其弟子王鑫、李续宜亦讲学穹庐，孜孜不倦。其后内之赞机务，外之握兵柄，遂以转移天下，至今称之。则不可谓非正学之效也。"

清代文字狱

王思治

在封建时代,因文字著述被罗织罪名,锻炼成案,叫做文字狱。明清时,尤其是清代,因迭兴文字大狱而罹祸者,大有人在。

清代文字狱大案始于康熙朝,而乾隆朝尤烈。康熙朝著名的大案有"庄廷鑨(lóng)《明史》案"和"戴名世《南山集》案"。

庄廷鑨,字子相,浙江湖州府南浔镇人,出身于巨富之家。廷鑨双目失明,欲效左丘明,以盲史自居,著书传世,于是以千金购得明大学士朱国祯所撰《明史》稿本,聘请浙中名士多人修订增删润色而成《明史辑略》,署名己作。顺治十二年(1655),廷鑨病逝。顺治十七年,该书刊刻付梓,于坊间发卖。书中将清人自视的"龙兴"称为"兹患",称清先祖和清兵为"贼"、为"夷",奉南明弘光、隆武、永历为正朔,在评论明亡之时流露歔歟悲惜之情。有名吴之荣者,欲借此敲诈勒索不成,于是向刑部首告,铸成大案。庄、朱两家及相关诸人被拘捕者数百人。康熙二年(1663)五月,刑部定谳,以赞扬故明、诋毁清朝、悖逆已极的罪名,将庄、朱两家及参与该书编撰者及其父兄弟子侄年15岁以上者70人处死,其中18人凌迟,流徙给披甲人为奴者数百人,庄廷鑨被掘坟碎尸。

康熙五十年(1711)翰林院编修戴名世《南山集》案与雍正时的吕留良案,也是各牵连数百人的大案。戴名世颇负才名,身任翰林院编修,曾称颂"今天子(康熙)聪明神圣","亦思自奋起,以期无负于世盛"。对清廷歌颂备至。他有志于明史,并网罗史文,搜求明季野史,著有《南山集》、《孑遗录》,因奉南明桂王永历等为正朔,不用清朝年号,且尊明崇祯帝为"上",被斥为"罔视君亲大义,国法之所不容",处斩。

乾隆时文网愈密,动辄犯忌。《清代文字狱档》辑有六十二案,皆为乾隆年间事。《文献丛编》、《纂修四库全书档案》、《清高宗实录》等,亦载有文字狱案多起。当然,这远不是文字狱的全部史料。

在当时,明、清二字切不可随便使用,因清统治者猜疑过甚,办案大员往往"推求其意,悖逆显然",使不少人因此而丧命。如胡中藻《坚磨生诗钞》中有"一把心肠论浊清",徐述夔《一柱楼诗集》中有"明朝(zhāo)期振翮,一举去清都";李驎《虬峰集》中有"翘首待重明",都被罗织成文字狱。卓长龄《忆鸣诗集》案则是把诗集中的"忆鸣"二字,经"推求其意"之后,被指"忆明",然后照"大逆"定罪的。如此"推求其意"置人于死地,清统治者也知道难以服人心。乾隆说:"恐胡中藻正法之后,或有党恶好事之徒,妄为不平,造言诽谤,此舞弄笔舌,所关世道人心甚大,不可不严密访拿。"

清代文字狱之苛细残酷远过历代。只要一经成为大案,作者及其亲属(不论知情识字与否),作序的、参订的、刻板印刷的、接受送书的,都在追查之列。一旦发现案情,即令"速行严密讯鞫,务得实情,按律问拟,勿得稍存漏网"。追捕牵连人犯,往往牵动很多省份。各省督抚奉到谕旨,立即"实力查缴,俾狂吠诗词,搜毁净尽,以正风俗,而厚人心"。被牵连人犯即使在数千里外,也要缉拿归案。倘若作者和作序的早已亡故,则追究其后人,直到曾孙。戴移孝《碧落后人诗集》及其子戴昆《约亭遗诗》案就是如此。《约亭遗诗》中有"长明宁易得"等句,被指为"诗内悖逆狂吠之处甚多",而成为大案。此书刊于乾隆九年(1744),乾隆四十五年案发时,戴移孝、戴昆二人早已死了,其曾孙戴世道被捕审讯的口供称,乾隆九年刊刻《约亭遗诗》时,"彼时年幼,不知诗内有犯悖逆",但仍以"大逆"定罪。戴移孝、戴昆被刨坟戮尸示众,曾孙戴世道斩立决。为《约亭遗诗》作序的鲁之裕及其子也早已去世,其孙 5 人分居湖北、湖南、广西、直隶,因系"罪人之孙",均遭惩处。鲁之裕作序时其孙仅 3 岁,亦不能幸免。

当时,大案层出不穷,湖南安化县有一位 86 岁的老人刘翔,希望清统治者不要猜疑过甚,向巡抚衙门呈进纸状一本,冒死规谏,被捕下狱,其审讯记录有如下一段问答:

问官:"(你书中说)'自古国运接续之际,妄生议论,何代无之?'又云:'是非之心人皆有之,不得已之鸣'。是何意见?"

刘翔答:"因闻皇上查缴违碍藏书,自必生疑士民妄生议论。备述我朝(清朝)圣圣相依,恩深百姓,纵有昧心狂笔,何忍存留? 稍释圣主之疑,冀免查缴。这便是不得已之鸣。"

明明是为了"稍释圣主之疑",何尝"狂吠"、"悖逆"? 故而才敢于自行呈递巡抚衙门,然而,却"忠而获咎",其罪名是"妄揣圣意"、"妄干朝政"、"妄布邪言"。乾隆下令:"不得因其八旬,稍为姑息。"刘翔被斩首,以示惩儆。

《文献丛编》第十五辑载有《书词狂悖比照大逆缘坐清单》,共开列文字狱各案亲属缘坐147名,多为妇女孩童。其中汪景祺"《西征随笔》语多狂悖"一案,其子汪连枝发配黑龙江给披甲人为奴。汪连枝在配所生子,子又生二人。汪连枝死后,其子孙3人仍然为奴。这就是说,案发时尚未出世的子孙,也世袭为奴。

由于清统治者刻意深求,办案大员望文生义,制造冤假大案,助长了挟嫌诬告之风。御史曹一士向乾隆上疏说:"比年以来,小人往往挟睚眦之怨,借影响之词,攻讦诗书,指摘文句。有司见事生风,多方穷鞫,或致波累师生,株连亲故,破家亡命,甚可悯也!臣愚以为,井田封建,不过迂儒之常谈,不可以为非今返古;述怀咏史,不过词人之习态,不可以为援古刺今。即有序跋,偶遗纪年,亦或草茅一时失检,非必果怀悖逆,敢于明布篇章。使以此类,悉皆比附妖言,罪当不赦,将使天下告讦不休,士子以文为戒。"由此可知,当时人业已指出文字狱之滥及用法之严酷,不仅造成了冤案、假案,而且煽起告讦之风。

文字狱造成的社会恶果是极其深重的。鲁迅在《买〈小学大全〉记》中说:"清的康熙、雍正和乾隆三个,尤其是后两个皇帝,对于'文艺政策'或者说得较大一点的'文化统制',却真尽了很大的努力的。文字狱只是由此而来的辣手的一种,那成果,由满洲这方面言,是的确不能说它没有效的。"其效果就是使当时的士人钳口而不敢言。而所谓"尊君亲上"的"大义"则是文字狱衡文的准则,如果被指为谤讪君上,不避圣"讳",妄议朝政,隐喻讥讽,眷恋故明,心存怨望,便是"违天叛道,覆载(天地)不容"的罪人,其惩创之惨烈,不但使"士子以文为戒",更是闻文字狱而色变,避之唯恐不及。

道光十九年(1839),文字狱的凶焰已经过去半个多世纪,龚自珍写了乙亥杂诗一组,其中脍炙人口的一首是:"九州生气恃风雷,万马齐喑究可哀。我劝天公重抖擞,不拘一格降人才。"龚自珍痛感于当时没有一丝生气的"万马齐喑"的时局,大声疾呼振聋发聩的"风雷",他认为造成这种有如古井局面的原因,就是恐怖的文字狱带来的"惩创"太严重了。龚自珍还认为,由此而造成的人才的缺失,是清王朝衰落的原因之一。龚自珍是当时具有卓识远见的士人,林则徐曾称赞他说:"非谋宏远识者不能言,非关注深切者不肯言也。"在鸦片战争爆发的前夕,龚自珍的见识和呐喊,可以说是相当深刻的。

乾隆朝礼制建设的政治文化取向

林存阳

礼教或礼乐教化,一直被历代统治者视为统摄社会、维系人心的一大法宝。至清代更呈现出新的发展态势,尤以乾隆朝为显著。

清初,由于时局不稳、满汉民族和文化间的冲突,尤其是以理学为政治文化导向的方兴未艾,对礼的诉求,一是不那么迫切,二是时机还不成熟。然而,将理学作为统治思想,尽管取得了暂时的成效,但随着时势的发展,其局限性也逐渐显露出来。所以,乾隆朝改元伊始,与康熙朝以理学为核心的政治文化抉择、雍正朝以吏治为核心的制度化建构不同,更着意于礼文化的张扬。

《钦定大清通礼》:士民遵循的行为准则

乾隆元年(1736)六月二十三日,乾隆帝发布上谕,命开始纂辑礼书,《钦定大清通礼》的纂修正式启动。

乾隆帝颁发修礼书谕后,清廷即以礼部为核心,组织人员投入此项工作。承其事者,计有总裁、提调、纂修、收掌、誊录等职。人员虽不像三礼(指自乾隆元年开馆,至乾隆十三年最后成书的《三礼义疏》。)馆队伍壮大,亦不如三礼馆中名儒众多,但其职司所在,且有《大清会典》及前代礼书可资借鉴,操作还是较为便利的。

《钦定大清通礼》一秉乾隆帝"法古准今"之意,依《周礼》吉、嘉、军、宾、凶的顺序(吉礼,尊天祖也;嘉礼,本人道也;军礼,征伐大权也;宾礼,柔远人也;凶礼,以厚于终也),进行排纂。于每篇之首,弁以数言,括其大旨,并在目录依次罗列诸仪之名,以便翻阅。其式则仿唐《开元礼纂》。这些编纂取向,比较符合乾隆帝的本意,即:"是编也,约而赅,详而不缛,圭臬群经,羽翼《会典》,使家诵而户习之,于以达之人伦日用之间,兴孝悌而正风俗。"(《御制大清通礼序》,《钦定大清通礼》卷首)

经过 20 余年的经营,《钦定大清通礼》五十卷于乾隆二十四年(1759)最后编竣,并付刊行。其间,乾隆帝还曾因此书进呈屡有错误,下旨申饬相关官员,可见乾隆帝对纂辑礼书的重视。《钦定大清通礼》编成,乾隆帝亲为此书撰序,对纂辑礼书的意义加以阐发,体现出他注目于礼,意在使其化为人们的内在自觉,以成理想之治。

然而,《钦定大清通礼》刊刻之后,由于板藏内府,流行不广,故直省士民鲜得观览。这一状况,与纂辑初衷是有很大差距的,与乾隆朝中后期政治关注点的转移(如文字狱的兴起、致力于武功、白莲教的起事等)有密切联系。直到嘉庆朝末期,《钦定大清通礼》才再度受到关注。道光帝继位之后,继续嘉庆帝未竟之业,分门别类,再加增辑,于道光四年(1824)八月,汇为五十四卷,刊刻颁行,其影响一直延续到清末。

《皇朝礼器图式》:国家典礼器物的标准化

礼图之作,由来已久。乾隆帝既以更新政治、以礼为治为取向,故于钦定《三礼义疏》、《大清通礼》撰成之后,又着意于事关国家典礼、具有皇权象征意义的礼器图式的厘定,即藉器以求其精义,由此而塑造一种凸显国家典礼的文化模式。乾隆二十四年敕撰《皇朝礼器图式》,更彰显出清廷对国家典礼制度化建设的关注。

《皇朝礼器图式》始修于乾隆二十四年,至二十八年(1763)校刊,共分六门十八卷,计祭器二卷,仪器一卷,冠服四卷,乐器三卷,卤簿三卷,武备五卷。主事者中,允禄曾任三礼馆监理,汪由敦曾任三礼馆副总裁,此时再主持《皇朝礼器图式》馆事宜,已经积累了一定的纂辑经验。而蒋溥、何国宗、观保等人,或工诗善画,或长于测绘,或职司武备,他们总裁馆事,亦属本色当行。

《皇朝礼器图式》于乾隆二十八年(1763)校刊之后,乾隆帝又组织人员对此书加以校补,至三十一年完成。福隆安等所谓"治定功成之会,弥著中和;礼明乐备之辰,式彰美善",即体现出校补的用意所在。但是,乾隆帝强调衣冠沿袭满洲旧俗,则反映出其狭隘的民族心理意识;同时也反映出满汉文化虽整体上趋于融合,但其间的隔阂,历经百余年仍难以消除。

《钦定满洲祭神祭天典礼》:凸显和规范满人礼仪

如果说《钦定大清通礼》意在为汉人民众制定行为规范的话,那么《钦定满洲祭神祭天典礼》则是在彰显满洲习俗导向下对满人礼仪的一种规范。

乾隆十二年(1747)七月,当《钦定三礼义疏》已经完稿,《钦定大清通礼》正在紧锣密鼓地纂辑之际,乾隆帝于初九日颁布上谕,指出满人祭神祭天中存在的问题,这一状况,事关满人的民族个性,更关乎满洲内部的一致性,以及满洲礼俗在满汉文化体系中的正当性与主体性。乾隆帝认为:"若不及今改正,垂之于书,恐日久讹漏滋甚。"此即《钦定满洲祭神祭天典礼》编纂之缘起。

承其事者,有允祹、允禄、弘昼等亲王,还有傅恒、阿岱等一时阁部重臣,足见其对纂修《钦定满洲祭神祭天典礼》的重视。

诸王大臣对于祭神祭天的奏议、故事、行礼仪注、祝辞赞辞、器用数目、图式等,详悉胪(lú,罗列)载,每一卷成,即缮本呈进,而乾隆帝"复亲加核改",遂成书六卷。经过此番经营,满洲祭神祭天典礼中所存在的"礼节相沿,未有载籍;而所用祝辞,口耳相传,或字音渐淆,转异其本"(纪昀等《钦定满洲祭神祭天典礼·案语》,《钦定满洲祭神祭天典礼》卷首)等问题,基本上得到了规范。《钦定满洲祭神祭天典礼》的编纂,在凸显满洲祭神祭天典礼遗风的同时,亦蕴含着整合满汉文化的意向。

除以上诸书之外,乾隆朝所修《清朝文献通考》、《清朝通志》、《清朝通典》,于礼制沿革和建设,亦皆有阐述,以彰显"诸治神人而和邦国,定损益而酌古今,宏纲巨目,皆前代未有之隆仪,为百王之巨范"的政治文化取向。若再结合《大清会典》、《事例》及《礼部则例》有关礼的制度化建设和规范,可以看出,乾隆帝对礼的关注和逐步整合,是颇有系统性的。诚如时人所言:"钦惟我朝圣圣相承,重熙累洽,规模隆盛,载在册府,垂法万世。有《大清会典》、《则例》以详其制度,有《皇朝礼器图式》以著其形模,悉经睿裁,订定损益,折衷至为赅备。至于仪文秩序,条理灿然,则《大清通礼》一书,准彝章而垂定式,并非前代礼书所能及其万一焉。"(《清朝通典》卷四十一)这也正彰显出乾隆朝政治文化之新取向。

总之,乾隆帝既然以寻求"内圣外王"为致力方向,故其具体操作,一是注目于《三礼》意蕴的抉发,即藉纂修《三礼义疏》对此一意向的学术、理论论证;而为了将这个意向切实落实,乾隆帝又采取了其他更具操作性的政治举措,即纂辑《钦定大清通礼》、《皇朝礼器图式》和《钦定满洲祭神祭天典礼》。如此,乾隆帝对礼的关注和讲求,既有了思想的依据,又有了制度的可操作性。思想和制度的结合,遂使清廷的政治文化抉择,明显地体现出"以礼为治"的特征。

当然,乾隆帝"以礼为治"的政治文化取向,乃就其大体主导意向而言。事实上,在具体的政治操作中,礼之和谐性和规范性的作用是有一定限度的,至于对作奸犯科等违反、危害社会行为的制裁,还需律法来加以惩治。《大清律例》、《大清会典事例》以及则例等的不断纂修、增补,即是针对此一情形的。尽管律例在实践层面比礼的适用性更强,但在统治者的观念中,律例始终处于"弼教"的从属地位。这一理念,体现出清廷对礼与法之以礼为主、兼资其用的取舍旨趣。而需指出的是,尽管乾隆朝在礼制建设方面做了一定的努力,但限于时势,其在现实运作中的实施程度和效果则与其设想是有很大差距的。这一历史现象无疑为后世寻求社会治理,提供了一个镜鉴。

作者简介:林存阳,1970 年生,山东济宁人。中国社会科学院历史所清史研究室副研究员,主要研究清代学术思想史、政治文化史,尤以清代《三礼》学为主攻方向。参加、主持多个重大学术研究课题,发表学术论文 50 余篇。

晚清仁人志士的忧患意识

冯天瑜

忧患意识是以戒惧而沉毅的心情对待社会和人生的一种精神状态。在不同的时代条件下，仁人志士可以有不同的忧患，或忧君国之衰败，或忧民族之危亡，或忧黎民之困苦，但是，作为一种时代使命感和社会责任感，忧患意识又是古今同慨的。孟子的"生于忧患，死于安乐"，杜甫的"穷年忧黎民"，范仲淹的"先天下之忧而忧，后天下之乐而乐"，东林党人的"家事、国事、天下事，事事关心"，顾炎武的"天下兴亡，匹夫有责"，莫不是"乐以天下，忧以天下"的博大而崇高的忧患。这种意识正是中华民族挫而复起、穷且弥坚、自强不息的精神动力所在。

时至晚清，当中国人面对外敌入侵、内政腐朽、国家危亡的严峻局势，忧患意识更趋强烈。魏源说："人不忧患，则智慧不成。"他受到现实社会危机的刺激，再读《周易》、《诗经》等古代经典，"而知二雅诗人之所发愤"，"而知大易作者之所忧患。愤与忧，天通所以倾否而之泰也，人心所以违寐而之觉也，人才所以革虚而之实也。"谭嗣同在甲午惨败后，痛心疾首地说："使天下大局破裂至此！割心沉痛，如何可言！"这种忧患感使他从佛学中汲取"我不入地狱谁入地

202

狱"的"大雄精神",遂有后来的毅然献身,面对屠刀,高呼"快哉",演出戊戌变法最壮烈的一幕。继谭氏而起的辛亥志士们,对国家民族忧患之深广更超迈前贤。

孙中山1894年在檀香山筹建第一个反清革命团体兴中会时,便郁积着对民族危亡的深沉忧患,他草拟的《檀香山兴中会章程》说:

中国积弱,非一日矣!上则因循苟且,粉饰虚张;下则蒙昧无知,鲜能远虑。近之辱国丧师,剪藩压境,堂堂华夏不齿于邻邦,衣物冠裳被轻于异族,有志之士,能无抚膺!

次年,孙中山草拟的《香港兴中会章程》进一步痛述内忧外患,一再发出"呜呼惨哉"、"呜呼危哉"的感叹。孙中山的忧患,已非旧式的"君国之忧",而具有新的时代风貌。他在《中国的现在和未来》中提醒人们区分中国人民和清政府;在《致港督卜力书》中,于揭露"政府冥顽","疆臣重吏,观望依违"的同时,强调"天下安危,匹夫有责,先知先觉,义岂容辞!"这是一种以民为本位的救亡图存意识,其忧患的深广,与前贤们不可同日而语。

与孙中山同时代的革命志士,都有类似的对于国家民族刻骨铭心的忧患。邹容1901年东渡日本前夕,目睹国家危亡,民众苦难,作抒怀诗云:

落落何人报大仇?沉沉往事泪长流。

凄凉读尽支那史,几个男儿非马牛。

这种历史与现实相交织的忧患情怀,驱使邹容后来创作出"笔极犀利,文极沉痛"的《革命军》。这部书在一切稍有忧国忧民之心的人那里都富于感召力。"读之当无不拔剑起舞、发冲眉竖。"

同邹容齐名的陈天华,其忧患的侧重点在帝国主义掀起瓜分中国的狂澜。他在《猛回头》中论列这种极端危急的形势：

俄罗斯自北方包我三面，英吉利假通商毒意中藏，法兰西占广州窥伺黔桂，德意志领胶州虎视东方，新日本取台湾再图福建，美利坚也想要割土分疆。

陈天华的忧患更在于"可怜中国人好像死人一般，分毫不知"。故尔向民众宣示："须知这瓜分之祸，不但是亡国罢了，一定还要灭种。""须知国家是人人有份的，万不可丝毫不管，随他怎样的。"他以警世者的身份歌咏曰：

长梦千年何日醒，睡乡谁遣警钟鸣？

为了唤醒昏睡的国人，陈天华不仅连续撰写《警世钟》、《猛回头》、《狮子吼》等激昂慷慨的文字，而且于1905年蹈海自尽，留下《绝命书》，劝勉生者"去绝非行，共讲爱国"，从而将其忧患情怀发挥到极致。

忧患意识的唤醒并获得新的含义，是那一时代人们从中古迷梦里惊觉过来的契机。吴樾在描述自己的心路历程时说："予年十三，逐慕科名，岁岁疲于童试。年二十一始不复以八股为事，日惟诵古文辞。"后来，"友人某君授予以《革命军》一书，三读不置，适其时奉天被占，各传报警，致是而知家国危亡之在迩，举昔卑污之思想，一变而新之。"这段话是颇有典型意义的。一个饱读诗书的士子，当然蕴藏着经世之志和忧患情怀，但往往被科名所囿，于时势无所闻问，暂处蒙昧之中；一旦经新学启迪和时局刺激，其对于国家民族的责任感、义务感顿时勃发起来。以吴樾为例，则断然走向暗杀主义，其思维逻辑是："夫今日之汉族之民气，其涣散不伸，至于此极……今欲伸民气，则莫若行此暗杀主义。"企图通过暗杀"满酋"激励国人，儆戒清廷。后来他果然携炸弹谋炸出洋五大臣,献出自己年轻的生命,实践其"以个人性命之牺牲,而为铁血强权之首倡"的誓言。

吴樾所持"暗杀主义",自然是一种极端的个人英雄主义,广大革命党人虽景仰吴樾的献身精神,却认为"若暗杀又为个人举动,不足以动摇全局"。他们怀抱着更切实、更坚韧的忧患,志在大举,行在沉潜,"欲为大汉复仇,虽汤镬弗惧,遑恤苦也"。许多年轻知识分子鄙视功名利禄,放弃舒适生活,长年在新军下层、会党群中活动,粗衣恶食,历尽艰辛。当革命需要献金时,他们可以典卖家产,直至脱下最后一件衣衫;为革命需要献身时,他们悲歌慷慨,义无反顾。辛亥革命的金子,是由这些"身无半文,心忧天下"的革命志士的胆略、献身精神和脚踏实地的活动铸造出来的。驱动着这一代英华作出此类义举的,正是对于"危哉中国"的忧患,在他们壮怀激烈的革命行动中,闪耀着"志士不忘在沟壑"、"勇士不忘丧其元"、"苟利国家,不求富贵"一类中华民族传统精神的光辉。

作者简介:冯天瑜,1942年生,湖北红安人,武汉大学历史学院教授、中国传统文化研究中心主任。长期从事中国文化史研究,主要著作有:《中华文化史》、《中华元典精神》、《张之洞评传》、《明清文化史散论》、《明清经世实学》等。

清代黑龙江将军与东北边疆治理

戴　逸

东北是我国重要的边疆地区之一。它所处地理位置独特,与中原相距最近;地域辽阔,南北贯通,无门庭之限;生态资源丰富,可耕可牧可渔可猎。这里,自古以来就是游牧、渔猎及农耕诸民族世代生息的家园,相互角逐的舞台。

东北地区的肥土沃野,培育出一代代强族,不断崛起,雄飞中原,如鲜卑,如契丹,如女真,如蒙古,如满洲等,先后占有北方半壁,或一统天下。在中国漫长的历史进程中,东北长久地处于战略地位,不断给中原王朝注入强大影响,甚至决定其盛衰或兴亡。

东北之重要,朝鲜李氏王朝中有识之士做出这样的评论:"天下安危常系辽野;辽野安,则海内风尘不动;辽野一扰,则天下金鼓互鸣……此所以为中国必争之地,而殚天下之力守之,然后天下可安也。"(金景善《燕辕直指·辽东大野记》)

中国人感同身受,也做出了同样的判断。明朝镇守辽东的巡抚王之浩说:"辽……中国得之,则足以制胡;胡得之,亦足以抗中国。故其离合实关乎中国之盛衰。"(《全辽志·序》)

所谓"辽"、"辽野",确指辽东,相当于今之辽宁省境。在清以前,东北还没有一个整体性的统一名称,只有辽东为历代所通用,或指为行政区划,或用为地区名称。在辽东以外,即今吉林、黑龙江两省,除少数民族建立政权,有过短暂的行政区划名称,并无一个与辽东并列的通用名称,故上述引文中的"辽",亦泛指东北。古人洞察东北的战略价值,其识见当不在今人之下。

至清,尤重东北,更远胜历代。东北为清朝的发祥地,亦是满洲及其先世的古老故乡。清朝视东北为其"根本之地",而盛京则是"重中之重"。清入关后,设盛京为陪都,并开始在东北区划设治。先于盛京设内大臣留守,几度更名,最终定为镇守盛京等处将军;顺治十年(1653),再设宁古塔昂邦章京,统辖今黑龙江、吉林等广大地区,亦几度更名,辖地变更,最终成为镇守吉林乌拉等处地方将军。吉林之名,沿用至今。康熙二十二年(1683),为反击沙俄入侵,正式设镇守黑龙江等处地方将军衙门,标志清在东北基本完成行政设置。清朝一改历代在此所行羁縻之策,正式派将军、设首府、驻八旗、收赋税,纳入到国家行政管理体制,在中国编年史上,第一次真正实现了中央王朝对盛京、吉林、黑龙江地区即东北的完全统一。直至光绪三十三年(1907)四月,东北三将军衙门改设行省,比同内地,以东三省总督统辖,从而完成了管理体制与内地"一体化"的历史变革。

比较历代统治东北,唯清代统治最长久,以其完善的管理体制,实行一系列治边措施,推动并加速东北社会的变迁。特别是近代以来,东北经济发展突飞猛进,领先于诸边疆,成为最富庶的边疆地区。不言而喻,清代东北二百多年中所发生的变化,无不与一代代东北三将军的有效管理及其实践息息相关。这就提出了一个有价值的研究课题,即以东北三将军为研究对象,展开系统而深入的研究,用以阐述有清一代东北历史与文化演变的历史进程,有助于揭示东北地区的历史真相。

东北地方史学者对东北史的研究已经做出了显著的成绩,取得了长足的进展,但对东北三将军的研究尚未启动。在东北三将军衙门存续的220多年中(最早建衙门的盛京将军已达250多年),任此职位的将军几近400人。除个案研究,尚缺乏"群体性"研究。例如,将这些将军们的生平事迹写成传记,即是其中之一。黑龙江省齐齐哈尔的学者们捷足先登,率先包揽有清一代120多位黑龙江将军,编纂《清代黑龙江将军传丛书》,打开此项研究的新局面,开了一个好头,适足以起到示范作用。

在东北三将军中,黑龙江将军居于特殊地位。首先,黑龙江将军所辖之地,与中央王朝政治中心相距遥远。无论是远古,还是清以前;无论是清代与沙俄划界前,还是划界后,黑龙江流域都被称为我国东北的"极边"之地。古代交通不便,鞭长未及,一旦发生不测之事,难以迅速得到中央王朝的指令,如需支援,也难以迅速到达。这使黑龙江将军之处事,较之盛京、吉林两将军更难。其次,这里自然条件虽说资源丰富,但气候更严酷,冬季漫长而寒冷,生存条件远不如盛京与吉林两地区优越,以致地广人稀,除游牧、渔猎等少数民族,长期以来,汉人少见。这又使黑龙江将军为政之难,难于盛京与吉林两将军。第三,更难更具危险性的是与沙俄为界,直面野蛮、贪婪、也更具侵略性的沙俄,其处境远比盛京与吉林两将军更严峻。与沙俄分界,是在其入侵我国东北黑龙江地区之后,清军首度激战雅克萨,才迫使沙俄于康熙二十八年(1689)与清朝签订《尼布楚条约》,是为中国历史上首次与毗邻的国家划分边界。自此,黑龙江遂成名副其实的边防重地,在此任职的一代代将军们也置身于边防最前线,负有守土之责,亦比盛京、吉林二地区的将军更重;办理外交、解决与沙俄的各种边务问题,又多了一份重要职责。

显而易见,研究黑龙江历任将军的实践活动,其内容尤为丰富,特别是在抗击沙俄一次次入侵的斗争中,更见英雄本色。如,首任黑龙江将军萨布素,率军反击沙俄侵占我国的雅克萨,建树功勋;至近代,光绪二十六年(1900),当沙俄大举进攻,寿山将军组织军民奋起抵抗,在兵败之后,愤然自卧棺材,吞金自杀殉国,死得十分惨烈。他们中,还有一些将军为治边、开发边疆做出了显著的业绩,推动了黑龙江地区的经济向前发展。当然,并非个个将军皆英雄,实际上,也有庸懦之人,亦有不廉不清之辈。如同其他群体一样,黑龙江将军群体,也是形形色色,不一而足。认真总结他们治理边疆正反两个方面的经验教训,充分认识他们的品质作风,对于当代人,确有参考与借鉴的重要价值。

统一多民族国家的历史见证——
承德避暑山庄与外八庙

王思治

　　承德原名热河。避暑山庄肇建于康熙四十二年(1703),原名热河行宫,是清帝由京师去木兰(今围场县)行围,举行"秋狝大典",沿途所建众多行宫之一。康熙五十年(1711),宫殿区完工后,康熙帝写了《避暑山庄记》,初名热河行宫,后更名避暑山庄。雍正十一年(1733),热河改称承德,同年设州。雍正皇帝之所以改热河为承德,是因为避暑山庄是其皇父康熙帝所兴建,"承德"意为承袭祖宗恩德,永志不忘。乾隆四十三年(1778),承德升为承德府。乾隆时,避暑山庄大规模扩建。经康雍乾三朝前后历经八十余年才最后建成。

　　山庄一般是指山间建筑,不饰文采,野趣横生,不尚威严壮丽。皇家园林有宫有苑,宫是处理政务之处,苑则是宴憩之地。承德避暑山庄是我国现存最大的皇家园林,已列入世界文化遗产名录。

　　康熙帝自康熙四十二年后、乾隆帝自乾隆六年(1741)起,几乎年年都去避暑山庄,一般四五月出古北口,九十月回京,军机处、内阁、各部院、司、寺等官员扈从行在。清帝在山庄处理政务,尤其关注蒙古等少数民族事务。在康乾时期,避暑山庄成为清朝第二个政治中心。

按照清制,蒙古各部王公分"年班"与"围班",定期朝见皇帝。"年班"是已经出过痘的蒙古王公(称为熟身),每年轮班进京朝见皇帝。"围班"是未出过痘的蒙古王公(称为生身),因口内炎热,不能进京,每年轮班至木兰围场行围,然后到避暑山庄觐见皇帝。乾隆时从猎行围的蒙古王公有内蒙古 49 旗,喀尔喀四部(外蒙古)、厄鲁特蒙古,以及青海各扎萨克,总共不下百余旗,"实史册所未见"。乾隆有诗《御营行》以记其盛况云:"万幕拱皇城,千山绕御营,皇家修武备,藩部输忠诚。"此外,前来避暑山庄觐见皇帝的还有藏族、左右哈萨克、东西布鲁特(柯尔克孜族),台湾原住民(高山族)。兹就高山族来承德为乾隆贺寿的情形约略述之:

乾隆五十三年(1788),台湾阿里山等高山族各社首领 34 人,前来北京觐见皇帝,随同年班众部,共入筵宴,受到清廷隆重款待,倍加感奋。他们回台湾后"交相荣幸",于是未能进京的首领都请求轮流进京。乾隆五十五年(1790),是乾隆皇帝 80 寿辰,在避暑山庄举行盛大庆典。高山族头目怀目怀、乌达老域等 12 人,前来祝寿,乾隆帝十分重视,命福建巡抚徐嗣曾亲自率各首领驰赴避暑山庄,沿途妥为照料,赶在生日之前抵达承德。七月十三日,怀目怀等"叩觐于避暑山庄,仍入京称庆如礼"(阿桂等《八旬万寿盛典·一》卷五十二)。乾隆命绘制成图载入史册。高山族首领赴热河、北京祝贺乾隆寿辰记载于《皇清职贡图》。史册明文记载,高山族是中华民族大家庭的成员。

各族头人聚首避暑山庄,朝见皇帝,为皇帝祝寿,"共输忠诚",清帝给予大量赏赐,同与筵宴,在山庄万树园观火戏等各种娱乐活动,各族首领济济一堂。乾隆十九年(1754)避暑山庄丽正门进行改建,其匾额用满、蒙、汉、维、藏五种文字题写(今仍存),乾隆帝说,这是"以昭国家一统同文之盛"(王先谦《乾隆朝·东华录》卷三七)。

避暑山庄表明"国家一统同文之盛"。分布在其东面、北面,有如众星拱月的外八庙,更是我国统一多民族国家在清代进一步巩固和发展的历史见证。

乾隆二十年(1755),清政府平定新疆准噶尔汗达瓦齐叛乱之后,乾隆皇帝令建普宁寺(大佛寺)。他在《普宁寺碑文》中说:"乾隆二十五年五月,平定准噶尔,冬十月,大宴赉四卫拉特部落旧附新归之众于避暑山庄,曰绰罗斯(即准噶尔)、曰都尔伯特、曰辉特、曰和硕特。四族台吉,各封以王、贝勒、贝子、公……至是而内外一家,遐迩同风之言允符。"(齐敬之《外八庙碑文注释》)在实现国家统一之后,为了"以一众志",加强团结,建普宁寺于山庄的北麓。此庙是仿西藏三摩耶庙的式样修建的。

乾隆二十九年(1764),仿照新疆伊犁河北著名的固尔扎都纲(伊犁庙)的旧制修建了安远庙。乾隆帝叙述此庙修建的缘起,是因为平定达瓦齐之后,阿睦尔撒纳叛乱时,"庙乃毁废","因思山庄为秋蒐(同"搜")肆觐之所"(同上),每年蒙古王公络绎鳞集,更为了迁居承德的准噶尔达什达瓦部人的顶礼膜拜,故而修建此庙。

乾隆三十一年(1766),又兴建了普乐寺。乾隆帝在《普乐寺碑记》中写道:"乾隆乙亥(二十年),西陲大功告成,卫特拉各部长来会时事,尝肖西域三摩耶,建普宁寺。嗣是达什达瓦属人内徙……仿伊犁固尔扎都纲庙曰安远。"(同上)如今"新附之都尔伯特,及左右哈萨克,东西布鲁特",觐见以来者,摩肩接踵,"亦宜以遂其仰瞻,兴其

212

肃慕,俾满所欲,无二心焉"。故普乐寺是尊重新疆西域各族的信仰而建。

普宁、安远、普乐三寺之命名,乾隆帝有深意在焉。他说:"自西人(指新疆少数民族)之濒于涂炭……朕则为之求宁焉。"既宁之后,"朕则为之计安焉。既宁且安,其乐在斯"(同上)。因此,乾隆说三寺先后建成并以"普宁"、"安远"、"普乐"命名,是因完成国家统一而自慰自勉。

乾隆三十五年(1770),是乾隆帝60寿辰,仿达赖所居西藏布达拉宫,营造了规模宏大的普陀宗乘之庙(普陀宗乘是藏语"布达拉"之汉译),以便内外蒙古、青海、新疆等地的少数民族王公部长,来承德为其贺寿时,"胪欢祝嘏(gǔ,福)"。乾隆四十五年(1780),班禅六世来承德为乾隆七十岁祝寿,又仿班禅在后藏所居扎什伦布寺修建须弥福寿之庙(班禅行宫)。此二庙规制宏伟,鎏金瓦顶,金碧辉煌。乾隆帝说:"盖中外黄教(藏传佛教)总司以此二人(达赖与班禅),各部蒙古一心归之,兴黄教即所以安众蒙古,所系非小,不可不保护之。"(《清高宗实录》卷一四二七)而普陀宗乘之庙(小布达拉宫)、须弥福寿之庙(班禅行宫)便是达赖与班禅在承德常驻的象征。乾隆帝之深意是以神道设教,俾使藩服皈依。清廷对蒙藏实行"因其教,不易其俗"的政策,因而有承德寺庙群的陆续兴建。

普陀宗乘之庙落成时,适值我国厄鲁特蒙古土尔扈特部由俄国伏尔加河重返祖国。土尔扈特部在明末迁徙到伏尔加河,在流落异域约一个半世纪后,于乾隆三十六年(1771)终于回到祖国。土尔扈特蒙古为了返回祖国,不惜蒙受巨大的牺牲,行程万余里,不断与追袭、堵截的俄国军队战斗,用马刀开辟回归之路,伤亡、疾病、饥饿,使大量土尔扈特人死于回归祖国的途中。由伏尔加河起程时的 33000 多户,近 17 万人,"其至伊犁者,仅以半计"。回到伊犁的土尔扈特部众,也是衣衫褴褛,鞋靴俱失,牲畜全无。清廷立即调集数以万计的毡庐、马牛羊、布匹、米麦、茶、棉花等物资救济。

乾隆帝在承德接见了土尔扈特部首领渥巴锡等。渥巴锡等随同前往普陀宗乘之庙瞻礼,与各少数民族上层人士举行盛大法会。乾隆撰写的《土尔扈特全部归顺记》和《优恤土尔扈特部众记》两块巨型石碑,至今仍矗立在普陀宗乘之庙内。

历史创造文物,文物反映历史。承德避暑山庄与外八庙,是我国统一的多民族国家在清代进一步巩固和发展的历史见证。

有清一代边疆政策的当代启示

马大正

边疆政策的内涵与作用

中国历史上无论哪一朝哪一代,都面临着边疆问题,统治者也都为巩固统治而制定边疆政策,展开边疆经略。边疆经略是历代王朝对边疆地区的开拓与经营。边疆政策是实施边疆经略的指导方针与具体措施,而治边思想则是制定边疆政策的重要前提之一。边疆政策的正确与否,边疆经略的成败得失,治边思想能否符合时代潮流,不仅直接影响一个朝代的兴衰存亡,而且对于作为整体的统一多民族中国的形成、发展也产生重大影响。

概而言之,中国古代边疆政策的基本内容有以下几个方面:

1. 羁縻

羁縻,含有联系、牵制之意,是中国历史上中央王朝统治者统治边疆少数民族地区经常采用的一种政策。这种政策就是在少数民族承认中央王朝统治的前提下,中央王朝允许其实行有限自治,保持本民族原有的社会制度、宗教信仰及风俗习惯、文化传统等等,并通过加强内地和边疆政治、经济、文化各方面联系,在不改变边疆地区原有政治实体内部结构的前提下,加强中原对边疆地区的影响,促进内地与边疆一体化,从而巩固和壮大大一统的国家。汉朝以后,历代封建王朝对这一统治政策奉行不悖,清朝统治者对此政策进行创新改造,使之更加完善,"因俗而治"成为治理边疆民族的基本方针。

2. 行政管理与军事部署

历代中央王朝都设有管理边疆事务的机构。清朝中央政府设立了理藩院,专理蒙古等民族事务。在加强行政管理的同时,清王朝还通过驻扎军队,加强对边疆地区的治理。本来,"恩威并施"是我国历朝统治者惯用的手法,对边疆民族地区尤多使用。军事部署是威的体现,是"慑之以兵"方针的具体化。

3. 从和亲到联姻

我国历史上中央王朝的统治者,为了巩固与边疆地区少数民族上层政治上的联盟,加强对边疆地区的统治,或求得边疆地区社会秩序的稳定,往往采取和亲或联姻的措施。汉、唐、清三朝在这方面具有代表性。清朝的联姻,主要在满洲贵族与蒙古王公之间进行。包括两方面内容,一是清朝统治者从蒙古王公家族中选择后妃;二是清朝统治者把公主下嫁给蒙古王公。皇太极共有 15 位后妃,其中有 7 位是蒙古族,皇太极的两位皇后——孝端皇后和孝庄皇后,以及关睢宫的宸妃都来自蒙古科尔沁部。顺治帝有 19 位后妃,其中 6 位是蒙古族。康熙皇帝 40 位后妃中,有两位是蒙古族。乾隆帝的后妃中也有蒙古族。顺治初到乾隆中后期,满族贵族下嫁的公主中有 13 位是皇帝的亲生女儿,并且联姻范围也由漠南蒙古发展到漠北蒙古、漠西蒙古。据不完全统计,科尔沁达尔汉王旗下有公主子孙台吉、姻亲台吉 2000 余人,土谢图王旗下公主子孙台吉 500 余人,敖汉旗下 600

人,巴林王旗下170余人。清朝的满蒙联姻在发展变化过程中,逐渐形成了各种制度,主要有俸禄俸缎制、入京朝觐制、生子予衔制和赐恤致祭制。

4. 经济开发

经济发展、社会稳定是边疆治理的前提和基础,因而边疆治理的一个重要内容就是经济开发。中国封建时期的边疆地区经济开发主要有以下两种形式:一是国家行为的屯田;二是中央政府采取有效措施,推动边疆和内地的民间交往。在边疆地区屯田,又称之为屯垦戍边。历史上各个朝代都把屯垦戍边当作开发边疆、巩固边防的一项重要举措。从清代新疆屯垦的发展历史看,清朝前期,新疆是全国屯垦最发达的地区,清朝在新疆的屯垦成绩更为显著,主要表现在:一是开垦了大片耕地,推动了新疆社会经济的发展;二是完全解决了军粮供应,减轻了国家财政负担;三是促进了新疆文化教育事业的发展;四是为新疆的稳定提供了坚实的后勤保障。

必须指出,历史上的边疆政策具有鲜明的阶级属性,它的直接目的是为一朝一代的政治利益服务,但从统一多民族国家发展大趋势的背景观之,其历史的积极作用不言而喻。简言之,一是促进了多民族国家的巩固与统一;二是协调了民族关系,推动了多元一体中华民族的演进;三是有序展开了边疆地区的经济开发,推动了边疆内地经济一体化。

在历史演进中,统一多民族国家和多元一体的中华民族是相互依存、相互促进、同步发展的。统一多民族的中国与多元一体中华民族的同步发展,成为世界发展史上的一道独特的风景线。而促使这种同步发展成为可能、成为现实的一个重要原因,就是极富中国特色的边疆政策的实施。边疆政策的基本任务是守住一条线(边界线)、管好一片地(边疆地区),实际上包含着物与人两个要素。可以说,边疆治理是一项针对人和物综合治理的社会系统工程。在统一多民族的中国,边疆地区是少数民族繁衍生息的主要地区。因此,边疆政策的最重要内容之一即是处理民族关系,唯有调动边疆地区民族上层的积极性和为广大民族群众的生存打造一个稳定、发展的社会环境,才能推进统一多民族中国和多元一体中华民族的良性发展。

以史为鉴的启示

历史研究要面对现实和未来,这既是中国史学研究的优良传统,也是当今时代的要求。

中国的边疆和历代边疆政策是一个现实感很强的研究领域,通过研究,可获启示极多,择要者,可有:

第一,中国作为统一多民族国家,边疆是国家不可分割的一部分,边疆的稳定关系国家的稳定大局;边疆的发展关系国家发展的大局,任何轻视、放弃边疆的想法和举措,都受到历史的谴责,成为历史的罪人。以清朝为例,"塞防"与"海防"之争中,左宗棠力主收复新疆,"宁失千军,不失寸土"的古训,至今仍有现实意义。

第二,广义的边疆治理,包括管理和开发两个方面,开发即是经济发展、文化发展,是保证边疆稳定的基础之策,历代有作为的中央政府,如汉、唐、清在治理边疆时均注意到这一点,并取得了成效。但封建政权毕竟有极大的历史、阶级局限,如清政府在边疆地区重"稳定",轻发展,出于阶级私利有意识保持边疆地区落后,以利统治,致使边疆地区长期处于落后状态,这也是不争的历史事实。

第三,中国独特的历史传统之一是中央政府的权威,这是维系统一多民族国家重要(甚至可说是最重要)因素之一。边疆治理要依靠实力,或者可说是综合国力,实力既包括有形的军事实力,也包括不可轻视无形的中央政府的权威。唐太宗为各族共推为"天可汗"可视为一例。

第四,历代边疆政策的治理形式,如中央集权、"因俗而治",利用宗教,民族的事由民族的人来办等等,都有可供借鉴的成分,值得后人在创新的基础上予以认真总结。

第五,要在增强民族凝聚力、国家向心力上多做些事。清政府的满蒙联姻,对民族首领的怀柔收到有利于清政府统治的效益。边疆民族地区特别在一些与中原地区文化有较大差异的边疆民族地区,实际上存在着以下四个特征:地缘政治方面带有孤悬外逸的特征,社会历史方面带有离合漂动的特征,现实发展方面带有积滞成疾特征,文化心理方面带有多重取向的特征。这些特征的存在,对民族凝聚力和国家向心力而言,具有消极影响。历史上如此,现实生活中也是如此。

第六,边吏是否善政关系边政是否得当。边疆地区远离统治权力中心,且情况复杂,边吏的素质要求更应优于内地。应变过激会致使事态人为扩大;而过缓消极,本想息事宁人,往往适得其反。用一句大家熟悉的话来说,即路线确定后,干部是决定一切的。

作者简介:马大正,男,1938 年生于上海。中国社会科学院中国边疆史地研究中心研究员,博士生导师,国家清史编纂委员会副主任。主要著作有《马大正文集》、《边疆与民族——历史断面研考》、《中国边疆研究论稿》、《新疆史鉴》，主编《中国边疆经略史》、《中亚五国史》、《卫拉特蒙古史纲》等30余种。

土尔扈特蒙古万里回归的启示

马大正

乾隆三十六年（1771）夏秋之交,在伊犁河流域察林河畔和承德,发生了两件轰动一时且具有深远历史影响的大事:一是东归的土尔扈特人在伊犁河流域完成了艰难险阻的东归征程;另一件是在木兰围场,渥巴锡等土尔扈特东归首领觐见乾隆帝。

乾隆三十六年五月二十六日,东归故土的土尔扈特蒙古前锋部队在策伯克多尔济率领下,于西陲边地的伊犁河流域察林河畔与前来相迎的清军相遇。六月初五日,清军总管伊昌阿、硕通在伊犁河畔会见了刚刚抵达的渥巴锡、舍楞,以及土尔扈特的东归主力部队和家属。这些土尔扈特人为了返回故土,经过长途跋涉,几乎丧失了所有的牲畜。很多人衣不遮体,靴鞋俱无。

但是,刚从异国他乡归来的土尔扈特首领与清朝官员初次会见时的情景是十分感人的。伊昌阿和硕通在向清朝政府报告中描述了他们会见渥巴锡时的情况:"率领随从三十余人,前往渥巴锡住地观看。北面一个蒙古包,前面支起凉棚,渥巴锡坐在正中,巴木巴尔坐在一旁,我等到近前下马之后,渥巴锡、巴木巴尔同时离座而立,我等走进凉棚,伊等即跪下请大圣皇帝万安,继而便问将军大臣之安,我等走至跟前行抱见之礼,按其厄鲁特之例,坐于两边。"次日,渥巴锡即起程奔赴伊犁,十三日抵达伊犁并会见伊犁参赞大臣舒赫德。舒赫德向渥巴锡反复申述了乾隆帝的旨意:"遣大头人来京入觐,但念尔等均未出痘,京城暑热,甚不相宜,避暑山庄凉爽,如九月中旬可到彼处,即带领前来。"舒赫德还将专门从北京六百里加急驰递的《乾隆谕渥巴锡、策伯克多尔济、舍楞敕书》交给渥巴锡等。

乾隆三十六年九月初八日傍晚,渥巴锡于当日抵承德后即赶赴木兰围场伊绵峪觐见乾隆帝,进献礼品,乾隆帝以蒙古语垂询渥巴锡,在蒙古包里以茶食招待了他们。次日,又在伊绵峪围猎营地设盛宴,参加筵宴的大臣权贵、内外蒙古王公和卫拉特诸部首领有 86 人。渥巴锡等东归首领还参加了规模盛大的一年一度的围猎。正好先期来归的杜尔伯特部车凌乌巴什以围班扈跸行围,舍楞与车凌乌巴什是老相识,二人在围场相见,"握手懽(huān 同"欢")语移时,誓世为天朝臣仆"。10 天之后,乾隆帝又亲自接见渥巴锡一行,之后又两次单独召见渥巴锡并与之长谈,渥巴锡向乾隆帝面述了悲壮的东归征程和祖辈的光荣历史。

东归故土的土尔扈特蒙古,是我国蒙古族卫拉特四部之一。17世纪 30 年代,为开拓新的游牧地,在其首领和鄂尔勒克率领下远徙额济勒河(今伏尔加河)流域,经历了七世八代的汗王统治,1771 年1 月在渥巴锡领导下破釜沉舟、义无反顾举族东归,离开生活了近一个半世纪的伏尔加河流域游牧地,历尽艰辛,付出了巨大的民族牺牲,回到被他们称之为"太阳升起的地方"。

土尔扈特蒙古东归故土抉择的直接动因,当然是 18 世纪后半期俄国政府的高压统治和民族歧视政策。这一点,我们下面再谈。但其深层原因,却可从近一个半世纪土尔扈特蒙古与祖国的交往历程中得到更深刻的启示。

土尔扈特蒙古作为我国多民族国家的成员,与祖国中央政府的关系源远流长,长期的经济、文化交流和彼此的友好往来,日益形成了他们对祖国中央政府的亲和力和向心力。这种力量植根于土尔扈特人民心中,形成了他们热爱自己的家乡、民族和国家的思想感情。土尔扈特蒙古西迁到伏尔加河流域后,不仅依然与祖国各方面有着紧密的联系,而且时时眷恋着祖国的故土与亲人。早在他们西迁后不久,就几次想重返故土,只是由于路途遥远,旅程艰辛,而未能如愿。康熙五十三年(1714),图理琛使团到土尔扈特探望时,阿玉奇汗就向来自祖国的亲人倾诉:"满洲、蒙古大率相类,想初必系同源",蒙古"衣服帽式略与中国相同,其俄罗斯乃衣服、语言不同之国,难以相比"。据俄国档案记载,阿玉奇汗曾"两次蓄意出走去中国",而他的后人也有此意图。所以,乾隆三十六年(1771),渥巴锡率其所部离开伏尔加河流域重返祖国,正是土尔扈特人民为反抗沙俄民族压迫而采取的伟大的爱国主义行动。

土尔扈特蒙古之所以能保持经常与祖国联系乃至最后重返祖国,同清政府的民族统治政策有着极为密切的关系。清朝作为统一多民族的封建国家,其对边疆地区少数民族的统治,主要采取"恩威并施"、"剿抚并用"的方针,特别是对少数民族上层人物竭力施以怀柔、拉拢措施。这个方针和措施可以说是在太祖努尔哈赤、太宗皇太极时代就已经确定下来。到乾隆时,乾隆帝把这个政策说得非常明白:"天朝之于外藩,恭顺则爱育之,鸱(chī,鹞鹰)张则剿灭之。"清政府正是利用这一民族统治政策,解决了与其北部和西部蒙古族的关系问题,并最终于乾隆二十二年(1757)平定了阿睦尔撒纳叛乱,安定了西北边陲的政局,完成了多民族国家的统一。尽管清统治者执行这一政策时带有明显的民族压迫和阶级压迫性质,但从当时国家日益走向统一的历史趋势来说,这一政策无疑是符合时宜的,并取得了成功。应该看到,清政府在对远离祖国的土尔扈特蒙古关系的处理上,正是其民族统治政策中的"恩"和"抚"方面的具体体现。渥巴锡率部返回祖国正是这一政策的收效。

与之相反,俄国沙皇政府对土尔扈特蒙古一直采取的民族压迫政策,则从反面加深了土尔扈特蒙古力图摆脱沙俄控制与依恋故土亲人的感情,日益形成维护其民族独立的民族意识与向往祖国的爱国主义思想。

土尔扈特蒙古迁牧于伏尔加河下游的一个多世纪,始终保持着自己民族固有的政治体制,固有的经济、文化、语言、宗教信仰和风俗习惯。这些势必与俄国沙皇政府力图控制和奴役土尔扈特的图谋发生越来越尖锐的冲突。在阿玉奇汗统治时期,俄国土尔扈特的控制与反控制、奴役与反奴役的斗争始终贯穿于双方关系全局之中。1673年(康熙十二年)至1710年(康熙四十九年),俄国与阿玉奇汗连续订立了六个条约,力图迫使土尔扈特蒙古就范。但阿玉奇汗明确向俄国政府宣告,土尔扈特蒙古只是他们的同盟者,而不是臣属,并"公开声称厌恶俄国"。

阿玉奇汗逝世后,俄国沙皇政府通过承认车凌端布多,取得了任命汗的权力。自此以后,土尔扈特每次汗权的更迭,都要征得俄国沙皇政府的确认。敦罗布喇什继位后,俄国沙皇政府更蛮横地迫使他交出第二子萨赖以充人质,并决定以后的汗都要遵守此制度。萨赖于乾隆九年(1744)死于阿斯特拉罕的幽禁之中。萨赖的悲惨遭遇，更成为土尔扈特与俄国关系的难以愈合的伤疤。20年后,当俄国沙皇当局要求萨赖之弟渥巴锡交出一个儿子作为人质,同时还决定把他们最高门第的300个青年带走时,新仇旧恨使渥巴锡再也无法忍受,遂决定率部武装反抗,彻底摆脱沙俄控制,重新返回祖国。

土尔扈特重返祖国的伟大的爱国主义壮举,乃是我国各民族之间长期形成的巨大的凝聚力和向心力的体现,也是这种凝聚力和向心力作用的必然结果。通过对清朝前期土尔扈特蒙古与祖国关系的全面阐述,将有助于我们更好地理解,中华民族构成紧密的整体与我国统一多民族国家的形成和发展,绝不是偶然的,而是各民族之间的关系经过长期历史发展的必然结果。

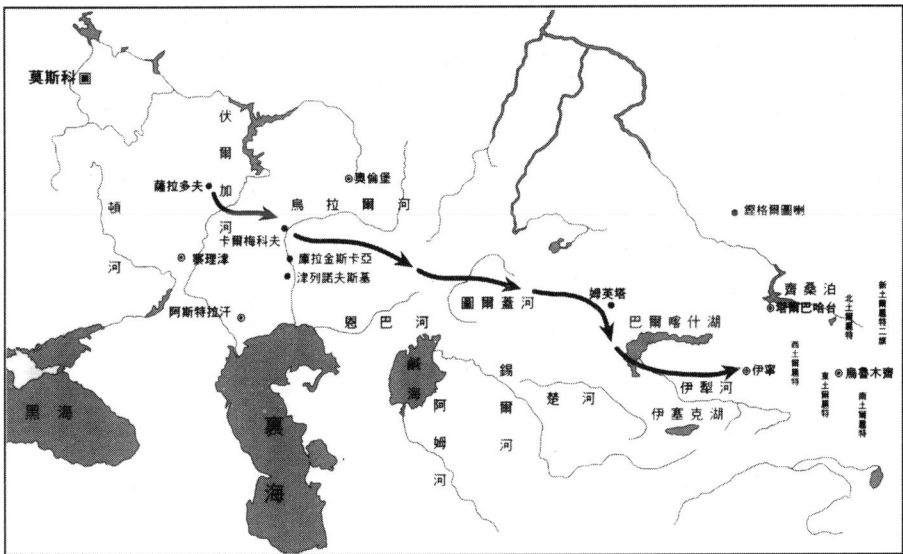

土尔扈特蒙古东归路线图

清政府治理新疆前期的行政
管理体制——军府制度

马大正

一、军府制度的建立

为维护国家的安定统一,清政府从康熙中叶开始大力经营西北。康熙二十九年(1690),拉开了对准噶尔部统一战争的序幕,历经三朝,费时六十余载,终于在乾隆二十三年(1758)取得了决定性胜利。次年,清军乘胜进军南疆,平定了大小和卓之乱。至此,清政府重新统一新疆、安定西陲的大业宣告完成。

清政府完成对新疆的重新统一,对清代西北边疆乃至中国疆域的历史进程产生了深远影响,这是清代统一多民族国家发展史上最重大的成就之一,不但最终结束了新疆地区自元末以来绵延数百年的割据状态,也使得清中央政府对这一广袤地区实行全面直接管辖成为可能。

清政府最高决策层对统一后新疆的善后经营表现出极大的关注。乾隆帝一再要求有关官员要站在"西北塞防乃国家根本"的高度,立足久远,妥善筹划,即所谓"伊犁既归版章,久安善后之图要焉,已定者讵(jù,岂)宜复失"！经过君臣反复商讨,确定治理新疆的大政方针是:政治上设官分职;军事上驻扎大军;经济上屯垦开发、以边养边。而上述方针在政治上、军事上的具体实施,就是建立军府制度。

乾隆二十七年(1762)十月,清廷正式宣布在新疆设立总统伊犁等处将军(简称伊犁将军),为清廷在新疆的最高军事、行政长官,驻节伊犁惠远城,代表中央总揽南北疆各项军政事务。

作为军政合一的全疆行政管理体制,军府制度的职能包括军务与民政两大部分。从施政内容看,涉及政治、军事、经济、财政、人事、司法、外交各个方面;从施政方式看,军事事务多由各级军政大臣直接掌管,民政事务则在军政大臣主持或监督下,交各地民政官员具体办理。其主要职能大体可分七大方面:1. 统率驻军、保持武备;2. 考察官吏,定其升迁;3. 屯田置牧、组织生产;4. 核征赋税、奏调经费;5. 管理台卡、巡边守土;6. 办理王公入觐事务及藩属事务;7. 处理对外事务。

二、军府制度的组织管理系统

乾隆二十七年十月,明瑞被授为首任伊犁将军。伊犁将军之下,设参赞大臣、领队大臣、都统等职,分驻天山南北各地,管理本地军政事务。根据形势和治理需要,各级军政长官的分设在不同时期有所变化,到乾隆末年,新疆军政大臣建置基本定型,其结构层次如下表所示。

新疆各级军政大臣的建置大体上遵循以下原则:一是官员配置

```
                              ┌ 参赞大臣一
                      ┌ 伊犁 ┤
                      │       └ 领队大臣一
              ┌ 北路 ┤
              │       │       ┌ 参赞大臣一
              │       └ 塔城 ┤
              │               └ 办事兼领队大臣一
              │
              │                              ┌ 英吉沙—领队大臣一
              │                              │ 叶尔羌—办事大臣一，协办大臣一
              │               ┌ 参赞大臣一 │ 和阗—办事大臣一，领队大臣一
  伊犁        │               │           ┤ 乌什—办事大臣一
  将军 ──────┤ 南路—喀什噶尔┤           │ 阿克苏—办事大臣一
              │               └ 协办大臣一 │ 库车—办事大臣一
              │                              └ 喀喇沙尔—办事大臣一
              │
              │                              ┌ 吐鲁番—领队大臣一
              │                              │ 哈密—办事大臣一
              └ 东路—乌鲁木齐—都统 ───────┤ 镇西—领队大臣一
                                             │ 古城—领队大臣一
                                             └ 库尔喀喇乌苏—领队大臣一
```

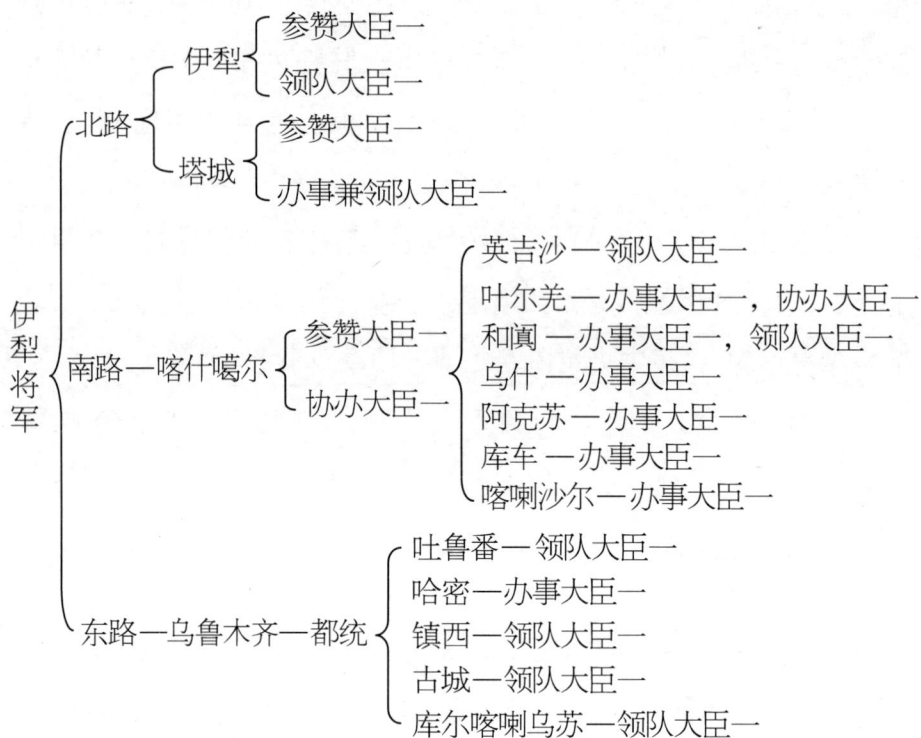

北重南轻,军政重心在北疆;二是将全疆划分为三大地理单元,北路伊塔地区归伊犁将军直辖,南路八城和东路乌鲁木齐地区(北疆库尔喀喇乌苏以东,南疆吐鲁番、哈密以北)分别由喀什噶尔参赞大臣和乌鲁木齐都统分别综理,听伊犁将军节制;三是视地方之冲要繁难程度,分别派驻不同级别军政官员,战略要区委以都统、参赞大臣,其余各城,大者派驻办事大臣,以协办大臣辅佐,小者派驻领队大臣。

军政长官辖下的民政系统和军事驻防系统如次:

民政管理系统。清廷对新疆的地方、民族特点,因俗施治,因地制宜,分别建立起三种不同的民政管理系统。1. 州县制度。主要施行于北疆各地及东疆内地移居人口较多地区。2. 伯克制度。"伯克"本意为首领。伯克制为新疆维吾尔社会固有的政治制度。清朝

统一天山南北后,对南疆各城和北疆伊犁维吾尔聚居区因俗而治,在沿用其制的同时加以改造,使伯克制度成为清廷在当地的一种地方官制。3. 札萨克制。施行于新疆的卫拉特蒙古诸部落,是清廷在漠南、漠北蒙古各部广泛实行的一种行政管理体制。蒙古部众编旗设佐,每旗设札萨克一人总管亦即旗长,一旗或数旗合为一盟,设立盟长。札萨克可以世袭,对所辖本部事务有充分的自主权,但必须经清廷任命,并服从理藩院的各项政令。

在军事驻防方面,清廷从镇边守土目的出发,从全国各地抽调满洲、蒙古八旗及绿营进疆驻守。驻军配置于天山南北,由各处军政大臣统率而总辖于伊犁将军,形成广大有序的全疆军事驻防系统。

三、军府制度的历史功绩与局限

采用军府制管理新疆,历史上不乏先例。汉代的西域都护府,唐代的安西、北庭都护府都属于这一类。清朝在新疆建立军府制度,结合当时实际条件,吸取并发展前代的有效经验,取得了很大成功。

首先,清代新疆军府制度在组织结构上以伊犁将军和各级军政大臣直接统辖全疆民政、军事管理系统,一改以往地方行政建置中的羁縻色彩,在更高程度上达到政令的统一,有利于中央政府对这一地区的统筹治理。

其次,在管理职能上,军府制度比前代都护府承担了更为广泛全面的行政职责,大大提高了地方民政事务在职能中所占的比重,将经营治理的注意力从军事方面更多地转向政治治理和经济开发。

再次,设置大员与派驻大军相结合,提高了地方捍卫国家领土、防范外敌侵扰、稳定巩固统一局面的能力。这对于地处边徼、多民族聚居又值统一之初、百废待举的新疆，是至关重要的。

但是，这种军政合一的管理方式毕竟不是完全意义上的地方行政管理制度，与行省州县体制相比，尚处在较低的建置层次，其历史局限性主要表现如下：

首先，管理体制层次重叠和事权多元化。清廷一方面规定，伊犁将军为全疆最高军事行政长官，总揽各项事务，同时又命陕甘总督节制乌鲁木齐以东地区，分其权责，相互牵制。军府体制内部隶属关系也十分复杂，喀什噶尔参赞大臣与乌鲁木齐都统受伊犁将军节制，分理南路、东路，主政行事有很大独立性；各城大臣统理地方而不直接理民，民政事务交州县、伯克、札萨克三种民政系统分别办理，但奏请上报之权仍握于大臣之手；将军、都统与参赞大臣、办事大臣品秩不相上下。凡此种种，造成管理上头绪纷繁，职权分工不清，遇事推诿，彼此掣肘。

其次，官员结构偏重武职，职掌重心偏在军事，治兵之官多，治民之官少。将军、都统、参赞大臣、办事大臣等重要官吏都是以武职管辖地方、过问民事。这些大员或出身禁闼(tà，禁闼指宫廷、朝廷)，或来自军旅，很难适应地方施政和开发建设的需要。嘉道以后，承平既久，选官多用宗室、侍卫及左迁满员，素质日趋低下，地方政事益形弛坏。

第三，地方民政因俗施治，导致各地治理程度参差不齐。南疆各地沿用的伯克制度，虽然废除了世袭规定，但因驻扎大臣不直接理民，王公伯克实际上仍拥有极大的统治权力，他们借官府之势，巧取豪夺，破坏了南疆的社会生产力，激化了清政府与维吾尔人之间的矛盾,加剧了社会动荡。道咸以降,伯克制度已成为南疆社会发展的桎梏。

清廷治理新疆前期推行的军府制度,保证了乾隆中叶以后新疆地区长达百年的安定。但随着清廷综合国力的下降、外患内乱迭起,军府制度自身弱点日显。清廷朝野经过半个多世纪的讨论与政治、军事实践,终于走出了废除军府制度、建立行省的决定性一步。

清政府治理新疆后期的
行政管理体制——创建行省

马大正

一、新疆行省体制的确立

军府制度治理下的新疆,虽然在嘉庆二十五年(1820)因和卓后裔张格尔入侵新疆引起震动,但由于清廷统治威力尚存,新疆社会并未发生大的动乱。道光二十五年(1845)后,南疆维吾尔族人民不堪忍受清朝官吏和维吾尔伯克的横征暴敛,反抗趋于激烈。同治三年(1864),库车各族人民终于发动了大规模武装起义,攻占库车城。农民起义的烈火迅速燃遍新疆各地。同治五年,伊犁起义军攻占惠远城,将军明绪自尽,标志着清朝统治新疆军府制度的结束。然而,新疆各族人民起义的胜利果实却被各族中的封建主和反动的宗教头目篡夺,新疆形成了封建割据局面。内乱引发外患,浩罕军官阿古柏乘机入侵,沙俄也出兵强占伊犁。光绪二年(1876),督办新疆军务的钦差大臣、陕甘总督左宗棠指挥清军收复新疆。光绪七年,清政府与俄国订立《中俄伊犁条约》收回伊犁。经过十多年动乱,新疆重新置于清政府统治之下。

然而,这时的新疆不仅军府旧制"荡然无存,万难再图规复",而且社会经济生活也是"屋舍荡然"。光绪三年(1877),清廷谕令左宗棠统筹全局,左宗棠遂提出新疆建省主张。新疆建省之议由来已久。嘉庆年间著名学者龚自珍创议在新疆设置行省,道光年间魏源也主张新疆改设行省。学者们人微言轻,未能引起清廷的重视。时隔半个世纪,边疆大吏左宗棠五次奏议新疆建省,引起了清廷决策层的重视。后经其继任谭钟麟、刘锦棠的补充发挥,创建行省之议于光绪十年(1884)终为清政府采纳。

二、行省的管理系统

光绪十年(1884)十月,清政府正式任命刘锦棠为甘肃新疆巡抚,魏光焘为甘肃新疆布政使,标志着新疆省正式成立。从光绪八年到二十八年,新疆省地方建置日渐齐备。在新疆建省、广置郡县的过程中,善后局起了重要作用。

原来,清军在驱逐阿古柏匪帮时,为了恢复生产、维护地方社会秩序、保证部队粮草供应,组织了各级善后局。地方上的一切事务,都归善后局管理。新疆建省前,共有东四城善后总局兼办阿克苏善后局,西四城善后总局兼办喀什噶尔善后局,喀喇沙尔、库车、乌什、英吉沙尔,叶尔羌、和阗、吐鲁番、迪化州等八处善后局,沙雅尔、拜城、玛纳巴什等三处善后分局。这些善后局的职能与内地郡县职能几乎完全一致,成为后来建立郡县制的基础。

自刘锦棠之后,魏光焘、饶应祺、潘效苏相继为新疆巡抚。饶应祺在任期间,新疆建省已经18年,"边境安谧,岁事屡丰,关内汉、回携眷来新就食、承垦、佣工、经商者络绎不绝,土地开辟,户口日繁"(《新疆图志》,卷一零六),一些地方建置已不适应新形势的需要。所以,或增设厅县,或升设府州,地方建置多有变化。到光绪二十八年,新疆全省设道四、府六、厅十一、直隶州二、州一、县二十一、分县二。

新疆建省后,职官设置的情况包括以下几方面:

巡抚衙门设巡抚一员,兼兵部侍郎、都察院右副都御史,节制提镇、城守尉,督理粮饷。光绪三十二年(1906),改为兼陆军部侍郎、都察院副都御史。笔贴式二员。提法使一员,光绪十一年(1885)以原设镇迪道加按察使衔兼管刑名驿传事务,宣统二年(1910)改为兼提法使衔。巡抚衙门内还有书吏、承差若干员,承办缮折文案等事。

布政使司设布政使、经历、新裕库大使各一员,掌一省行政,总司全省钱谷出纳,承宣政令,考核所属州县。

提学使一员设于光绪三十二年,履下有学科科长,副科长等无定员。这是清末官制改革中各省学政裁撤后新设的官职,主理学务事宜。

在蒙古族各部,于乌讷恩素珠克图盟旧土尔扈特南部落四旗,保存札萨克盟长卓哩克图汗一员;北部落三旗,有札萨克布延图亲王一员;东部落二旗,札萨克毕锡呼勒图郡王一员;西部落一旗,札萨克济尔噶朗贝勒一员;青色特启勒图盟新土尔扈特,中路和硕特札萨克固山贝子一员。

在维吾尔各部,于哈密保存札萨克亲王一员、吐鲁番札萨克多罗郡王一员、库车郡王一员、阿克苏郡王职衔贝勒一员、拜城辅国公一员、乌什贝子衔辅国公一员、和阗辅国公一员。

在哈萨克各部,于伊犁两部即黑宰部、阿勒班部,设台吉一员;塔尔巴哈台四部,即柯勒依部、曼毕特部、赛布拉特部、吐尔图勒部,分设台吉、千户长、百户长等员。

此外,伊犁将军仍然保留,成为只管伊犁、塔尔巴哈台地区军队的驻军长官。原各级驻军大臣先后裁撤。

三、创建行省的历史功绩

近代新疆的行政建置由军府制演变为郡县制,在历史上有着重要意义。

首先,有利于抵御国外侵略势力的威胁。新疆建省前,行政建置不统一;哈密、乌鲁木齐等地属驻兰州的陕甘总督管辖;伯克制、郡县制、札萨克制并存。新疆建省后,结束了这种人为地把新疆分成两部分进行管辖的不合理状况;分散、不统一的行政体制为单一的郡县制替代,军政大权统于巡抚。这一切,增强了新疆地区捍卫国家领土主权的能力。正所谓"新疆东捍长城,北蔽蒙古,南连卫藏,西倚葱岭,居神州大陆之脊,势若高屋之建瓴,得之则足以屏卫中国,巩我藩篱,不得则晋陇蒙古之地均失其险,一举足而中原为之动摇"(《新疆图志》卷一)。

其次,有利于促进社会经济的发展。新疆建省后,为了恢复残破的经济,清政府改革了新疆旧有田赋制度、屯田制度和采矿制度,允许内地民众移居新疆。在田赋制度方面,新疆建省前与内地"地丁合一"、"按亩征收"不同,是"按丁索赋"。结果,"富户丁少赋役或轻,贫户丁多赋役反重"(《左文襄公全集·奏稿》卷五十三)。建省后,将内地实行的地丁合一制度推行到新疆,减轻了维吾尔族农民的赋役负担。在屯田制度方面,新疆建省前,兵屯、犯屯受累极重。建省后,对营勇汰弱留强,裁减兵勇"就各兵驻防之后,如有荒地可拨,为之酌数分给,即同己业"(《刘襄勤公奏稿》卷七)。对于犯屯,也"仿照民屯,优给牛籽房具田粮"(同上书卷十二),调动了屯垦生产的积极性。在矿业制度方面,新疆建省前,挖金采铜筹币采取摊派方式,农民被迫入山采矿冶炼。建省后,改为"听民开采,纳课归官"(同上),在一定程度上调动了农民的积极性。此外,新疆建省后,社会经济亟待恢复,需要大批劳动力,清政府取消了以往的禁令,允许内地农民迁赴新疆耕作。结果,直隶、山东等省的"逃难百姓"来到新疆,加快了新疆的经济开发。新疆建省时,乌鲁木齐"城中疮痍满目,无百金之贾,千贯之肆"。建省后,商路渐通,各路商人"连袂接轸(zhěn,指车),四方之物,并至而会"(《新疆图志》卷二十九),乌鲁木齐很快繁荣起来。

第三,郡县制代替伯克制,一定程度上解放了社会生产力。郡县制产生于我国春秋时代,秦朝以后,成为我国历代相沿的地方制度。在这一制度下,郡县各级官吏为封建朝廷简放、调遣或罢黜,有利于中央集权的统治,在中国统一多民族国家发展巩固过程中占有重要地位。此外,郡县制和封建的租佃制相联系,是一种比较进步的封建政治制度。而伯克制不仅是一种职官制度,还是封建农奴制度,各级伯克就是大小不等的封建领主。伯克们占有"燕齐",即农奴。农奴在作为伯克俸禄的"养廉田"里耕作。伯克们任意霸占自耕农的土地,迫使更多的自耕农为逃避清政府的赋役而沦为"燕齐"。光绪十二年(1887),清廷决定将所有伯克名目全行裁汰。从此,伯克制退出了历史舞台。原来被束缚在这些土地上的"燕齐",开始以佃农的身份租种政府的土地,按例纳赋,从而使实物地租代替了劳役地租,租佃制取代了赋役制,解放了社会生产力,在一定程度上调动了维吾尔农民的积极性,促进了维吾尔地区社会经济的发展。

清朝统治新疆时期动乱事件研究

马大正

社会动乱是与社会稳定相对立的。动乱是某些人、某些组织、某些阶层、某些阶级的行为越出了社会运行常轨,引起社会秩序混乱,影响社会生产、生活及各方面活动正常运行,并危及国家安全的社会运行形态。这里所说的清朝时期动乱事件是涵盖了叛乱、暴动、农民起义、宗教纠纷、外国入侵等引起社会动荡、混乱的一切事件,并不涉及对每一动乱事件性质的评估。清朝统治新疆自1759年(乾隆二十四年)至1911年(宣统三年),共152年,其间发生过一些动乱事件,有的尽管达到一定规模,然而最终并没有从根本上破坏新疆地区与祖国的统一。

一、基本状况

清王朝自1759年统一新疆以后,除了个别年代,基本上牢牢控制了新疆政局。虽然其间也发生过一些动乱事件,但是152年间,形成一定规模、产生较大影响的动乱并不多。如果把所有微小型动乱事件都算上,共有20余起。那种认为当时新疆一直处于"十年一小乱,二十年一大乱"的说法,是没有历史根据的。

(一)规模,归纳起来可分三个层次

大型。波及新疆大部分地区的仅二起:同治三年(1864 年)发生的新疆农民起义和阿古柏入侵(1865—1877 年)。这二起实际上是连接、交织在一起的。

中型。跨几个"回城"(相当于今天的县)的有五起:张格尔之乱(1820—1828 年)、浩罕入侵(1830 年)、七和卓之乱(1847 年)、倭里罕之乱(1857 年)和沙俄入侵(1871—1882 年)。

微型。范围在一个或几个"回庄"(相当于今天的乡)的有:迈喇木事件(1760 年)、乌什起义(1765 年)、昌吉犯屯暴动(1767 年)、孜牙墩事件(1815 年)、玉散霍卓依善事件(1855 年)、贸易圈事件(1855 年)、迈买铁里事件(1857 年)、额帕尔事件(1860 年)、杨三腥事件(1863 年)、吴勒子事件(1899 年)、吐尔巴克事件(1907 年)等。有的事件仅在卡伦附近发生,如胡完事件(1845 年)、铁完库里事件(1852 年)、沙木蒙事件(1845 年)等,规模就更小了。

从时间上看,只有阿古柏入侵和沙俄入侵两者交织在一起,延续十几年。张格尔之乱前后七八年,但只是在 1826 年至 1827 年秋春之际形成一定规模。乌什事件前后持续半年有余,但范围仅乌什一城。其余事件长不过二三月,短则几天。

(二)热点地区

半数以上事件,如迈喇木事件、孜牙墩事件、张格尔之乱、浩罕入侵、胡完事件、七和卓之乱、铁完库里事件、沙木蒙事件、玉散霍卓依善事件、倭里罕之乱、额帕尔事件、阿古柏入侵等,均发生在塔里木盆地西部喀什噶尔(今喀什)、叶尔羌(今莎车)一带。

（三）多发时期

绝大多数事件，包括所有大、中型动乱事件集中在 19 世纪 20—70 年代，即清朝统治新疆中期。1759 年至 1819 年的 60 年间仅四起，都属微型的。19 世纪 70 年代以后仅有三起微型事件。因此可以认为，清朝统治新疆经历了一个"治—乱—治"的过程。

二、类型分析

清朝统治新疆时期动乱事件性质比较复杂，归纳起来大致有以下几类：

（一）白山宗和卓家族作乱

17 世纪末，伊斯兰和卓家族在以喀什噶尔、叶尔羌为中心的南疆西部塔里木盆地建立了准噶尔贵族卵翼下的神权统治。18 世纪中叶清朝在统一新疆的战争中，与清朝对抗的白山宗和卓后裔流亡境外浩罕等地。这些亡命之徒本身成不了气候，但自 19 世纪 20 年代起，他们得到浩罕封建主的支持，开始由境外入寇，制造了张格尔之乱、七和卓之乱、倭里罕之乱等事件，并参与历次的浩罕入侵、骚扰共 11 起之多，这些骚乱使喀什噶尔地区成为新疆动乱的热点地区。和卓入寇是祖国统一、新疆统一时期，封建宗教贵族的复辟活动，其目的是在南疆搞"独立"活动，为了复辟，张格尔甚至不惜与浩罕封建主"子女、玉帛共之"，"割喀城酬劳"浩罕。

（二）外国势力的入侵

这类动乱又可分为两类。一是沙俄入侵，另一是浩罕封建主入侵。

沙俄入侵势力引发事件两起。其一是同治年间沙俄出兵霸占伊犁，也就是发生浩罕军事封建主阿古柏大举进军南疆，而清廷已对新疆大部分地区失去控制的时候。直到光绪初年清军平定阿古柏收复南北疆大部分地区后，沙俄才被迫撤兵退还伊犁。其二是咸丰年间，塔尔巴哈台民众为反抗沙俄霸占雅尔噶图金矿，焚毁了沙俄在中国领土上所建类似租界性质的贸易圈，由此引发涉外事变，但影响仅限于塔尔巴哈台一地。

浩罕入侵势力制造的变乱事件四起，规模较大的是1830年入侵和1865年阿古柏入侵，其他两起（玉散霍卓依善事件和额帕尔事件）是微型的变乱。1830年事件在西方论著中一般称作"玉素普圣战"，这种提法不符合历史事实。这一事件肇事元凶是浩罕入侵军。浩罕入侵军二三万，由浩罕宰相明巴什阿哈胡里统领，玉素普和卓参与其间，但只是协从。浩罕军作乱三个月，一度抢占了喀什噶尔、英吉沙尔两地回城，但当清军赶到前夕即窜出边卡。浩罕封建主的这次入侵完全是明火执仗的强盗行径，连浩罕史料都承认，这是"掠夺性远征"。

1865年阿古柏事件是浩罕封建主对新疆的军事入侵。阿古柏是乌兹别克人（一说塔吉克人），浩罕国的高级军官。1864年，库车农民暴动引发了新疆农民大起义。喀什噶尔白山宗头目托合提马木提、塔什密里克庄柯尔克孜头目恩得克、伽师回民头目金相印先后起事，并发生讧斗。恩得克为防止喀什噶尔联合金相印等，派人去浩罕迎请白山宗和卓后裔。浩罕摄政王毛拉柯里木库里遂派阿古柏护送和卓后裔布素鲁克来到南疆。阿古柏入侵喀什噶尔不久便将布素鲁克踢到一边，并通过一系列战争，攻灭了当时南疆各地占地为王的封建主,建立浩罕殖民政权,即所谓的"哲德沙尔"(七城)伪政权。近年日本学者的研究认为,阿古柏政权的各级军政官吏绝大多数是外来者,浩罕汗国人。结论是"征服者的特权军事集团是覆盖在相对独立的几个地区性社会之上的上层建筑,和进行掠夺统治的军事寄生国家的形象是没有矛盾的。从这一意义上,我们必须说,把阿古柏政权断定为维吾尔的政权是有困难的。"(新免康《阿古柏政权性质的考察》)这一研究是认真的,结论是有说服力的。有人认为阿古柏问题是内乱性质,理由是浩罕国属于中国,这种认识也是缺乏历史根据的。诚然,浩罕国在乾隆时期曾在政治上依附于清朝,但清王朝从来没有在浩罕设官、驻兵,也没有在该地征收赋税。其时它仅仅是清朝中国版图外的附属国。至于把阿古柏颂扬成维吾尔族"民族英雄",把清朝平定阿古柏说成是镇压维吾尔人民起义,在学术上是荒谬的,政治上是别有用心的。

(三)农民起义

这类事件主要有1765年乌什起义和1864年新疆农民大暴动。1857年库车迈买铁里事件、1863年伊犁杨三腥事件是微小型的,但显然是1864年新疆农民大暴动的先声。1765年乌什起义是小型事件,但影响较大,值得注意。另外两起,即1767年昌吉犯屯暴动和1907年哈密吐尔巴事件,都是微小型变乱。

同治年间新疆农民大暴动是当时新疆社会阶级矛盾的总爆发,其性质是反封建的农民起义。但是由于起义农民没有认识到自己的阶级利益,致使起义的领导权几乎从一开始就为世俗和宗教封建主把持。新疆的大部分地区迅速变成宗教封建主"圣战"和宗教封建主之间互相攻伐的战场。这种混乱局面很快导致了浩罕封建主的入侵,变乱由此发生了根本性质的转变。

1765年乌什起义却是当时当地阶级矛盾尖锐化的结果。后来清朝方面的调查证实,"乌什回人(维吾尔民众)作乱实因扰累所致"(《平定准噶尔方略续编》卷二十九),乌什起义本质上是反封建的。乌什起义并没有扩大的原因,一是除乌什一地外,当时南疆社会阶级矛盾远没有激化到官逼民反的地步。再就是,企图趁乱闹事的伯克、阿訇毕竟是少数,大多数维吾尔伯克则表现出维护新疆政局稳定的坚定立场。总之,对乌什起义的正义性质应予肯定,但是这种肯定并不意味着肯定那些趁乱闹事的伯克、阿訇。把他们的这些活动简单地等同于人民起义的观点,把反对闹事视为镇压人民起义刽子手的认识,并不可取。

(四)宗教纠纷引发的变乱

清朝统治新疆时期宗教纠纷常有,但由此引发变乱的只有1815年孜牙墩事件和1899年吴勒子事件。

孜牙墩是喀什噶尔附近一个回庄的阿訇,属黑山宗,他为迎娶白山和卓家族之女,违反了黑山与白山互不往来的戒律,遭到阿奇木伯克粗暴干涉,愤而起事。这本是宗教教派中的纷争,可清朝官吏中好事者小题大做,抓获孜牙墩后以严刑逼供,迫使这位小小回庄的阿訇承认要做南疆王。此事被渲染得有声有色,以致西方和日本的有关著作都把它当作一件大事来叙述(《剑桥中国晚清史》,佐口透《18—19世纪新疆社会史研究》)。但总的来看,它只是件最低层次的微小事件。吴勒子为绥来(玛纳斯)回民新教头目,清政府在"新旧教争"中偏袒旧教、压制新教,由此引发这一变乱事件。它同孜牙墩事件一样属微小事件,所不同的是它几乎没有引起人们的注意。

以上仅对历次变乱的性质作了大致划分。实际上变乱的情况是错综复杂的。如道光、咸丰年间喀什噶尔地区的变乱都是和卓复辟势力与浩罕入侵势力勾结的结果。有时和卓煽动民众在前打冲锋,浩罕封建主在背后出力、出兵支持,如1826年张格尔攻打喀什噶尔;有时是浩罕直接出兵,和卓积极参与,如1830年事件;有时是和卓在城外骚扰,侨居在喀什噶尔城内的浩罕商人头领放火内应,如1857年倭里罕之乱。从以上分析中可以看到,这一时期新疆动乱所反映的既不是民族问题,也不主要是宗教问题。究竟是什么问题呢? 这必须对这一时期社会经济发展过程和新疆境外环境的演变进行深入考察。

三、原因分析

清朝统治新疆时期政局演变的基本轨迹是"治—乱—治",南疆西部是动乱的热点地区。其原因大致分析如下。

1. 这是新疆社会、经济矛盾运动的结果

军府制度下,清政府在新疆实行以伯克制为主、札萨克制和郡县制为辅的一区三制,表现了清政府行政建制的灵活性。实施之初,总的看来,依靠面广泛,打击面狭小,而且清军在南疆驻兵少,对地方的科派也相对轻。南疆维吾尔农民向清政府缴纳十分之一税,比过去将自己收成一半以上缴给准噶尔封建贵族,要轻得多。清朝在新疆的统治,至少在前期,维吾尔农民的负担有相当程度的减轻。除个别地方外,阶级矛盾相对缓和,这就是乾隆、嘉庆时期新疆半个多世纪政局稳定的根本原因。

道光年间,和卓后裔开始在喀什噶尔地区闹事,原因是多方面的,其中很重要的一点是伯克制的弊端。前文谈到军府制下的伯克制之建立是历史的变革,但这种有限度的"改土归流",其弊端是固有的,并随着时间的推移愈来愈明显。大臣凌驾于伯克之上,但一般只管军政,民政事务则全部放手于伯克。伯克虽不再是世袭土官,但伯克选拔范围完全限于维吾尔权贵。伯克,特别是高级伯克子弟再贪纵暴虐,也可能被选中。伯克任期长,有的伯克甚至可在一城一地为所欲为10年、20年,直至老死,俨然一方土王。激发乌什起义的阿奇木伯克阿不都拉,就是哈密郡王的弟弟,他把乌什庶民统统当作任意驱使的农奴。当时乌什地区阶级矛盾的激化还不带有普遍意义,但已显示出伯克制的弊端。清政府总结乌什事件教训时提出一些"革弊安良"措施,即"阿奇木之权宜分,格纳坦(苛捐杂税)之私派宜革,回人之差役宜均,赋役之定额宜明"等等。但是伯克制中的弊病只能暂时收敛,并不能从根本上加以遏制。这种以落后的领主制为经济基础的伯克制,愈来愈阻碍着生产力的发展。进入19世纪后,伯克们的领主地位愈来愈强化,"民穷"问题日益严重,阶级矛盾日趋尖锐,从而为动乱提供了社会基础。

　　事实上,阻碍历史前进的伯克制最终还是被人民埋葬了。同治年间,农民暴动的烈火燃遍大半个新疆,待左宗棠领兵规复新疆时,维吾尔王公伯克都已家产荡尽,衰败没落,农奴对王公伯克的人身依附在很大程度上得以解脱。左宗棠认为"际此天事、人事均有可乘之机,失今不图,未免可惜"(《左宗棠全集·奏稿》卷五十三),力主废伯克,置行省。1884年新疆建省,同时裁撤各城伯克。一部分伯克在地方政府中留任书吏或乡约,虽分有田地作办公薪资,却不再分得"燕齐"。战乱后新疆实行与内地同一的摊丁入亩赋税制度,比之过去显然是社会的进步。以建省为中心的社会政治经济制度的改革,既加强了与祖国内地在政治上、经济上一体化的进程,又在一定程度上解放了生产力,从而为清朝统治最后时期新疆政局的稳定提供了保证。《剑桥中国晚清史》认为:"这一制度革新成了中国边疆史上的里程碑。"(《剑桥中国晚清史》下册)这样的评价并不过分。当然这种变革仍有其不彻底性。哈密王的世袭领地依然完整地保留下来。该地的"改土归流"问题至清朝覆亡也未解决。1907 年哈密吐尔巴克事件发生,标志着哈密地区将转为变乱的多发区,这在民国新疆史中得到证明。

综上所述,围绕军府制下的伯克制的建与废表现为分两步走的"改土归流"过程,本质上是生产关系的调整变革,它对新疆政局的发展有着决定性作用。

2. 来自境外的入侵,引发或加剧新疆动乱

清朝统一新疆伊始,由伊犁往西广大草原地区为哈萨克各部落游牧地,喀什噶尔附近及天山西部山区为柯尔克孜各部落游牧地。清朝政府以哈萨克、柯尔克孜为新疆西境边塞卫士,如魏源所言:"新疆南北二路,外夷环峙,然其毗邻错壤作我屏卫者,唯哈萨克、布鲁特(柯尔克孜族)两部落而已。"(《圣武记》卷四)

19 世纪初,在与喀什噶尔西境柯尔克孜牧地相邻的费尔干纳盆地,由乌兹别克族建立的浩罕国迅速崛起。它不仅在政治上逐渐脱离了对清朝的依附,而且妄图通过控制喀什噶尔,实现其垄断东方贸易的野心,遂加紧向清朝边境及至喀什噶尔地区多方渗透。嘉庆末年,浩罕封建主一再试图把自己的征税官派到喀什噶尔收取商税。

这种侵犯中国主权的无理要求,理所当然地遭到清政府的严词拒绝。浩罕一带滞留了一些亡命和卓后裔,一向为浩罕封建主不齿,浩罕称他们为"无赖"、"歹徒"。但是由于对清政府的日益不满,浩罕封建主遂支持和卓闹事,好伺机牟利。张格尔之乱发生后,浩罕封建主认为这是浑水摸鱼的好时机。清朝统治新疆中期浩罕的历次入侵、骚扰就是在这一背景下发生的,也正是浩罕的入侵加剧了喀什噶尔附近地区的社会动荡。

清朝统治新疆中期多变乱、两头却是相对平静,归根结底是新疆社会经济的矛盾与来自境外的因素共同作用的结果。其中必须看到的是:这一时期的社会经济制度的变革对新疆的稳定起到决定作用。

3. 清政府治疆战略思想,疆吏的应变举措及新疆吏治状况,也对动乱的发生、发展在一定程度上产生影响

在乾隆帝看来,"辟新疆"是"继述祖宗(指康熙帝、雍正帝)未竟之志事"(《清高宗实录》卷五九九),这是从政治角度考虑问题。军事重臣如左宗棠强调的是"重新疆者,所以保蒙古,保蒙古者,所以卫京师"(《左文襄公全集·奏稿》卷四六),这是从军事角度考虑问题。新疆驻有数万军队,虽然屯田解决了粮饷问题,但官兵的俸银等开支仍依靠中央政府的"协饷"支持。这笔耗费常被当作一个问题提出,特别是新疆变乱发生,军费倍增,朝廷上下未免议论纷纷。如李鸿章说:乾隆朝定新疆"徒收数千里旷地,而增千百年之漏卮,已为不值"(《李文忠公全集·奏稿》卷二四)。

虽然清朝最终把新疆军事战略上的重要地位与本朝生死存亡联系起来,认定放弃新疆"虽欲闭关自守,其势未能"(《清德宗实录》卷四),但一般确实以为新疆在经济上是"无用之地",对新疆经济发展问题不屑一顾。嘉庆朝一位疆臣曾提出要在某地开办铅厂,据称年可得税银一万两,于新疆财政有所弥补,但遭到清帝的拒绝和斥责。清帝再三告诫的是:"新疆重任,以守成为本,切勿存见讨好之念。"(《清仁宗实录》卷三零五)清政府长期实行低赋,维持旧体制,以为这样就可天下太平,其实不然。事实证明,维护落后的社会经济制度,忽视新疆的经济开发,致使社会发展相对停滞,只能为大规模动乱爆发准备条件。新疆经济发展远远落后于内地,防备经费不得不依赖中央政府的财政支持。乾隆后期清朝国力下降,鸦片战争后为支持战争赔款,国库告罄,加之咸丰、同治年间太平天国、陕西回民起义,导致供给新疆"协饷"完全断绝,新疆防务也随之陷入绝境。这也是同治年间新疆被外敌侵占、社会动荡一时无法遏制的重要原因之一。总之,加强新疆军事、政治建设,成绩应予肯定,但视新疆在经济上为"无用之地"的认识,发展经济无所作为的观点,却是其治疆战略思想上的最大失误。其实,这与清政府边疆政策在鸦片战争前的最大失误——片面追求社会稳定,而牺牲社会发展有密切关系。

新疆政局的动荡和稳定,除了以上所述的根本原因外,有时还与疆吏的应变举措有着重要联系。左宗棠统兵入疆,以排山倒海之势扫荡了阿古柏匪帮,又以大无畏精神部署抗俄军事,力促中俄伊犁交涉成功,继而抓住历史契机,促成新疆建省。总之,他在军事、政治上的作为对新疆历史发展产生了不可磨灭的影响。从另一方面看,某些疆吏举措失误导致严重后果,亦不止一二例而已。如1765年乌什起义,起初起事者仅百人,且最初仅仅是反抗乌什的阿奇木伯克和办事大臣的贪淫暴虐,清兵赶来时乌什民众还开城门相迎。但清兵在阿克苏办事大臣卞塔海指挥下开炮轰城,遂致全城造反。再如张格尔自1820年闹事,但一直是在边卡上进行小规模骚扰,追随者也仅数百人。可是到1825年事态急剧恶化,缘由是一个名叫巴彦巴图的清朝军官领兵追捕张格尔,未获,却将当地柯尔克孜头人亲属及许多无辜牧民杀害,谎称遇贼杀敌。这场滥杀的后果是把大批柯尔克孜人推向张格尔一边,张格尔由此气焰嚣张。西方历史学家也认为:"如果不是一位清朝官员的愚蠢,张格尔的圣战也许已成泡影。"(《剑桥中国晚清史》上册)现在看来,当时的一些变乱,本不该发生或本不该形成那样的规模,但由于疆吏应变举措严重失误,终于发生了、扩大了。

应变过激会致使事态人为扩大,反之过缓消极应付,本想息事宁人,往往适得其反。浩罕在张格尔骚乱伊始就深深地卷了进去。平息张格尔之乱后,清朝钦差大臣那彦成对浩罕采取禁绝贸易的措施,一心认为浩罕"生计日蹙,不久即叩关效顺",军事上并没有什么准备。没料到,竟被浩罕突然袭击,打个措手不及。待清朝从万里外调集重兵驰援,浩罕入侵军又缩了回去。清朝为摆脱不战和进退两难的局面,只得全面妥协,与浩罕媾和。自此以后,浩罕益发骄横,直接、间接插手其后许多次喀什噶尔地区变乱。一位俄国人作为旁观者看到"浩罕人积极参与了一切反叛风潮",然而使他震惊的是"中国对胡作非为的浩罕人所持的忍让政策"。如他所说:"在这种情况下,新疆的秩序和安宁无时可确立。"(《瓦里汉诺夫选集》)顺便指出,应变过激多半发生在基层,其失误一般是战术性的;而应变过缓则是高层决策中的问题,其失误往往是战略性的,后果可能更加严重。

疆吏应变失当,有的是能力素质问题,更多的缘由是其品质恶劣。应该承认,清朝统治新疆初期,还是比较注意整肃吏治的。乾隆帝就下令将开炮轰击乌什城的卞塔海等以骚扰罪在军前正法。但自乾隆后期吏治已不清明,嘉庆、道光年间更是每况愈下。当时新疆的大臣一律由满员充任,随着八旗腐化,这些满员的腐败已到了极其严重的程度。官吏如此腐败,民众当然"睄睄伊视",政局也难保稳定。建省后,新疆不再是荒淫无度的满员一统天下,官员素质有所提高,对新疆政局的稳定亦有积极的影响。

四、历史启示

历史是过去的现实,现实是历史的继承和发展,今天回顾这一段历史,值得今人总结的历史经验很多,试举要者略述。

1. 发展经济、维护统一、保持稳定的宗旨仍是今天的首要任务

清政府治理的新疆和中华人民共和国治理下的新疆维吾尔自治区,从政权性质上说发生了根本变化。今天,各族人民成了国家的主人、成了真正主宰历史的主人。同时,清朝时期影响新疆稳定的两大因素也发生了历史性变化,和卓早已成了历史陈迹,外国势力入侵的现实威胁也已为和平的周边环境所替代。但发展社会经济、维护国家统一、增强民族团结、保持社会稳定,仍是中华人民共和国政府治理新疆的根本任务。对这变与不变的历史与现实,我们应有清醒的认识。

2. 正确处理边疆地区稳定与发展的辩证关系

这里说的稳定是指社会稳定,这里说的发展是指经济发展。社会稳定有赖于经济发展,经济发展又必须要以社会稳定为保证。以

发展求稳定,以稳定保发展。两者是相辅相成,互相促进、互相补充的辩证关系。经济发展、人民负担减轻,有利于社会稳定,清朝新疆历史的进程已证明了这一真理,历史经验值得重视。

当然,以发展求稳定,并不等于说新疆地区经济发展了,就一定会安定。发展只是边疆地区稳定的必要条件,不是充分条件,或是唯一条件。边疆地区经济、文化发展还需要与相应的控制手段相结合,才能得到真正的稳定与安宁。所以不能简单地把边疆的发展与边疆的稳定等同,尤其是随着边疆的发展,边疆分裂势力的能量也有可能得到强化。因此,越是在边疆地区发展变化时期,越有必要加强中央在边疆的权威和影响。

3. 统一与分裂是新疆政治斗争的焦点,民族与宗教一般意义上说,仅仅是一种幌子,对此要有清醒的认识

新疆是多民族地区,清朝统治新疆时期的动乱往往带有浓厚的民族色彩。宗教,特别是伊斯兰教在新疆有着广泛影响,清朝统治新疆时期许多动乱常有浓厚的宗教色彩。但是,我们并不能因此认为,清朝统治新疆时期的变乱是民族斗争,或者如有的论者把它们称为"伊斯兰圣战"。如上所述,1765年乌什起义和1864年农民大起义是当时阶级矛盾激化的结果,性质是反封建。和卓作乱一度确实裹胁了大批当地民众,但张格尔的行径既背叛祖国又背叛民族,很快就失去了民众。当长龄再次平息浩罕勾结玉素甫和卓入侵骚扰,进驻喀什噶尔城时,受到当地两万民众数十里夹道欢迎,长龄也为之动容。所以,实际上当时的动乱本质上并不是某一民族针对另一民族,和卓作乱本质上不是民族斗争、更不是什么"伊斯兰圣战",对于动乱发动者来说,民族、宗教仅仅是煽动民众的工具和手段。从这一点

251

看,历史与现实有相似之处。今天一些分裂分子,在民族的幌子下,打出"圣战"的旗帜,其实质是要搞分裂。抓住了当前斗争的实质,我们一方面要承认民族因素、宗教因素的实际存在,在涉及民族、宗教时要慎之又慎;另一方面在处理具体问题时,应尽力淡化民族色彩,强化统一多民族国家这一主题。切忌把具体问题与民族问题连在一起。

4. 做好人的工作,尤其是下大力气抓吏治素质的提高

人,首先是指生活在新疆的广大各族人民群众。要做好人的工作,除了要发展生产,使广大人民群众生活稳定并不断得到改善(不只是纵向比较,还必须注意横向比较)外,还必须注意处理好以下三个关系:一是维吾尔族与自治地方人数最多的汉族的关系;二是维吾尔族与自治地方其他民族的关系;三是自治地方各民族之间的关系。

从新中国成立后,我们一贯提倡既反对大汉族主义,也反对地方民族主义,在实践中有成效,也有失误。从当前实际看,鉴于20世纪70年代后期以来,民族意识明显高涨,其消极性、破坏性日益突出。祖国的统一与分裂正成为今天政治斗争的焦点。因此,我们工作的重点,应淡化民族色彩,强化国家意识,强调不论哪一个民族,首先都是中华人民共和国公民这一基本点。

历史上官吏素质的高低,今天干部群体素质的高低,是稳定新疆、发展新疆最重要的因素之一。今天新疆的干部实际上是中华人民共和国政府派驻新疆的边疆大吏和各级官员,他们的勤政、廉政,他们政绩的得失直接影响中华人民共和国对新疆的治理,也与中华人民共和国的统一休戚相关,可谓责之大矣!

在这一大批干部群体中,少数民族干部的培养除了工作能力外,对共产主义的信仰和对中华人民共和国的忠诚应是第一位的。同时我们也不应忽视，要下大力气造就一批安心扎根新疆工作的汉族和其他民族的干部群体，要从巩固祖国统一的战略高度来认识汉族干部的特殊作用，对他们要善待、厚养，唯此才能有魄力和决心来解除他们的各种后顾之忧，使他们与少数民族干部一样成为一支维护祖国统一、地区稳定、民族团结的中坚力量。

清朝的理藩院

赵云田

理藩院是清朝特设的管理边疆少数民族事务的中央机构,在清朝多民族国家发展巩固过程中起过重要作用,对其后中国历史的发展也产生过重要影响。

一、理藩院的设立和沿革

崇德元年(1636),清太宗皇太极改国号为"清",建立清政权。这时,内蒙古各部已经归附皇太极。为了便于治理内蒙古各部事务,使其成为攻打明朝,夺取中央政权的可靠后方和借助力量,皇太极除了封授蒙古各部首领以亲王、郡王、贝勒、贝子、镇国公、辅国公等爵位外,还特设了专管蒙古地区事务的中央机构"蒙古衙门"。此后,外蒙古、西蒙古各部也开始和皇太极政权发生关系。这样一来,蒙古衙门已不适应处理越来越多的事务。崇德三年(1638)六月,蒙古衙门更名理藩院。

清朝统治者把蒙古称为"外藩",是相对于中原内地而言,即认为蒙古族居住的地区是中原内地的"屏藩",地位非常重要。后来,清朝统治者又把新疆、青海、西藏等少数民族居住地区和蒙古地区一起统称为"藩部"。理藩院是清朝管理蒙古、新疆、青海、西藏等少数民族事务的中央机构，其重要性可想而知，故乾隆帝说："吏、户、刑三部及理藩院均属紧要。"

理藩院从设立到宣统三年（1911）清朝灭亡，其间276年，大体上经历了三个发展阶段。

崇德和顺治年间（1636—1661）是理藩院组织机构的创设阶段。蒙古衙门初设时，官员只分两等，即承政和参政。后来增加了副理事官和启心郎。顺治元年（1644），承政改为尚书，参政改为侍郎。顺治十六年（1659）闰三月，理藩院归礼部所属，尚书称礼部尚书，侍郎称礼部侍郎，同时保留副理事官、堂主事、汉院判、汉知事、汉副使等员。这一阶段，清政权正经历着从关外到关内的历史转变，为此不断完善国家政权组织机构，以适应进入中原内地后的新形势。在这样的变动中，理藩院也不能不受到牵动。

康熙、雍正、乾隆年间，理藩院组织机构渐趋完善。顺治十八年（1661）正月康熙帝即位后，清统治者认为理藩院专管外藩事务，责任重大，作礼部所属于旧制未合，以后不必兼礼部衔，仍称理藩院尚书、侍郎。同年八月，理藩院设立四司，即录勋司、宾客司、柔远司、理刑司。九月，鉴于理藩院职司外藩王、贝勒、公主等事务及礼仪刑名各项，事关重大，决定理藩院官制体统与六部相同，理藩院尚书照六部尚书，入议政之列，衔名列于工部之后，并增设郎中、员外郎、主事等官。康熙四十年（1701），柔远司划分为二：柔远前司和后司。雍正帝在位时开始以王公大学士兼理院事，理藩院受到更大重视。乾隆二十二年（1757），理藩院司属机构进行调整，改录勋司为典属司，宾客司为王会司,柔远后司为旗籍司,柔远前司仍为柔远司。平定霍集占兄弟叛乱后,遵照乾隆帝谕示,于乾隆二十六年,将旗籍、柔远并为一司,并增设徕远司,专管回部事务。乾隆二十七年,旗籍、柔远仍分为二司。至此,理藩院下属六司机构最后完备。

康雍乾三朝是清朝统一多民族国家发展进程中风云激荡的年代。作为主管藩部地区事务的中央机构,理藩院正是在处理错综复杂的民族事务中,在解决中央政府和少数民族的关系中,逐渐发展和日益完备的。

嘉庆朝以后到宣统三年辛亥革命爆发,是理藩院沿革史上的第三阶段。嘉庆七年(1802),木兰围场脱离理藩院管辖,隶属热河都统。光绪三十二年(1906),清政府宣布预备立宪,开始官制改革,理藩院更名理藩部,但司属机构仍沿袭旧制,只是把汉档房、俸档房、督催所等并入满档房,改名领办处,将原来蒙古官学扩充为藩言馆。光绪三十三年,奏定理藩部官制,新设调查、编纂两局,附属领办处,后改归宪政筹备处。宣统三年(1911),理藩部尚书改名大臣,侍郎改名副大臣。辛亥革命爆发后,清朝覆灭,理藩部机构也随之瓦解。

二、理藩院的内部机构及其职掌

乾隆年间是理藩院机构最完备的时期,它由四部分组成。中枢机构设尚书满洲一人;左右侍郎满洲各一人;额外侍郎蒙古一人,由蒙古贝勒、贝子中贤能者选任。直属机构包括旗籍司、王会司、典属司、柔远司、徕远司、理刑司,各司分设郎中、员外郎、主事、笔帖式。此外还有司务厅、银库、蒙古翻译房、满档房、汉档房、饭银处、当月处,也分设司务、郎中、员外郎、主事、笔帖式等。附属机构包括唐古特学、稽查内馆外馆、木兰围场、俄罗斯馆、托忒学、蒙古官学、喇嘛印务处、则例馆等,分设司业、监督、总管、教习、掌印札萨克大喇嘛、纂修官、翻译官等。派出机构包括四川、陕西总督衙门蒙古笔帖式,科布多、乌里雅苏台兵差司员,西藏、西宁随印司员,恰克图、库伦管理买卖事务司员,张家口等处管理驿站员外郎,三座塔等处驻扎司官,察哈尔游牧处理事员外郎,宁夏等处理事司员,热河都统衙门理事司官等。由上可见,理藩院组织系统庞大,在编人员众多,实是清朝中央政府的一个重要机构。

理藩院职掌随其机构的不断完备,有一个逐渐扩大的过程。最初,只管理内蒙古诸部,并负责处理对俄外交。到康熙年间,管理范围扩及到厄鲁特蒙古和西藏地区。乾隆朝中叶开始管理新疆回部及大小金川土司诸事。理藩院管理边疆少数民族地区事务,由中枢机构主管,直属机构按地区和不同内容分别执行。主要有以下几项:

参与议政和军事活动。理藩院大臣地位崇高,有的是内阁学士,有的在议政处行走,有的是军机大臣,还有的直接兼任地方大员,统掌一方军政事务。他们经常参与国家大政方针的讨论和执行,为清朝军国要务,特别是对边疆少数民族地区的统治筹划谋略。理藩院参与军事,主要表现在对各族上层分子叛乱活动的镇压。对平叛中有功官兵的提职和奖赏,理藩院要提出初步意见,供皇帝参考。

审理刑事诉讼案件。理藩院会同刑部制定少数民族刑法,审理少数民族地区发生的刑事诉讼案件。清朝在少数民族地区颁行有《蒙古律》、《番律》、《回律》等。蒙古地区的刑事诉讼,一般案件为各旗札萨克审理,不能决的报盟长会同审讯;再不能决的,或判断不公,即将全案送理藩院派出机构审理。有些案件也可直达在京师的理藩院审理。判刑时,流放罪要报理藩院会同刑部议定,死罪要会同三法司定谳。

管理藏传佛教事务。内容包括:负责京师、蒙古、青海、西藏等地区所有转世活佛的登记造册;掌雍和宫金奔巴瓶掣签,决定京师、蒙古、青海等地区的活佛转世;给予喇嘛度牒、札付,办理敕印;办理呼图克图喇嘛的年班、请安、达赖喇嘛、班禅额尔德尼进贡,在京喇嘛考列等第、升迁、调补,以及奏请寺庙名号和寺庙工程。

此外,理藩院的职掌还包括:赈济灾荒;办理满蒙联姻;管理会盟、驿站,稽察蒙古地区户丁;管理各旗疆界,调解各部纠纷以及管理少数民族王公朝觐、贡物、燕赉(指皇帝赏给少数民族王公们的绸缎和银两)、廪饩(往返路程的食宿费用)、封爵和俸禄。

三、理藩院的历史作用

1644 年清军入关,内蒙古诸部纷纷率师相从,理藩院的活动加速了清朝统一全国的进程。理藩院官员经常参与清政府的议政和军事活动,和形形色色的分裂势力进行斗争,维护了清朝封建国家的统一。调解蒙古各部各旗因争夺牧地而发生的纠纷,有利于蒙古各部社会的稳定。理藩院为中华民国时期蒙藏委员会的成立提供了借鉴。

作者简介:赵云田,1943 年生,北京人,中国社会科学院近代史所研究员。著有《清代蒙古政教制度》、《中国边疆民族管理机构沿革史》、《清朝治理边陲的枢纽——理藩院》、《清末新政研究——20世纪初的中国边疆》等。主编《中国文化通史·清前期卷》、《中国社会通史·清前期卷》等。

清朝的驻藏大臣

赵云田

雍正五年（1727），清廷派内阁学士僧格、副都统马喇前往西藏办事，从此正式设立驻藏大臣。这是西藏地方和清朝中央政府关系日益密切的产物，也是清政府在西藏施政进一步完善的结果。乾隆年间，驻藏大臣制度日益完备。到晚清时期，驻藏大臣的人事权又有所变化。

一、清初对西藏的施政

崇德七年（1642），厄鲁特蒙古和硕特部首领顾实汗率军进藏，消灭了原西藏地方的统治者藏巴汗，成为西藏地区的最高统治者。清朝入关后，顺治二年（1645），顾实汗派佐理藏事的第六子多尔济达赖巴图尔到达北京，向顺治帝上书，表示了对清朝中央政府"无不奉命"的态度。此后直到顺治十年（1653），顾实汗几乎每年都派使者到北京向顺治帝问安奉贡，西藏地方和清朝中央政府间关系密切。为了崇尚藏传佛教以安蒙藏地区，顺治帝也多次派使者前往西藏延请达赖喇嘛。顺治九年，五世达赖喇嘛到达北京，顺治帝给予隆重礼遇。达赖喇嘛返藏时,清政府赍送金册金印,封五世达赖喇嘛为"西天大善自在佛所领天下释教普通瓦赤喇怛喇达赖喇嘛"。与此同时,清政府派大臣携带金册金印入藏,册封顾实汗为"遵行文义敏慧顾实汗"。顺治十一年,顾实汗在拉萨病逝,其子达延汗从青海到拉萨嗣汗位。这就是清初中央政府在西藏实行的政教分离制度,以达赖喇嘛管理藏传佛教事务,以顾实汗家族管理行政事务,通过他们间接统治西藏地区。

二、西藏局势不稳和驻藏大臣的设立

康熙二十一年(1682),五世达赖喇嘛圆寂,他生前委任的第巴(清西藏政务管理者)桑结嘉措为了维护自身的权益,在五世达赖喇嘛故去后长达 15 年秘不发丧,并私立仓央嘉措为六世达赖喇嘛,千方百计削弱和硕特蒙古在西藏的势力。康熙四十二年(1703),拉藏汗成为西藏地方的最高统治者以后,袭杀桑结嘉措,废黜仓央嘉措,另立意希嘉措为六世达赖喇嘛。但是黄教上层僧侣和青海蒙古首领察罕丹津等人不承认意希嘉措是六世达赖喇嘛,他们以格桑嘉措为六世达赖喇嘛,公开向拉藏汗争权。西藏局势处于动荡之中。在这种形势下,康熙帝派理藩院侍郎赫寿前往西藏,协同拉藏汗办理事务。这是清政府首次派官员入藏办事,也是清政府设立驻藏大臣的先声。

康熙五十六年(1717),厄鲁特蒙古准噶尔部首领策妄阿拉布坦派遣大策零敦多布率兵 6000 袭扰西藏,拉藏汗被杀,所立意希嘉措也被废除。和硕特蒙古顾实汗及其子孙在西藏的执政至此结束。准噶尔军烧杀劫掠,给西藏社会带来严重灾难,引起西藏僧俗人民的反抗。清政府为稳定西藏局势,在康熙五十七年、五十九年先后两次派兵进藏,终于驱逐准军,收复拉萨。格桑嘉措也被清政府册封为"宏法觉众第六辈达赖喇嘛"。这以后,清政府开始任用在驱逐准军过程中立功的原拉藏汗旧部康济鼐、阿尔布巴、隆布鼐为噶伦(藏语音译,清西藏地方政府主要官员,由四人组成),共同主管政务,通过他们贯彻执行清政府对西藏的施政措施,并封康济鼐、阿尔布巴为贝子,隆布鼐为辅国公,留3000满汉官兵驻守拉萨。废除独揽大权的第巴职位,任用藏族领袖人物管理西藏,这是康熙年间清政府在西藏施政的重大变化。

雍正元年(1723)初,清政府为了减少军费开支,决定撤回驻藏官兵,提升理藩院郎中鄂赖为内阁学士兼礼部侍郎,前往西藏办事。同时,增加颇罗鼐、扎尔奈为西藏噶伦。五月,青海罗卜藏丹津发动叛乱。为防止其逃往西藏,清政府派都统鄂齐、学士班第、提督周英等率兵2000入藏。雍正三年(1725),清政府决定康济鼐总领西藏事务。但是,以阿尔布巴为首的前藏贵族势力反对以康济鼐、颇罗鼐为代表的后藏势力,众噶伦之间矛盾激化,致使西藏局势又处于动荡之中。对此,雍正帝也有所察觉。鉴于西藏局势长期动荡不定,噶伦之间互不协调,清政府决定设立驻藏大臣。雍正五年正月,雍正帝谕示,把内阁学士僧格、副都统马喇差往达赖喇嘛处。这是清政府设立驻藏大臣的开端,表明清政府加强了对西藏地方的直接施政,标志着清朝统治西藏进入了一个新阶段。

当僧格、马喇还在赴藏途中,阿尔布巴一伙制造变乱,杀害了康济鼐,还准备击杀颇罗鼐。清政府闻报后,派都察院左都御史查郎阿和护军都统迈录、西宁镇总兵周开杰率兵入藏。后来,颇罗鼐击败并俘获了阿尔布巴。查郎阿等到西藏后,会同僧格、马喇彻底平息了阿尔布巴之乱。清政府先后封颇罗鼐为贝子、贝勒、郡王,在驻藏大臣的督导下总理全藏事务。

三、驻藏大臣制度日益完备

清政府虽然设立了驻藏大臣,但是,直到乾隆朝中后期,对西藏的施政在很大程度上仍是通过西藏地方僧俗贵族进行,驻藏大臣只是起着督导作用;而且,驻藏大臣也一度从2人减为1人。乾隆十二年(1747),颇罗鼐病故,其子珠尔墨特那木扎勒袭封郡王后,与达赖喇嘛关系恶化,并妄图发动叛乱。清政府对此有所察觉,乾隆十四年,驻藏大臣恢复为2人。珠尔墨特那木扎勒叛迹日炽,乾隆十五年(1750)十月十三日,驻藏大臣傅清、拉布敦计斩珠尔墨特那木扎勒,他们二人随后也被叛乱者杀害。叛乱平息后,清政府于次年对西藏行政体制进行了改革,颁布《酌定西藏善后章程》十三条,规定:在达赖喇嘛和驻藏大臣领导下,由噶厦(藏语音译,由噶伦四人组成的西藏地方政府)管理西藏政务;军政、司法、差徭等各方事件,都要遵照达赖喇嘛和驻藏大臣指示办理;对西藏地方重要官员的任用,也要由达赖喇嘛和驻藏大臣请旨办理。达赖喇嘛的地位和职权得到提高和巩固,并与驻藏大臣一起处理政务。乾隆四十五年(1780),驻藏大臣开始有办事大臣和帮办大臣之分。

乾隆五十三年(1788)和五十六年(1791),廓尔喀(今尼泊尔)对后藏发动了两次大规模入侵,扎什伦布寺遭到严重破坏。廓尔喀入侵西藏暴露了驻藏大臣存在的问题,即对西藏诸事听任达赖喇嘛及噶伦等率意轻行,事多不闻,致使驻藏大臣一职竟成虚设,西藏地方官员乘机贪污渎职,内部纷争不息,以致各项制度废弛,弊病丛生。乾隆帝对此十分明晰,决心在驱逐廓尔喀侵略势力后,利用各方面有利条件,整顿和改革西藏地方各项制度。乾隆五十八年(1793),清政府颁布了著名的《钦定西藏章程》二十九条,其中对驻藏大臣的地位和职权作了明确规定:驻藏大臣督办藏内事务,与达赖喇嘛、班禅额尔德尼平等,所有噶伦以下官员及办事人员以至活佛,都得服从驻藏大臣;负责达赖喇嘛、班禅额尔德尼以及各地黄教胡图克图灵童转世的金瓶掣签;督管西藏边界贸易以及各种外事活动;管理财政;管理西藏地区军事防御;负责西藏地方司法。《钦定西藏章程》的颁布,完善了清朝的驻藏大臣制度,也使驻藏大臣的职掌得到了更充分的体现。

四、晚清驻藏大臣职权的削弱

晚清时期,国势衰弱,朝政腐败,帝国主义势力入侵西藏,加之有的驻藏大臣昏庸,导致驻藏大臣职权日益削弱。道光二十四年(1844),清政府决定商上(清西藏地方财政机构)及扎什伦布寺一切出纳,仍听该喇嘛自行经理,驻藏大臣毋庸经管,驻藏大臣失去了对达赖喇嘛和班禅额尔德尼两处商上收支的审核权。道光二十五年,清政府决定驻藏大臣停止对哈喇乌苏地区卡伦的巡查,驻藏大臣又失去了对西藏地区边界的巡查权。清政府同时还责成噶伦等校阅营伍、操练藏兵,使驻藏大臣失去了管理西藏地区军事的权力。宣统三年(1911),清政府根据驻藏大臣联豫奏请,裁驻藏帮办大臣,设左右参赞各1人,禀承驻藏办事大臣指示筹划全藏一切要政,监督三埠商务。正当清廷欲重振驻藏大臣职权之际,不久,清王朝被辛亥革命推翻,驻藏大臣建置亦告结束。

清朝共有114人任驻藏办事大臣和帮办大臣,其中虽然良莠不齐,但驻藏大臣在维护国家主权和领土完整、抵御外来侵略势力、稳定西藏社会秩序和发展经济中的作用是应当充分肯定的。

清代的金瓶掣签制度

赵云田

用金瓶掣(chè,抽)签的方式来认定藏传佛教最高等的大活佛转世灵童,是乾隆五十七年(1792)正式设立的制度。乾隆五十八年,清廷颁发两金瓶,一个用于达赖、班禅等藏区大活佛转世灵童的认定,置于拉萨大昭寺(后移布达拉宫);一个用于确认蒙古各部大活佛转世灵童的认定,置于北京雍和宫。凡理藩院注册的藏传佛教蒙、藏大活佛圆寂后,均须将寻得的若干"灵童"的名字用满、汉、藏三体文字缮写于象牙签上,置金瓶中,由理藩院尚书在雍和宫或由驻藏大臣在大昭寺主持抽签掣定,以后遂成定制。

一、活佛转世的由来

汉语中"活佛"一词,源于梵文,意思是"化身",是指已经修行成佛的人,圆寂后能再度以人的肉体显身,转为世上人,继续进行普度众生的善缘。"活佛转世"则是指活佛的肉体圆寂后,能以化身的方式转身为另一个肉体的人。"活佛转世"和古代藏族人的灵魂不灭观念及佛教的化身理论有密切关系。这种灵魂不灭观念和化身理论相结合,既成了活佛转世的根据,也使活佛转世成为可能。

活佛转世是教权传承的一种方式。公元 10 世纪以后,西藏社会逐渐过渡到封建农奴制社会。在新兴的封建农奴主的支持下,佛教不仅有了新的发展,而且不同的寺院教派也开始与世俗封建贵族相结合,势力日益扩大,逐渐形成独立的寺院经济,由此也就产生了不同教派之间在政治上和经济上的激烈竞争,以至强凌弱,大吞小。如何在这种激烈的竞争中存在下去并且得到发展,教派首领的影响力和地位就成了关键性的问题。但是,一旦教派首领圆寂,新的教派首领选不出来,或者选得不理想,这个教派的政治、经济利益必然会受到影响,甚至于整个教派都有可能被别的教派吞并。当时,教派的传承主要有三种方式:一是父子或家族传承,二是师徒传承,三是活佛转世传承。藏传佛教中的格鲁派也就是黄教派,其创始人宗喀巴(1357—1419)明确规定禁止僧人娶妻生子,于是便采取了活佛转世的传承方式,以维护本教派的特权和寺院的经济地位,并希图获得更大的发展。

格鲁派以活佛转世传承,有一个发展变化的过程。最初,宗喀巴的最小弟子根敦朱巴(1391—1474)在日喀则附近修建了扎什伦布寺,并成为该寺的寺主。当时,格鲁派中就有人主张用活佛转世的方式来保持根敦朱巴获得的权力,于是,在根敦朱巴示寂 4 年后,根敦嘉措(1475—1542)被当作根敦朱巴的转世灵童,并在他 11 岁时被送到扎什伦布寺学经。但是,扎什伦布寺的主持人和一些僧人不承认根敦嘉措是根敦朱巴的转世灵童,对他进行排挤。于是,根敦嘉措不得不转到前藏哲蚌寺学经。上述情况表明,格鲁派当时还处于活佛转世的萌芽阶段。由于根敦嘉措积极活动,到处建立寺院,扩大格鲁派影响,他逐渐成为格鲁派最有声望的首领。

明嘉靖二十一年(1542),根敦嘉措去世,哲蚌寺正式开始寻访他的转世灵童。嘉靖二十五年(1546),堆隆地方的一个贵族子弟被认定为根敦嘉措的转世灵童,他就是三世达赖喇嘛索南嘉措(1543—1588),也就是《明神宗实录》中首次记载的"师僧活佛"。应当说,这才是格鲁派采用活佛转世制度的正式开始。后来,根敦朱巴和根敦嘉措分别被追认为一世达赖喇嘛和二世达赖喇嘛。

二、活佛转世过程中的弊端和金瓶掣签制度的制定

活佛转世首先要寻访转世灵童,这有一套复杂的程序和过程。寻访转世灵童一般是根据前世活佛的圆寂年月时辰,推算下一世转世灵童的年岁生辰,时间上相差一年左右,可挑选的灵童有3—4人。在灵童长到4—5岁的时候,需要吹忠(藏语,佛教护法神的汉语音译。西藏有四大寺可以产生护法神,即拉穆寺、乃均寺、噶东寺、桑耶寺)降神,即以神灵附体形式表达佛的旨意,来决定其中的一人是真正的转世灵童。由于藏传佛教格鲁派的活佛在蒙藏地区有很高的社会地位,在政治、经济方面享有许多特权,影响举足轻重,因此,一些世俗贵族为了以宗教权巩固自己的统治,往往操纵活佛转世,而一些大活佛为了通过世俗贵族巩固自己的宗教权,就和世俗贵族结成联盟。这些世俗贵族和大活佛向吹忠行贿,吹忠即或偏庇亲戚妄指,或接受大活佛的暗中授意而有目标指认,以致造成转世活佛不是出自族属姻娅,就是出自王公之家。

比如,六世班禅罗桑丹贝益喜(1738—1780)出生于后藏扎西则

地方,他的一个兄弟却智嘉措是噶玛噶举派红帽系的第十世活佛,另一个兄弟罗桑金巴是扎什伦布寺的仲巴胡图克图,他的侄女多杰帕姆是香巴噶举派桑定寺的女活佛。一个家庭中竟然出了四个活佛!八世达赖喇嘛强白嘉措(1758—1804)的转世灵童是六世班禅的亲戚,七世班禅丹白尼玛(1782—1853)是八世达赖喇嘛的叔伯亲属,三世章嘉若必多吉(1716—1786)和青海塔尔寺的三世拉科活佛阿旺丹增嘉措是亲兄弟。再如,哲布尊丹巴一世圆寂后,外蒙古土谢图汗派人到北京和西藏活动,企图使哲布尊丹巴一世转世到土谢图汗家。而车臣汗则认为,哲布尊丹巴一世就出生于土谢图汗家,其转世应在车臣汗家。双方争执不下,最后由雍正帝决定仍转世到土谢图汗家,这场纷争才告结束。二世哲布尊丹巴圆寂后,外蒙古王公贵族对哲布尊丹巴的转世又发生争执,甚至相互倾轧,以致乾隆皇帝决定哲布尊丹巴转世西藏。三世哲布尊丹巴圆寂后,土谢图汗妻怀孕,土谢图汗又企图将哲布尊丹巴转世到自己家,结果其妻生了一个女孩。

乾隆帝对活佛转世过程中出现的种种弊端看得非常清楚,他曾说,拉穆吹忠往往受人嘱托,假托神言任意妄指,西藏中人等因其事涉神异,多为所愚。乾隆五十七年(1792),清政府取得驱逐廓尔喀入侵战争的胜利后,下令以后活佛转世,禁止吹忠降神,专用金瓶掣签指定。乾隆帝认为,掣签决定,虽不能尽去其弊,但比起从前任由一人授意,还是较为公允。乾隆五十八年(1793),清政府颁布《钦定藏内善后章程》,再次强调了金瓶掣签制度,并赋予其法律效力,以求"万世遵循"。到嘉庆年间,又在《理藩院则例》中明确规定:活佛的转世灵童可以在平民中指认,不能在达赖喇嘛、班禅额尔德尼的亲属以及蒙古王公中指认;蒙藏地区所有大活佛圆寂后,都要经过金瓶掣签指认转世灵童。

三、金瓶掣签制度的实施及其意义

金瓶掣签制度颁布后,在蒙藏地区普遍实施。据理藩院档案统计,到光绪三十年(1904),仅西藏地区就有 39 位主要活佛的转世灵童进行了金瓶掣签。十世至十二世达赖喇嘛,八世、九世班禅额尔德尼,五世至八世哲布尊丹巴胡图克图,五世、六世章嘉活佛,都是经过金瓶掣签选定的。只有九世、十三世达赖喇嘛是经过清朝中央政府批准免予掣签的。

金瓶掣签制度的制定和实施,无论是对蒙藏地区,还是对藏传佛教的发展,都产生了重大影响。从政治上说,它把包括达赖喇嘛、班禅额尔德尼等大活佛在内的转世决定权由拉穆吹忠转移到清朝中央政府,树立了清中央政府在这一问题上的权威地位;杜绝了原来活佛转世过程中的种种弊端,避免了世俗贵族和教派之间的矛盾和纷争,有利于蒙藏地区社会的稳定。从宗教上说,金瓶掣签制度的制定和实施,完全符合藏传佛教的仪轨,使活佛转世制度更加完善,更好地解决了宗教领袖的传承问题。

六世班禅朝觐乾隆皇帝

李建红

　　承德,有一座仿建西藏扎什伦布寺的黄教寺院,乾隆帝将其命名为须弥福寿之庙。这里蕴含着一段历史的往事。

　　乾隆四十五年(1780)八月十三日,是乾隆帝的七旬寿辰。这一年,参加万寿节庆祝活动的人,除了蒙古诸部王公、扈从大臣和外国使节以外,还有一位显赫的人物,他就是不辞艰辛来到承德朝觐乾隆帝的六世班禅额尔德尼·罗桑巴丹益西。对于他的到来,乾隆帝极为重视,并做出周密细致的安排。

　　首先,在承德度地建庙,为六世班禅准备居住、讲经之所。经过一年多的紧张施工,一座占地37900平方米,依山面水,秀丽清幽的庙宇便告落成。寺庙分两部分,前部分的石桥、山门、碑亭、琉璃牌坊为汉式建筑形制,沿一条中轴线对称排列布局。后部分由全寺主体建筑大红台、妙高庄严殿、御座楼、吉祥法喜殿、生欢喜心殿、金贺堂等藏式建筑组成。位于寺庙最北端的是一座汉式琉璃万寿塔,共七层,象征着乾隆帝的七旬寿辰。当年,庙内殿堂陈设琳琅满目,极为富丽堂皇。根据清宫陈设档案统计:共有佛像20508尊,佛龛578座,供法器2914件,佛经228套350部7轴941块,佛画514轴,杂项

2054 单位。对于寺庙的修建、装饰,乾隆帝是不惜工本的。以主要殿堂妙高庄严殿、吉祥法喜殿镀金装饰宝顶、行龙脊料瓦片等项为例,造办处原拟只镀金一次,但乾隆帝特谕"须弥福寿之庙都罡殿、住宿楼铜瓦,俱照布达拉庙一样,镀金二次"。

其次,是精心安排六世班禅的旅途生活和接待。乾隆四十四年(1779)六月,六世班禅率领三大寺堪布、僧职人员,在驻藏大臣、僧俗官员代表约两千马队的护送下,踏上了东进的征程。途中,乾隆帝给予六世班禅无微不至的关怀,处处颁敕行赏,站站嘘寒问暖。七月,班禅一行翻过唐古拉山,就接到乾隆帝御容像一幅,以表示皇帝在亲自迎接他。六世班禅得知乾隆在赶学藏语以备与其会晤和在热河为之建造行宫的消息,十分高兴。八月,正在江南巡视的乾隆帝又颁圣谕,"汝为西方大活佛,今后对御容无庸跪拜,以示优崇,并赐稀世闹钟以供观赏"。年底,班禅一行抵达青海塔尔寺,又接到御赐朝珠、鞍马、哈达等物。因天渐寒冷,六世班禅要在塔尔寺过冬,乾隆特赏御用水獭皮大衣、水獭皮帽给班禅,并特别嘱咐:"见物如晤面,望冬季穿用,速来会晤"。乾隆四十五年三月,六世班禅等人从塔尔寺启程继续东行。至阿拉善时,气候渐暖,决定安排班禅一行在此放痘,接种天花,以备免疫。随行苏本(管活佛膳食的人)劝班禅接种,班禅说:"我却无碍,惟汝等将入人烟稠密之地,恐染此疾。"六月,收到乾隆派人赠送的御用金顶黄轿一乘、红黄伞盖各二顶、幢幡四套、仪仗 40 件。自此,六世班禅由骑马改乘黄轿。到多伦诺尔时,乾隆帝命御前侍卫丰绅济伦"赐敕书及嵌珠帽、金丝袈裟等物",并告知班禅,皇帝五月初已赴避暑山庄,佛的居处须弥福寿之庙已落成,寺内陈设齐备,专待驾至。七月,乾隆又派人赐西瓜、香瓜等水果。

在乾隆帝的关照之下,六世班禅一行于七月二十一日安抵承德。当日,至避暑山庄的澹泊敬诚殿朝觐乾隆帝,班禅等献吉祥哈达、无量寿佛。按照清朝的典章制度,"喇嘛入觐,惟令跪不受其拜"。而六世班禅却说:"古佛宜行拜礼。"既跪又拜。乾隆亲自扶起,并用藏语问佛安:"长途跋涉,必感辛苦。"班禅答:"远叨圣恩,一路平安。"乾隆帝还打破宫中惯例,导引班禅到宝筏喻、烟波致爽、云山胜地等寝宫佛堂瞻拜。二十二日,乾隆帝亲临须弥福寿之庙拈香,同班禅一起参观寺内各佛殿,并在禅堂进膳。此后,乾隆帝又两次去须弥福寿之庙拈香,班禅向乾隆帝施无量寿佛大灌顶,还赐给小公主法名"四朗白吉卓玛"。八月十三日,澹泊敬诚殿举行万寿庆典时,班禅与乾隆帝携手同登宝座,接受蒙古王公、扈从大臣和外国使节的庆贺。

六世班禅在承德月余,日程安排紧凑周密、丰富多彩。乾隆帝为其在避暑山庄万树园举行四次大型的野宴,其中包括观看火戏、相扑、杂技、赛马、什榜等文体活动;还特命在清音阁大戏楼连续演戏十日。八月二十六日,在皇六子等人的陪同下,六世班禅离开承德,九月初一抵达北京黄寺。十月二十七日,班禅微感不适,乾隆帝遣御医诊视,发现天花。乾隆帝亲临问候,并命皇六子加倍注意病情和饮食状况。十一月初一,班禅高烧,乾隆帝派人送去貂皮大氅、皮褥等物。当日下午四时,六世班禅圆寂,享年42岁。

乾隆帝厚祭班禅,亲率王公大臣谒灵,由章嘉国师撰写祈祷文,在黄寺内建起灵堂。乾隆四十六年(1781)二月十二日,班禅的灵柩由理藩院尚书护送,三大寺堪布扶灵回藏。乾隆四十七年(1782),乾隆帝为了纪念班禅,在黄寺西侧修建了六世班禅的衣冠石塔,命名清净化城塔。

六世班禅朝觐乾隆,受到如此的礼遇和优厚的赏赐,甚至当年木兰秋狝的大事,都被谕令停止。究竟是什么原因促使乾隆这样做呢?

　　这与清中央政府尊崇、扶持、利用藏传佛教,加强对蒙藏民族的统治有着直接的关系。藏传佛教是公元 7 世纪,佛教从汉地、尼泊尔传入西藏与藏地的原始宗教相互融合后产生的宗教,在藏蒙地区有着悠久的历史。明末清初,藏传佛教中的黄教(格鲁派)在藏蒙民族中得到普遍信仰,渗透到人民的日常生活中,他们对于大喇嘛"尊之若神明,亲之若考妣"。特别是由于黄教在蒙藏民族中,有着巨大的政治和社会影响力,清政府则"从俗从宜"加以利用。关于这一点,乾隆在《喇嘛说》中亦有明确阐述:"兴黄教,即所以安众蒙古,所系非小,故不可不保护之。"他还一再强调:"卫藏为黄教兴隆之地,内外诸蒙古,无不以是为宗,所关事体大。"因此,乾隆帝借助六世班禅赴承德之际,特意安排原定于乾隆四十四年入觐的蒙古、新疆等少数民族上层人物改变时间与六世班禅同来陛见。而"蒙古诸藩一闻是事,无不欣喜顶戴,倾心执役"。六世班禅入觐途中为"众生"摩顶赐福,讲授佛法,特别是内外札萨克、喀尔喀、土尔扈特、杜尔伯特蒙古王、公、贝勒、台吉等上层人物,各献礼品叩谒。乾隆帝的这一做法,一方面大大加强了班禅在蒙藏地区的影响,另一方面清政府通过六世班禅密切了与各少数民族上层人物的联系,收到"敬一人而千万悦"之效,取得了单纯依靠军事力量难以企及的效果。

　　此前,英国东印度公司和西藏的藩属不丹发生战争,英国人波格尔趁机来到日喀则,要求与西藏通商,建立联系,企图单方面与西藏建立外交关系,被六世班禅拒绝。他强调:西藏是中国的领土,西藏的一切要按中国皇帝的圣旨办理。波格尔在日喀则逗留近四月,无功而返。班禅维护国家的统一和尊严,受到乾隆帝的格外赞许和赏识。

再有一点,乾隆帝作为一位封建帝王,除了政治活动外,还有自己的个人生活与思想感情。乾隆帝以内蒙大活佛三世章嘉为师,听其讲受佛法并接受灌顶。他和这位国师在佛法方面发生密切联系的过程,既是他研究藏传佛教理论和教义的过程,同时也是乾隆帝信仰藏传佛教的历程。因此,对于六世班禅的到来,乾隆表现了超乎寻常的热情。在六世班禅主持须弥福寿之庙的开光仪式后,陪同乾隆帝的三世章嘉活佛,感慨万分地对六世班禅说:我在皇帝身边多年,从未见到他如此高兴过……圣上对您专程来祝寿,是十分满意的,他对您的信仰和喜爱超乎寻常!

六世班禅朝觐乾隆帝,密切了清中央政权与西藏地方的联系,增强了西藏地方对祖国的向心力,促进了中华民族的大团结和多民族国家的巩固和发展。这是历史发展的必然趋势,也是乾隆帝和六世班禅顺应历史潮流的结果。

作者简介:李建红,1972年生,河北承德人。承德市文物局博物馆管理科副研究馆员。发表论文有《安远庙探微》、《简述乾隆皇帝在避暑山庄的步射活动》、《吉祥法喜殿唐卡管窥》等。

清代边疆驿传与帝国安全

刘文鹏

驿传体系的建立与完善一直被中国历代统治者视为维护多民族统一国家的安全和稳定、实现有效管辖的一个重要手段。自定鼎燕京,清朝几代皇帝四处用兵,而驿、站、台、塘也像触角一样由行省区沿各个方向向边疆地区延伸,使边情上传,政令下达。中央统治力量借此输往帝国的各个角落,最终完成"大一统"帝国的建立。

从功能角度讲,清代的驿传体系集官员接待、文报传递、物资运输三种功能于一身。信息传递代表着中央政令的下达和地方情况的上传;官员接待意味着中央政令的执行、军政力量的调遣等;至于交通运输、物资转运,更是涉及战略布局的重要因素。这三种功能都是清朝中央获取各地信息,并向各个地区投放、输出军政力量,实现有效统治的方式。所以当时的驿传绝非仅仅是个交通问题,而是关系到帝国开拓、安全和稳定的重要战略因素。

一、对多民族国家统一战争的支撑作用

清代边疆驿传的发展常常以战争为契机,并直接影响到战争的

胜败。康熙三十一年（1692），康熙帝下令安设内蒙古五路驿站，喜峰口外十五站，古北口外六站，独石口外六站，张家口外八站，杀虎口外十二站。这些驿站从长城沿线向北延伸，直至草原深处，连通内蒙古各部。

康熙帝在这个时间安设内蒙古五路驿站包含着一个深刻的历史背景，那就是与蒙古准噶尔部的战争。康熙二十九年（1690）七月底，在离北京 500 多公里的乌兰布通，清军遭遇挥师东进的蒙古准格尔部首领噶尔丹。经过一场恶战，数万清军全军覆没，连康熙帝的舅舅佟国刚也身殁此役。惨重的失败使康熙帝认识到与准部争夺北方草原霸权的斗争将持续下去，为此必须构建长远的防御体系，稳步推进，而保证指令畅通、后勤补给运输顺利将是决定未来战争胜败的重要因素。内蒙古五路驿站就是在这个背景下设置的。

乌兰布通之战八年后，清准大战再次展开。由于五路台站设置后，大量军队和军事物资源源不断地输往前线，清军拥有了有力的后勤支撑，很快将战线推进到喀尔喀蒙古地区，并主动出击，深入大漠深处寻找准部主力作战。康熙三十七年（1698），双方在昭莫多遭遇，清军终获全胜，尽雪前耻，准部主力被击垮。

此战之后，准部势力离开喀尔喀蒙古，退回新疆，而清军和清军的台站则尾随而至。根据范昭达《从西纪略》的记载，康熙五十八年（1719）八月，朝廷派兵部尚书范时崇安设自杀虎口至喀尔喀蒙古，跨越大漠的北路四十七处台站，即阿尔泰军台的雏形，这就是北路。雍正十一年（1733），清朝组建乌里雅苏台大营，北路台站再次调整。自张家口至乌里雅苏台军营，凡四十七台，十六腰站。到乾隆十九年（1754），随着台站的延伸，北路大军稳定地据有科布多，与新疆仅有阿尔泰山一山之隔。而经陕西、甘肃进入新疆的驿路被称为西路。

台站是否畅通还影响着战争的进程。乾隆十九年，乾隆帝决心再次用兵准部。文武大臣大部分反对，主要理由是距离太远，台站和后勤补给需要长期筹备。乾隆帝力排众议，派军轻装西进，以图速战速决，其间虽然不是一帆风顺，但最终平定了此百年之患。台站畅通，文报往来神速、毫无滞留起到了很重要的作用。

二、建立边疆战略防御体系中不可缺少的因素

在清代边疆地区的军事防御体系中，驿传常常扮演着重要角色，康熙时期在黑龙江流域反击、防御沙俄的成功就是一例。

沙俄的侵略势力顺治初年就已延伸到中国的东北。由于一直忙于平定全国以及后来的三藩之乱，清廷无暇北顾，所以直到康熙初年，清朝在东北的统治力量仍然非常薄弱。黑龙江流域的镇守由千里之外的宁古塔将军负责，驿站之设更无从谈起。在后勤补给和军报传送非常困难的情况下，每次沙俄骚扰边境时，清军总要奔波千里，劳师袭远，只求速战速决，东北边陲之患自然难以根绝。

平定了三藩之乱后，康熙帝着手于以长远之计来解决东北的边防问题。康熙二十一年（1682）八月，康熙帝派郎谈、彭春以围猎为名，探测雅克萨城的虚实和黑龙江沿岸的水陆路程，准备设立从吉林城到黑龙江沿岸的台站。驿站设置方案，关系到兵力调派、后勤补给问题，也关系到文报传递、战争指挥问题。对于黑龙江驿站的设置，康熙帝一直有一种"建长久之计，不狃（niǔ，因袭、拘泥）于目前之见"的思想，不但要为当时反击沙俄的战争服务，而且还将驿站之设

与以后长期防御沙俄相联系。

康熙二十三年(1684)二月十四日,康熙帝派郎中保奇等人着手设立吉林到黑龙江沿岸的驿站。战略据点的选择是影响驿站路径的首要因素。清廷经过多方考虑,最终将爱珲(即黑龙江城所在地,今瑷珲)作为黑龙江沿岸的驻防地。此后,黑龙江城成为进攻雅克萨城的军事基地,并一度成为清朝镇戍黑龙江流域的核心力量所在。之后,清朝又以白都讷、吉林等几个战略要地为核心,构建台站道路,支撑军队调遣、战略物资转运和军报传递。在后来的两次雅克萨之战中,清军无论是快速出击,还是对俄军的长期围困,都得益于台站畅通和供给不断。

三、关系边疆地区的安全和稳定

清代的边疆驿传不仅为战争提供有力保障,即使在承平时期,也是关系到边疆地区稳定和安全的重要因素。乾隆帝曾将驿传视为向西藏地区释放统治力量的主要载体,甚至不惜为此大动干戈。

修建通往藏区的驿路,唐宋时期就有,元代最盛,但真正实现对驿传的稳定管辖和控制的还是在清代。清朝设置通往藏区的驿传始自康熙时期,当时入藏驿路有二,南路经四川入藏,北路经青海入藏。康熙时期也曾试图建立由云南入藏的官方驿路,因难度太大而放弃。康熙五十五年(1716),准噶尔蒙古趁西藏内乱之机,派兵侵入拉萨,控制西藏。为维护国家统一和稳定,康熙五十七年,康熙帝派皇十四子允禵(tí)为抚远大将军,督率大军,从青海、四川两路用兵,最终击败准噶尔军队。西藏的驿传也就以此为契机逐渐建立。

承平之时,西藏驿传所有兵丁的选派、台站的保护都由驻藏大臣直接管理。但驿站的后勤供给,需要的夫役、牛马雇佣,则依赖所在的各地藏人头目牒巴办理。牒巴负责各地钱粮赋税的征收,驿站所需要的人力、财物也在他们的掌握之中,但牒巴又听命于负责西藏行政事务的噶隆。这在某些特殊时期会对驻藏大臣管驿权产生严重制约。乾隆十五年(1750)西藏贵族珠尔默特那木扎勒发动叛乱,其措施之一是下令巴塘、里塘一带的牒巴撤去对驿站的供应,这使从打箭炉到拉萨的驿站、塘汛立刻陷于瘫痪,文报阻断,连乾隆帝的上谕也无法送达拉萨。直到叛乱平定,在继任的藏族头领班第达的组织下,驿传才得以复通。

平叛之后,乾隆帝对藏人制约驿传、驻藏大臣无计可施的情况仍然心存顾忌。他在上谕中指出,最重要的事就是保证政令畅通。清朝下令把西藏各地牒巴的任免事务、驿站管理、向中央奏报事务等都归达赖喇嘛与驻藏大臣协商办理,并将这些内容写入《西藏善后章程》。这种人事权的重新划分,目的是保证清朝对藏区台站的有效控制,使之能够为清朝的军政事务提供服务。四十多年后,在驱逐廓尔喀人的战争中,乾隆帝仍然强调这一点。

康熙帝晚年时曾说:"我朝驿递之设最善,自西边五千余里,九日可到,荆州、西安五日可到,浙江四日可到。三藩叛逆吴三桂,轻朕乳臭未退,及闻驿报神速,机谋远略,乃仰天叹服曰:休矣,未可与争也。"(《康熙起居注》)字里行间透露出他对边疆驿传发达的自豪之情。清朝帝国疆域辽阔,民族复杂,即使边远疆域,其统治力也能通畅到达,驿传功不可没。

作者简介:刘文鹏,1972 年生,河北宁晋人。历史学博士,中国人民大学清史研究所副教授,主要研究方向为中国古代政治史。著有《清代驿传及其与疆域形成关系之研究》,发表《清代补偿性政治控制》等论文 10 余篇。

晚清领土丧失备忘录

厉　声

清道光二十年(1840)鸦片战争爆发,列强以坚船利炮的方式进入中国。由此直到清朝灭亡时的 70 多年间,中国被资本主义列强攫取了 150 多万平方公里领土,如果算上由外国势力策动至清亡后外蒙古独立而丧失的领土,则共有 300 多万平方公里的领土丧失。前事不忘,后事之师。本文着重梳理晚清领土丧失的历史过程,用以"备忘",以资镜鉴。

一、英国割占香港

香港地区包括香港岛、九龙和新界。清政府在第一次鸦片战争失败后,于 1842 年 8 月被迫与英国签订了中国近代史上第一个不平等条约《南京条约》(即《江宁条约》)。次年 10 月,两国又签订了《五口通商附粘善后条款》(即《虎门条约》)和《五口通商章程:海关税则》,作为《南京条约》的补充。英国通过《南京条约》主要是获取通商权益:废除公行制度,迫使中国开放广州、福州、厦门、宁波、上海五口通商,并取得协定关税权、领事裁判权和片面最惠国待遇;同时强行割占香港岛,作为贸易集散地。被英国割占的香港岛是近代中国被迫割让的第一块领土,面积为 78 平方公里。英国在《南京条约》中所获取的这些通商权益,早在 1792 年由马嘎尔尼率领的第一个英国使团来京时就曾提出来,却未能得逞,50 年后终于利用"炮舰政策"强迫清政府就范。

英国发动第二次鸦片战争后,于 1860 年又迫使清政府签订中英《北京条约》,割九龙司地方一区(指九龙半岛界限街以南地区)给英国,面积约为 11.1 平方公里。1898 年在帝国主义列强瓜分中国的狂潮中,英国又强迫清政府签订《展拓香港界址专条》,强行租借九龙半岛界限街以北、深圳河以南地区及附近的岛屿和海域(今统称为新界),面积约 975.1 平方公里,租期 99 年。

二、沙俄割占中国东北边疆领土

沙俄利用第二次鸦片战争趁火打劫,于 1858 年迫使清政府签订了《瑷珲条约》,1860 年又签订了中俄《北京条约》,割占大片的中国领土,欲将沙俄的统治扩大到尚未建立"牢靠秩序"的全部邻国领土上去(1856 年俄外交大臣哥尔查柯夫语)。

1689 年,中俄《尼布楚条约》签订后,中俄东段边界的确立,使清东北边疆获得了百余年的相对安宁。然而,沙俄自彼得大帝时起,就坚持实施"俄国必须占有涅瓦河口、顿河口和黑龙江口"的战略,宣称这对"俄国未来的发展异常重要"。此时,一些沙俄扩张分子也叫嚣要"收复《尼布楚条约》时割让的全部领土",极力歪曲《尼布楚条约》的性质,说该约是俄国"被迫签订的","违反国际公法"。提出要重占黑龙江左岸,或者,"至少也要获得顺黑龙江到堪察加和日本的航行权"。自18世纪中期开始,沙俄先是争取黑龙江的航行权,遭到清政府的拒绝,继而利用乌第河待议区制造事端。1805年,沙俄又非法勘察黑龙江江口。1847年,沙皇委任尼·尼·穆拉维约夫为东西伯利亚总督,开始以强力推进侵占中国黑龙江流域的计划。鸦片战争后,沙俄趁清王朝日渐衰落,于1854年和1855年两次强行进入中国黑龙江航行,进而于1856年出兵,以沿江建立堡垒和哨所的形式蚕食、侵占黑龙江以北的中国领土。

1858年5月,英法联军攻占大沽,天津告急,沙俄见清王朝局势危急,便趁火打劫,迫使清政府草签了《瑷珲条约》。该条约完全是一纸割地条款,主要内容也只有一项:规定黑龙江以北割予俄国,乌苏里江以东为"两国共管"。

对于这一纸割地条款,清政府一直没有批准。1860年,沙俄迫使清政府签订了《北京条约》。该条约是在确认《瑷珲条约》的基础上进一步割占中国领土的条约。全约共有15款,主要内容仍是割地,其中规定:将黑龙江以北和乌苏里江以东中国领土割予俄国。与《尼布楚条约》相比,《北京条约》关于中俄东段边界的划分使中国丧失了100万平方公里的领土(其中黑龙江以北60万平方公里,乌苏里江以东40万平方公里)。至此,《尼布楚条约》之后确定的中国东北边界走向发生了重大变化。

三、沙俄扩占中国西部疆域

16至18世纪中期,卫拉特蒙古部游牧于中国西部地区。1755

年,清中央王朝出兵统一新疆。

1757 年和 1759 年,清中央政府分别平定了阿睦尔撒纳和南疆大、小和卓势力的叛乱。至此,清王朝恢复了历史上中国的西北疆域。新疆天山南北,东起哈密、西至巴尔喀什湖,包括楚河、塔拉斯河流域及帕米尔地区均置于清中央王朝的直接管辖之下。1762 年,清政府在新疆设立了军政合一的地方政权机构:总统伊犁等处将军(简称伊犁将军),下设参赞大臣、办事大臣、领队大臣等,分驻新疆各地,管理地方军政事务。

1822 年,沙俄颁布了《西西伯利亚吉尔吉斯人条例》,标志着其对中亚哈萨克草原兼并的基本完成。随后,俄国势力逼近了中国西北边疆,利用清王朝的虚弱,不断蚕食新疆西部地区。1844—1847 年,俄国军队先后数次侵入新疆巴尔喀什湖以东阿拉套山一带,建立了科帕尔堡(今哈萨克斯坦卡帕尔),控制了由俄国谢米巴拉金斯克南下通往新疆喀什噶尔和中亚浩罕、塔什干的要冲。1854 年,俄国军队侵入新疆伊犁河中游以南地区,在古尔班阿里玛图建立了维尔内堡(今哈萨克斯坦阿拉木图)。在 19 世纪 40 年代至 50 年代末近 20 年的时间里,俄国通过武装入侵、构筑军事堡垒、强行移民等手段,不断入侵和蚕食新疆巴尔喀什湖以东以南中国领土,并企图通过不平等条约,使其占有的中国领土合法化。

1860 年签订的中俄《北京条约》规定:新疆尚在未定之交界,此后应顺山岭、大河之流及现在中国常驻卡伦等处,自沙宾达巴哈之界碑末处起,往西直至斋桑淖(nào,淖尔,湖泊之意,常用作地名)尔湖,自此往西南顺天山之特穆尔图淖尔,南到浩罕边界为界。这一分界走向实际是以当时新疆境内的山河、湖泊及常驻卡伦作为划界标

285

志,企图迫使清政府把巴尔喀什湖以东以南领土割让给俄国。1862年8月至1864年10月,中俄双方就划分新疆西部边界,在塔城举行多次会谈。1864年下半年,俄方进一步向清政府施加军事压力,而此时正值新疆爆发反清起义,清王朝在新疆的统治摇摇欲坠。10月7日,清政府代表被迫在《勘分西北界约记》上签字。这一不平等条约将北起阿穆哈山、南达葱岭,西自爱古斯河、巴尔喀什湖,塔拉斯河一线,东临伊犁九城、塔尔巴哈台绥靖城总面积约44万平方公里的中国西部领土划入俄境。条约又规定:地面分在何国,其人丁即随地归为何国管辖。大批原新疆西部游牧民族和定居人口被强行划归俄属。

四、沙俄侵占伊犁及其收复

1871年,沙俄利用新疆反清起义和浩罕军官阿古柏入侵新疆后的混乱局面,出兵侵占伊犁,由此形成西北边疆危机。当时,沙俄对新疆形势的总体评估是清政府已无力收复新疆,所以初期曾虚伪地向清政府声明,侵占伊犁是"代为收复,权宜派兵驻守,俟关内外肃清,乌鲁木齐、玛纳斯各城克复之后,即当交还"。1878年,左宗棠收复新疆,唯有伊犁一处为沙俄强占,清政府随即开始与俄展开长达4年的交涉。

1878年6月,清廷任命崇厚为全权大臣赴俄谈判交收伊犁,继而签订《里瓦几亚条约》,遭到朝野一致反对。清廷改派曾纪泽前往俄国进行改约交涉。1881年签订《改订条约》。其中规定:"伊犁西边地方应归俄管属,以便因人俄籍而弃田地之民在彼安置",同时规定对斋桑湖以东之界做出调整。通过勘界的 5 个子约,俄国实际共割占 4 块中国领土,总计面积约 7 万平方公里。此外,由于其中《续勘喀什噶尔界约》对乌孜别里山口以南中俄边界走向的规定不明确,留下了 2 万多平方公里的帕米尔待议区。

五、藩属国的丧失

清代周边与清王朝保持着宗藩关系的国家主要有朝鲜、越南、琉球以及缅甸等。这种宗藩关系大多是历史的继承,主要形式也是历史上的册封、朝贡(朝鲜一年一贡,越南、琉球二年一贡,缅甸十年一贡),逢藩属国国君即位,清政府派专使持敕书、印信前往册封。这是由古代属国制度在近代演变而成的一种特殊国家关系。藩属国家对宗主国有一定的从属和依附性,宗主国则对藩属国具有一定的支配权和保护义务,这些权力和义务在当时是被国际社会普遍认同的。

19 世纪 70 年代,资本主义国家之间的争夺日趋激烈,在亚洲地区的重要表现是展开了新一轮的殖民地争夺。清朝周边的几个藩属国家成为其主要的争夺目标。

琉球国:1872 年 10 月,日本强行分封琉球国王尚泰为藩王,造成琉球中日两属,以此作为侵占琉球的第一步。两年后,日本又歪曲中日《北京专约》的内容,吞并琉球,宣布废藩置县。此后,日本为换取清政府承认琉球属日和获取更多的通商权益,提出将靠近中国台湾的宫古、八重山两个琉球所属的群岛划归中国,后因日本侵略朝鲜未及商议。

朝鲜国:1876 年 2 月,日以"炮舰政策"迫使朝鲜签订了《江华条约》,第一款是"朝鲜为自主之邦,保有与日本平等主权"。其用心是首先使朝脱离与清王朝的宗藩关系。1882 年,日本又迫使朝鲜签订了《仁川条约》,取得了在朝鲜的驻兵权。此后日本对朝鲜的侵略步步深入,直至挑起"甲午战争"。

越南:1873 年,法国军队进犯河内,迫使越南签订了《西贡条约》。条约规定承认法国为越南的保护国。1882 年至 1883 年,法军多次入侵与中国毗邻的越南北部,进而挑起"中法战争"。

缅甸:清与缅甸的宗藩关系相对较为松散,英国早有吞并缅甸之心。1874 年,英国一支近 200 人的武装探路队进入缅甸,企图探测自缅甸进入云南的道路,打开通往中国的后门。英驻华翻译马嘉礼擅自带人自云南前往迎接,在中缅边界被当地民众所杀。英乘机要挟,一时中英关系紧张,次年以签订中英《烟台条约》收场。1885 年,英军入侵缅甸,次年缅甸沦为英殖民地。同期,中英签订《会议缅甸条款》,清政府被迫承认英占有缅甸。

六、俄英分占帕米尔

1891 年和 1892 年,沙俄两次出兵侵占帕米尔,英国指使阿富汗兵也在 1892 年侵入到帕米尔中心地带苏满塔什。继而英阿相互勾结,阴谋私分中国领土帕米尔。

帕米尔问题主要源自俄、英的入侵,同时也有中、俄《续勘喀什噶尔界约》规定不明确的因素。该约规定,自帕米尔北部的乌孜别里山口起,"俄国界线转向西南,中国界线一直往南"。因此在两国边界走向之间形成了一个 45 度夹角的待议区。1892 年至 1894 年,中俄就帕米尔问题举行多次谈判。俄方先提出以帕米尔东部的萨雷阔勒岭为界,这样边界走向就违背了前约"中国边界一直往南"的规定,成为向东、再向南的错误走向。清政府则坚持"以喀约为依据",中间余地商量勘分。经过一年多交涉,清政府一次次拟作的让步都被俄国拒绝。1894年4月,俄国决定中止谈判,提出争议地区暂时维持现状,双方军队各驻扎原处,不得前进,分界问题留待以后解决。俄国此举目的在于稳定其在帕米尔已取得的有利地位,强迫清政府承认它非法侵占帕米尔的事实。此时正值甲午战争前夕,清政府被迫同意沙俄的建议,同时声明:在采取上述措施时,并不意味着放弃中国对于目前由中国军队所占领以外的帕米尔领土的权利。清政府认为应保持此项以1884年界约为根据的权利,直到达成一个满意的谅解为止。乌孜别里山口以南的帕米尔一带中俄未定界于是作为悬案遗留下来。

俄国在和清政府谈判的同时,还与英国就私分帕米尔举行秘密谈判。1895年1月,俄英趁中国在甲午战争中失利之机,签订《大不列颠政府及俄国政府关于两国在帕米尔地区的势力范围的协议》,将萨雷阔勒岭以西2万多平方公里的中国帕米尔领土偷偷私分,英国占有了瓦罕帕米尔,其余为沙俄侵占。

七、日本割占台湾及澎湖列岛

1894年,日本发动侵略中国的甲午战争,打败清军,迫使清政府于1895年4月签订中日《马关条约》。条约共11款,第二款内容为:台湾全岛及所有附属各岛屿、澎湖列岛及辽东半岛割让与日本。后因割让辽东半岛与沙俄侵华利益冲突,引起俄、法、德干预,日本不得不接受三国"劝告",四国商定由中国以 3000 万两白银"补偿"日本,赎回辽东半岛。

八、沙俄侵占江东六十四屯

1900 年,沙俄在参加八国联军攻占北京的同时,又单独出兵侵占我国东北三省。沙俄入侵东北,是从血洗黑龙江以北海兰泡和江东六十四屯开始的。

江东六十四屯位于黑龙江以北左岸,沿江南北长约 75 公里,东西宽约 40 公里,面积约 3000 平方公里,有中国居民 3 万多人。1858年中俄《瑷珲条约》规定,在六十四屯"原住之满洲人等,照旧准其各在所住屯永远居住,仍著满洲国大臣官员管理,与俄罗斯人等和好,不得侵犯"。此后中俄双方曾于 1883 年和 1889 年两次会勘六十四屯界址范围。沙俄认为这里是前沿阵地,始终想据为己有。1900 年7 月,沙俄参加八国联军侵华,首先出兵侵占了江东六十四屯,7000多中国居民被杀,居民财产被掠夺一空,六十四屯成为一片焦土。8月,俄阿穆尔地方官颁布条例,宣称江东六十四屯"已归俄国当局管辖,凡离开我方河岸的中国居民,不准重返外结雅地方(即江东六十四屯),他们的土地将交给俄国殖民者,使其专用"。自此,江东六十四屯被沙俄长期霸占。

1906 年交收瑷珲城时,清政府曾多次照会俄阿穆尔地方索要江东六十四屯。次年,清外务部又两次照会俄外务部,要求归还江东六十四屯。俄方以该地归俄属,原中国居民已离开为由,拒绝交还。

1908年以后黑龙江地方政府仍多次致函外务部要求收回江东六十四屯,终无结果,遂成悬案。

九、沙俄策动外蒙古独立

日俄战争后,尤其是1907年第一次《日俄密约》后,沙俄加紧了在中国蒙古地区的渗透和侵略活动。1909年底,清政府在外蒙地区实行"新政",对沙俄侵略野心的实现是个沉重打击。于是沙俄一方面向清政府施加外交和军事压力,另一方面又以利益拉拢蒙古上层封建王公,加紧煽动外蒙"独立"。

1911年7月,被俄拉拢的外蒙哲布尊丹巴活佛在库伦秘密召开会议,讨论外蒙"独立"问题。会后派遣"代表团"秘密访问彼得堡,寻求沙俄的支持和帮助。沙皇表示"支持蒙人捍卫独立的愿望",并向库伦大肆增兵,企图迫使清政府停办外蒙各项"新政"。至1911年10月,外蒙首府库伦实际已在沙俄领馆卫队武装的控制下。

辛亥革命爆发后,沙俄加紧策动外蒙古"独立"。12月1日,在沙俄的扶持下,哲布尊丹巴等宣布"独立",并于28日宣布即"皇帝"位,称"多人公举之日光皇帝",建立"大蒙古国",年号为"共戴"。继而迫使乌里雅苏台定边左副将军出逃,武力占领科布多城(参赞大臣驻地),"独立"扩大到整个外蒙。沙俄策动的清末外蒙古"独立"延续至民国时期,进而酿成中国当代历史上最大的一次国土分裂。

在列强的侵略和宰割下,晚清中国领土边界发生了两次大的变迁,先后丧失了150多万平方公里领土;清末遗留下来的沙俄策动的外蒙古"独立"问题又使 156.65 万平方公里的外蒙古领土从中国分裂出去。在近代以来短短不到 90 年的时间内,中国失去 300 多万平方公里的领土,几乎相当于国土面积的 1/4。从国家政治上讲,丧失如此大片领土使历史上国家主权受到巨大的侵害,国家政治蒙受巨大的耻辱;从国家发展的战略角度讲,晚清丧失如此大面积的国土,使国家经济失去了重要的战略资源后备基地,不仅影响近代中国的发展,而且对当代中国的可持续发展也带来了不可估量的负面影响。

作者简介:厉声,1949 年生。中国社会科学院中国边疆史地研究中心主任、研究员、博士生导师,中俄关系史学会副会长,中外关系史学会副会长。著有《新疆对苏(俄)贸易史(1600—1990)》,《中俄伊犁交涉》,《哈萨克斯坦及其与中国新疆的关系(15 世纪—20 世纪中期)》,《中国新疆:历史与现状》等。

晚清海权观的萌发与滞后

杨东梁

面向海洋,是近代世界强国发展必须认真思考的问题,而近代中国海洋意识的觉醒却经历了一个漫长的过程。

中国是世界上海岸线最长的国家之一,海洋也是中华文明赖以成长、发展的一个要素。中华民族在造船航海方面所取得的成就,历史上曾列世界之首。明代郑和七下"西洋",堪称世界航海史上的空前壮举。但由于中国自古以农立国,历朝历代基本上采取"重农抑商"政策,商品经济受到人为的阻碍;加上明、清两代推行"海禁",使闭关自守、重陆轻海倾向占据主导地位,因此迟迟未能形成海权意识。直至19世纪中叶鸦片战争爆发,面对西方列强用武力叩关破门,才开始萌发了近代海防观念。

鸦片战争后期,林则徐、魏源相继提出了较为长远的海防大计。林则徐强调"船炮水军断非可已之事","有船有炮,水军主之,往来海中,追奔逐北,彼能往者,我亦能往";魏源则明确提出"师夷之长技以制夷",也就是要学习西方先进的船炮技术,建立一支新式海军,"集于天津,以创中国千年水师未有之盛"。

"自强新政"兴起后,刚刚萌发的近代海防意识得到进一步发展,李鸿章呼吁:"外国猖獗至此,不亟亟焉求富强,中国将何以自立?"同治五年(1866),左宗棠更上疏清廷,阐明加强海防的重要性,他说:"自海上用兵以来,泰西各国火轮、兵船直达天津,藩篱竟成虚设,星驰飙举,无足当之,欲防海之害而收其利,非整理水师不可;欲整理水师,非设局监造轮船不可。"左宗棠认为当西方列强争雄海上、争夺海权之际,中国不能自甘落后,无动于衷,他形象地比喻说:"彼此同以大海为利,彼有所挟,我独无之。譬犹渡河,人操舟而我结筏;譬犹使马,人跨骏而我骑驴,可乎?"他已经认识到建设一支近代海军不仅是加强海防、抵御外侮的需要,也是"防海之害而收其利"的需要,这无疑是近代中国人逐步树立海洋意识的一个新突破。当然,左宗棠对"海洋之利"的内涵认识还比较肤浅,但应该说已经有了初步的海权意识。

同治七年(1868),江苏巡抚丁日昌草拟了一份《海洋水师章程》(直到6年后才经代奏转达朝廷),提出要建立北洋、东洋、南洋三支新式海军,"每洋各设大兵轮船六号,根钵轮船(炮艇)十号",并各设提督统辖,彼此呼应,联成一气。三洋各设三座制造厂,"水师与制造相互表里"。丁日昌的条陈,首次规划了建立中国近代海军海防的方案。

进入19世纪70年代,欧美有关海防建设的理论传入中国。同治十三年(1874)德国人希里哈的《防海新论》(1868年在伦敦出版)由江南制造局译成中文出版(英人傅兰雅译,华衡芳述),这是一部从军事上总结美国南北战争成败得失的理论著作。该书的主导思想在于必须以积极的海上防御措施取代传统的海防手段。这部书的翻译出版立即在中国政界产生了重要影响,并成为中国海防建设的主要理论来源。其时,正值日本入侵台湾,一个刚刚起步开始学习西方的东洋岛国也敢打上门来,不能不使清政府极为震悚。总理衙门认为必须积极筹措海防,并提出练兵、简器、造船、筹饷、用人、持久等六条应变措施。清廷遂命沿海、沿江督抚、将军筹议,这就是中国近代第一次海防大讨论。在讨论中,有五位督抚大员直接引用了《防海新论》的基本观点,特别是北洋通商大臣兼直隶总督李鸿章,本来就强调近海防御,因此,对希里哈有关近海重点防御的论述极为欣赏。他在《筹议海防折》中,吸收了希里哈的不少见解,认为希里哈关于"聚集精锐,以保护紧要数处,即可固守"的论述"极为精切"。李鸿章倡导重点设防的守势战略,就是直接接受《海防新论》的影响。

在第一次"海防议"中,左宗棠的"东则海防,西则塞防,二者并重"的观点为清政府所采纳,从而在国防战略上确立了海洋与大陆同等重要的原则,也使海防在国防指导方针中取得了应有的地位。从此以后,清政府决定由李鸿章、沈葆桢分别主持北洋与南洋防务,开始成规模地筹建近代海军。同治十三年至光绪十年(1874—1884),北洋、南洋、福建、广东四支海军规模初具。

"海防议"后的10年,晚清海军虽有了初步发展,但与西方列强相比,仍然差距悬殊,这一点在中法战争中暴露无遗。当时,法国舰队横行东南海域,福建水师被封锁在马尾港内,全军覆没;南、北洋海军也一无可恃,甚至连台湾海峡都难于涉渡。

中法战后,清廷痛定思痛,急谋有所改善。光绪十一年(1885)六月发布谕旨说,"当此事定之时,惩前毖后,自以大治水师为主",并命各沿海督抚各抒所见,这就是第二次"海防议"。第二次海防建设大讨论,得出了"目前自以精炼海军为第一要务"的结论。其具体措施是决定成立"总理海军事务衙门",以统一海军指挥,加强海防的整体建设。同时,决定集中使用并不宽裕的海防经费,"与其长驾远驭,难于成功,不如先练一支,以为之倡"。正是在这样的背景下,光绪十四年(1888)九月奏定了《北洋海军章程》,北洋海军正式成军,共有舰艇25艘,总排水量约4万吨,再加上南洋、福建、广东三支海军,至甲午战前,中国海军共拥有大小舰艇78艘,总吨位8万余吨,成为一支相当可观的海上力量。中国海军力量的加强,自然引起国际上的关注。光绪十五年(1889),美国海军部长本杰明·富兰克林·特雷西在一份年度报告中说:中国的海军实力列世界第九位,排在英、法、俄、德、荷兰、西班牙、意大利、土耳其之后,而排在美国和日本之前。岂料这一海军建设的成就不但没有成为继续加强海防建设的动力,反而成了清政府不思进取的包袱。从光绪十四年后,北洋海军没有再添置新的战舰。十七年(1891),户部又决定两年之内暂停购买北洋武器,海防建设处于停滞状态。北洋海军在亚洲的优势地位逐渐被迅速崛起的日本海军所取代。经过二十多年的苦心经营,到甲午战前,日本海军已拥有中等以上战舰32艘,总排水量达5.9万多吨,而且在作战的机动性和海上进攻能力上有了很大提高,其实力已超过了中国北洋舰队。清政府因为对海防建设的短视与盲目,终于自食苦果。

19世纪70年代中期,晚清国防战略由"专防内地"向"海口防御"转变。这种海口重点设防思想虽有一定实用价值,但从海权控制来看却是消极保守的。直至甲午战争爆发,李鸿章的海军战略仍是"保船制敌"、"避战保船",这自然限制了晚清海军建设的规模和发展方向。

在西方,从18世纪以后,随着海军由中世纪向近代过渡,重视制海权的军事战略已经问世。到 19 世纪末,美国海洋理论学家马汉提出了"制海权决定一个国家国运兴衰"的思想,从而直接促成了德、日、美诸国海军的崛起。光绪十六年(1890),马汉出版了他的《海权对历史的影响:1660—1783》一书,明确表述了要确保商业航运的利益,就必须获得海上航行的自由,因此必须掌握制海权。

马汉关于制海权问题的论述,引起了正积极向外扩张的日本的密切关注。日本将《海权对历史的影响:1660—1783》等列为军事学校、海军学校的教科书,海军军官人手一册。相反,在中国,马汉的海权理论却受到冷落,直至清朝覆亡后 17 年(1928),比较全面介绍海权思想的论著《海上权力论》(林子贞著)才面世,这离甲午战争已过去了三十多年。

对于海权观念,晚清时代的中国人迟迟未能觉醒,对海洋国土、海洋资源、海上交通线、海上贸易的竞争处于懵懂状态,几乎一无所求。淡薄的海洋观念以及对海洋权益的漠视把清廷国防战略的制订引向了歧途,而且对我国维护海洋权力和利益的事业造成了长期、消极的影响。这是深刻的历史教训。

海洋权利是国家领土向海洋延伸而形成的权利,属于国家主权的范畴。亲近海洋是世界强国发展的必由之路。中国的发展不仅要依靠陆地国土,也需要维护海洋权利,从海洋上退却,损害的将是中华民族的根本利益。

作者简介:杨东梁,1942 年生,湖南岳阳人。中国人民大学清史研究所教授,博士生导师。主要从事中国近代史研究,著有专著多部,发表学术论文及其他文章百余篇。

宣统年间清军水师对西沙群岛的巡视

李国强

南海诸岛南起北纬 3°40′ 的曾母和亚西等暗沙,北至北纬 21° 的北卫滩,西起东经 109°30′ 的万安滩,东至东经 117°50′ 的黄岩岛,北接我国台湾、广东、海南和广西等省区,东面和南面分别隔着菲律宾群岛和加里曼丹群岛与太平洋、印度洋为邻,西南和越南、马来半岛等地相连。南海面积约为 360 万平方公里,大约是 16 个广东省面积的总和,由东沙群岛、西沙群岛、中沙群岛和南沙群岛组成。在四个群岛上,分布着 287 个岛屿、沙洲、暗礁、暗沙和暗滩。南海诸岛是连接太平洋与印度洋、东亚与大洋洲的"海上通道"和"空中走廊",具有重要的战略地位。20 世纪 60 年代末、70 年代以来,周边国家围绕南海诸岛主权所形成的争端日趋激烈,南海诸岛争端已经成为目前世界上涉及国家最多、情况最为复杂的争端之一。

南海诸岛历来都是我国行政区划中不可或缺的组成部分。我国政府对南海诸岛的管辖及行使主权,经历了一个较为漫长的历史过程。在这样一个循序渐进、逐步形成乃至完善的过程中,主权地位的确立有其特定的运行形态和独特的表现方式,而在不同的历史时期,中国政府行使主权和实施管辖的方式也不尽相同。

从秦汉以来直到宋、元、明时期,中国人民历经最早发现、最早命名以及最早开发经营南海诸岛,而成为南海诸岛唯一的主人。到清代,清政府不仅将南海诸岛正式列入中国版图,而且派出水师进行巡视,其中宣统年间清军水师对西沙群岛的巡视,集中体现了清朝对南海诸岛所行使的有效主权管辖。

清朝派出水师对南海诸岛进行巡视,延续了历代对南海诸岛的管理方式,但其巡视的范围和频率超过了以往各个历史时期。

康熙年间创修和续修、民国时重修的《感恩县志》卷12《海防志》"环海水道"条,把包括南沙群岛在内的"千里石塘、万里长沙"列入广东省琼州府,认为是"琼洋最险处"。1838年严如煜《洋防辑要》卷一《直省海洋总图》,1842年俞昌会《防海辑要》卷首《直省海洋总图》,均明确地将南海诸岛四个岛群作为海防要地列入我国版图中。而1842年成书、1852年刻印的魏源《海国图志》卷三《东南洋沿海各国图》,1894年马冠群《中外舆地丛钞》中的《东南洋沿海岛岸国图》,佚名《八省沿海总图》等,均分别将南海诸岛中的岛屿列入我国版图,并注明属于万州所辖。

值得注意的是,在1843年郑光祖所著《一斑录》卷一《中国外夷总图》中,在绘有"落际"、"东沙"、"石塘"和"长沙门"的同时,也标绘了"西沙",在中国的地图上第一次出现了"西沙"这一名称。结合郑光祖在《海国闻见录》中的记述来考证,他在图中所绘"落际"指今东沙群岛,"东沙"即今中沙群岛,"石塘"和"长沙门"均指今南沙群岛的不同区域,而"西沙"确指今西沙群岛。该图对南海诸岛四个岛群的标绘十分细致,而且还有航道,将我国地图对南海诸岛的标绘大大地向前推进了一步。

在清代《泉州府志》和《同安县志》两部史籍中，均记载了广东水师副将吴升（康熙四十九年至五十一年在任）巡治"七洲洋"的史实："吴升，字源泽，同安人，本姓黄。为总旗，御贼于果塘。授千总，又从征金门、厦门、澎湖、台湾，以功授陕西游击，擢广东副将，调琼州。自琼崖，历铜鼓，经七洲洋、四更沙，周遭三千里，躬自巡视，地方宁谧。升定海总兵官，设法捕盗，奸宄（guǐ，奸宄，指犯法作乱的坏人）屏迹。"（清·黄任、郭赓武修《泉州府志》卷五十六）"七洲洋"即今天的西沙群岛，吴升巡视西沙群岛及其附近海域，一方面是宋代以来我国水师行使管辖权的继续，另一方面其范围较之以前历代有所扩大。

至清代后期（1840—1911），把南海诸岛纳入海防范围，在南海诸岛行使军事守卫的职责，已经逐步成为清政府的惯例。

清政府在海南岛南部设崖州协水师营，据《琼州府志》记载："崖州协水师营，分管洋面。东自万州东澳港起，西至昌化县四更沙止，共巡洋面一千里，南面直接暹（xiān）罗、占城夷洋。"（清·明谊《琼州府志》卷十八）在《崖州志》中也有大致相同的记载（清·钟元棣《崖州志》卷十二），可见崖州协水师营的职责和权限范围。

史料记载至清晚期，广东水师继续在"七洲洋"即西沙群岛巡海（清·李翰章《广东舆地图说》卷首）。而1909年广东水师提督李准在西沙群岛的巡视，则是清代在南海诸岛行使主权方面有着极其深远意义的行动。

鉴于西沙等南海诸岛岛屿屡遭外人侵扰，为了捍卫清朝在南海诸岛的主权，广东总督张人骏命广东水师提督李准前往西沙群岛巡视。宣统元年（1909）四月初一日，李准率广东补用道李哲濬（jùn）

等官员和官商、测绘人员、化验师、工程师、医生、工人等共计170余人,分乘伏波、琛航、广金三艘兵船,从广东出发,至十八日抵达西沙群岛罗拔岛(今甘泉岛),随即在各岛上展开了物产调查、测绘等工作,至二十二日返回。此次巡视,对西沙群岛岛屿的分布、地理、资源等情况进行了较为深入的调查,据此充分认识到西沙群岛所具有的重要意义。张人骏在奏报中指出:"其地居琼崖东南,适当欧洲来华之要冲,为南洋第一重要门户。"不久之后,广东政府便成立了"筹办西沙群岛事务处",以图进一步办理西沙事宜。该事务处制定了复勘西沙群岛"入手办法大纲十条"和"筹办处开办办法八条",对开发、建设、保卫西沙群岛做了详密的计划。

李准巡视西沙群岛,无论从其行动本身,抑或从其所带来的后期效应,在我国南海诸岛主权演进的历史中都有着重要的意义。它不仅是中国历代在南海诸岛行使主权的继续,而且将中国在南海诸岛的行政管辖又向前推进了一步,充分显示了中国在南海诸岛不可动摇的主权地位。同时,中国在南海诸岛的管辖已不限于巡视,而是强调将开发、经营和建设融入其中。尽管当时对西沙群岛或对整个南海诸岛的认识仍不能说是全面和完善的,但是至少中国在南海诸岛的有效管辖已经逐步扩展到了军事、行政、经济等各个方面。

清军水师巡视西沙群岛给我们带来多方面的启示:

其一,中国拥有南海诸岛主权是历史发展的必然,具有历史连续性。事实上,中国对南海诸岛行使主权管辖至少从宋代即已开始,历朝历代的管辖方式虽然有所不同,但都把派遣水师、巡视海疆作为主要的形式之一。正是由于连续不断的行政管辖,才使我国得以在法律上进一步确立了主权地位。而清军水师巡视西沙群岛更是集中体现了这一管辖形式的实质。

其二,只有依托军事力量,才能在维护主权问题上取得主动。随着清军水师对南海诸岛巡视的不断加强,为清政府维护南海诸岛主权、管理南海诸岛事务奠定了良好基础。1907—1909 年清外务部调查东沙岛被日本人侵占和为此展开的交涉,是中国历史上就南海诸岛问题进行的早期外交交涉的重要事件之一。清政府经过不懈努力,于 1909 年迫使日本承认了我东沙岛的权益,从而确保了我国在这一海域的主权地位。清政府在这一问题上的胜利,可以说与清军水师巡视西沙群岛所产生的影响作用不无关系。

其三,深入研究清代与南海诸岛的关系,对于维护我国南海诸岛主权有着重要的学术价值和现实意义。清代是中国确立南海诸岛主权历史进程中承前启后的重要历史时期,有关的史料、舆图数量多而散。以往的学术研究对海疆问题有所忽视,无论是对资料的整理,还是对历史本身的研究均显不足,今后,通过深入研究全面揭示清代与南海诸岛的关系是十分必要的。

作者简介:李国强,男,1963 年生,中国社会科学院中国边疆史地研究中心副主任、研究员。中国海洋法学会理事,中国海洋发展研究中心兼职研究员。著有《南中国海研究:历史与现状》、《中国边疆史地研究综述,1989—1998》(主编之一)等。

对 外 关 系

中俄《尼布楚条约》

薛衔天

　　《尼布楚条约》是中国与沙皇俄国签订的第一个条约,也是中国与外国签订的第一个条约。全名为中俄《尼布楚议界条约》,史称《尼布楚条约》。

　　订约时间:公历 1689 年 9 月 7 日(康熙二十八年七月二十四日,俄历 1689 年 8 月 27 日)

　　谈判与订约地点:中国尼布楚(今俄罗斯涅尔琴斯克)。

　　订约人:中方索额图;俄方戈洛文。

一、订约缘起——沙俄对我黑龙江地区的侵略

　　沙皇俄国原是东欧国家,与中国相距遥远。16 世纪末开始征服西伯利亚汗国,势力迅速向东发展。1644 年,一批沙俄武装殖民者闯入我国当时的内河黑龙江,沿江下行,出江口,于 1646 年返回雅库次克。此后沙俄殖民者先后侵入中国黑龙江流域长达数十年之久,入侵范围遍及黑龙江上、中、下游。入侵者攻占了位于乌尔喀河入黑龙江河口处的我达斡尔城寨雅克萨,取名阿尔巴津,以其作为侵略据

点。另一支沙俄武装殖民者窜入石勒喀河与尼布楚河汇流处,强建涅尔琴斯克城堡,对我尼布楚地区实行武装占领。俄国武装殖民者以雅克萨和尼布楚为中心,四出抢劫黑龙江两岸村庄,勒索毛皮,奸淫妇女,策动当地头人归顺俄国。沙皇政府正式委任侵占雅克萨和尼布楚的头目切尔尼果夫斯基为"阿尔巴津管事",即雅克萨地方长官,帕什科夫为尼布楚统领,企图永久霸占入侵土地。由达斡尔等民族组成的中国当地居民曾进行英勇反抗,但时值清军入关,一时得不到政府的有力支持,反抗斗争大都失败。以后侵略者日益猖獗,多次拒绝清政府进行谈判的建议。

二、谈判的启动——收复雅克萨战争的胜利

鉴于雅克萨已成为沙俄侵略黑龙江地区的主要基地,康熙帝决定首先拔除这个据点,以战逼和。在平定"三藩之乱"后,康熙帝采取了一系列加强东北边防的措施:储备粮食,建造仓库,增建运输船和战舰,开通辽河、松花江和黑龙江交通干线,在瑷珲(今黑龙江北岸)、呼玛、额苏里建立木城,置兵屯守。1685 年 2 月,康熙帝命令都统彭春、副都统郎坦、黑龙江将军萨布素率水陆军并进,收复雅克萨。俄军统领托尔布津率众乞降。彭春等准其所请,对愿回国的 600 余名俄军,准其携带武器离去。清军撤回,并未留兵驻守。当年 8 月托尔布津得到大批人员、武器和物资装备,卷土重来,在雅克萨废墟上重建堡寨,企图顽抗到底。1686 年 3 月,康熙帝再令萨布素重征雅克萨。7 月清军进抵雅克萨城下,采取长期围困战略,在城外挖壕筑垒,切断俄军水源,用大炮轰击敌垒。俄军饥寒交迫,伤病交加,死伤

枕藉。至当年 12 月,826 名俄军只剩下 150 人,第二年春天又减至 66 人,完全丧失了抵抗能力。这时沙皇政府认识到,通过武力征服是行不通的,只有讲和,平等相处,于是派出急使魏牛高投书北京,声明沙皇已经派出使臣前来中国举行边界谈判,并要求清政府撤雅克萨之围。

三、尼布楚订约谈判与条约的签订

中俄双方对这次缔约谈判都非常重视。清朝政府派索额图为使臣。索额图,满洲正黄旗人,赫舍里氏,辅政大臣索尼之子,康熙皇后叔父,时称"索三舅爷"。康熙八年至四十年,他先后任国史院大学士、保和殿大学士、议政大臣、领侍卫内大臣等职,是康熙朝辅弼重臣。索额图以领侍卫内大臣头衔率领使团于 1688 年 3 月从北京出发,带卫兵 600 人、火器营 200 人,另有拉丁文翻译耶稣会士徐日升(葡萄牙人,原名托马斯·贝瑞拉)、张诚(法国人,原名费朗索阿·热比翁)随团前往。初定谈判地点为色楞格斯克。索额图一行经张家口、归化(今呼和浩特),穿蒙古沙漠,7 月下旬抵达克鲁伦河,为噶尔丹叛军所阻。于是,谈判地点改为尼布楚。索额图遂于 1689 年 6 月出古北口北上,增加护兵 1500 人,于 7 月 31 日抵达谈判地点,在石勒喀河南岸扎营。俄方使臣为戈洛文。他出身大贵族,历任沙皇御前侍官等职。出任使臣后,沙皇又加授布良斯克总督头衔,以突出其身份。他带领使团,由 2000 余名卫兵扈从,已先期在尼布楚等候。

8 月 22 日谈判开始。谈判过程中,俄方先后提出两国以"黑龙江至海为界","以牛满河或精奇里江为界"和"以雅克萨为界",均为中方严词拒绝。经过半个多月的谈判,双方达成协议,于 1689 年 9 月 7 日签订了中俄《尼布楚条约》。条约分拉丁文、俄文、满文三种文本,以拉丁文文本为正式文本。条约共有 6 条。其主要内容为:(1)正式划定两国东段国界。以流入黑龙江之额尔古纳河、格尔必齐河为界,再由格尔必齐河发源处沿外兴安岭(斯塔诺夫山)直达于海为两国之界,此界以北属俄国,此界以南属中国。(2)俄国在雅克萨所建城堡即行拆除,俄国人尽行迁回俄境。两国人不得擅自越境。(3)两国不得接纳对方逃犯。(4)现在中国人居住于俄境者,俄国人居住于中国者,听其照旧居住。(5)两国人民可持护照过境来往、贸易和互市。(6)两国和好,来自边境的争端永予解除。

四、条约的意义及性质问题

中俄《尼布楚条约》的签订,消除了两国间的敌对状态,为两国关系正常化奠定了基础。条约规定中俄东段边界以外兴安岭至海、格尔必齐河和额尔古纳河为界,从法律上肯定了黑龙江和乌苏里江流域广大地区为中国领土。沙俄侵占黑龙江地区为非法。中国收复了被沙俄侵占的领土,制止了沙俄对黑龙江流域的进一步侵略,使东北边疆获得将近 200 年的安宁。

《尼布楚条约》得以顺利签订,首先是雅克萨自卫反击战胜利的结果。条约签订之前,沙俄对黑龙江地区进行武装侵略长达数十年之久,其间清政府多次呼吁俄国停止侵略,举行谈判,都被拒绝。如果没有雅克萨反击战的胜利,举行谈判是不可能的。其次,清政府是以战迫和。就在雅克萨唾手可得时,俄国同意谈判;康熙帝立即下令撤围,还接济俄军粮食,派出两名御医为俄军治病。这些宽大政策为谈判营造了良好气氛。第三,在谈判中,中方做出了重大让步,同意将额尔古纳河和格尔必齐河以西、包括尼布楚在内的中国领土让给了俄国,同意将乌第河流域作为未定界,从而杜绝了俄使故意使谈判破裂的借口。

《尼布楚条约》是一个典型的平等条约。谈判前的雅克萨之战是在中国土地上进行的,而且是清政府为了和谈而不得已采取的手段。代表团所带武装力量持平。谈判地点选在两个代表团驻地的中间,谈判时双方出席人数和警卫人员相等。互相之间不存在武力威胁。谈判结果俄方极为满意。条约换文后,俄国使团举行了气氛热烈的招待会,俄国全体使臣送中国使团走了一段路,并派人提着灯笼送中国使团上船。戈洛文还送来珍贵礼物:貂皮、猞猁皮,表示他的热忱之情;自鸣钟,表示分别后声息相通;望远镜,可以眺望远方朋友;银壶、银杯,象征开怀畅饮,以示分别后彼此怀念。沙皇政府为表彰戈洛文使团所建功勋,赏给他们每人一枚金质奖章,戈洛文以下直至军役人员都得到了升迁。

旧俄时代除个别学者外,一致认为《尼布楚条约》是平等条约。中苏关系恶化以前,苏联官方和学术界也一致认为《尼布楚条约》是平等条约。20世纪50年代末中苏关系恶化以后,苏联政府组织苏联学者重新评价《尼布楚条约》,认为该条约是不平等条约,外兴安岭以南是俄国新土地发现者开拓的土地,其目的在于为沙俄通过中俄《瑷珲条约》和《北京条约》等不平等条约割占中国黑龙江以北、乌苏里江以东100余万平方公里土地的侵略行为进行辩护。

现在中俄边界问题已经全部解决。中俄边界问题已经成为学术问题。俄罗斯学术界主流观点仍然坚持中苏关系恶化时的观点,继续出版大批论著,试图证明中俄《尼布楚条约》是对俄国的"不平等"条约,而《瑷珲条约》和《北京条约》则是"平等"条约;俄国根据后两个"平等"条约,"收复"了在《尼布楚条约》中"失去"的俄国土地。关于《尼布楚条约》的性质问题,仍是中俄学者争论的焦点之一。

作者简介:薛衔天,1940年生,河北围场人。中国社会科学院近代史研究所研究员,著有《中苏关系史(1945—1949)》、《沙俄侵华史》(合著)等。

马嘎尔尼访华

吴伯娅

乾隆五十八年(1793),英国马嘎尔尼使团以为乾隆帝祝寿的名义来到中国。这是到达中国的第一个英国外交使团,是中英之间最重要的一次早期交往,是中西关系史上的重大事件。

18世纪后期,英国资本主义经济已有相当发展,广州一口通商不能满足其对华贸易的需要。乾隆五十二年(1787),英国国王应东印度公司的请求,派遣凯思卡特为使臣,前往中国交涉通商事务,并谋求建立外交关系。使臣在中途病死。乾隆五十七年(1792),英国又派遣马嘎尔尼使团访华,目的是想通过与清王朝最高当局谈判,取消清政府在对外贸易中的种种限制和禁令,打开中国门户,开拓中国市场。同时,也是为了搜集有关中国的情报,估计中国的实力,为英国资产阶级下一步的行动提供依据。

英国政府对这次出使十分重视,进行了周密的准备。首先,对使团成员的组成作了精心安排。特使马嘎尔尼是一位有经验的外交官和殖民主义的老手,曾任驻俄公使,与俄国签订了十分有利于英国的商务条约。以后又历任格林纳达总督和英属印度马德拉斯总督。副使斯当东是马嘎尔尼的挚友,有从事殖民外交的丰富经验。使团其

311

他成员也都是各种专家,有哲学家、医生、机械专家、画家、制图家、植物学家、航海家以及有经验的军官。此外,还有东印度公司的职员和大批军事人员。

使团乘坐的船只和携带的大量礼物都是特意制造和经过精心挑选的。这艘"狮子号"炮舰,装有64门大炮,是当时英国第一流的军舰。使团携带的礼物除一部分是投中国皇帝之所好外,更多的是为了显示英国的科学技术,如天文地理仪器、乐器、钟表、车辆、武器、船只模型等。

总之,这是一个耗费巨大、人员众多的外交使团,具有商务和政治的双重目的,是英国向东方进行殖民与贸易扩张的一个重要环节。不过,由于当时的国际形势和中国作为一个东方大国的实力,英国不敢贸然行动,而是尝试与中国建立关系,加强交往。

对于为祝寿而来的马嘎尔尼使团,清廷最初是持欢迎态度的,并表现出前所未有的重视。乾隆帝认为英使远涉重洋,前来祝寿,"具表纳贡",实属好事。为此他连颁数道谕旨,亲自确定了体恤优礼的接待方针。他不仅破例允许使团从天津上岸,而且命令沿海各省地方官做好接待,还向使团提供了丰富的免费食物。英国使团的一个成员感慨道:"关于这一方面,我们所受的待遇不仅是优渥的,而且是慷慨到极点。"

乾隆五十八年(1793)六月,马嘎尔尼使团到达天津。钦差大臣徵瑞亲赴天津接待。此时,乾隆帝正在热河行宫(今承德避暑山庄)避暑,于是决定由徵瑞护送使团经北京赴热河谒见皇帝。使团在北京稍事停留后,除留一部分人在圆明园安装英国带来的仪器外,主要成员均在徵瑞的陪同下赶赴热河。然而,外交接触尚未开始,礼节冲突便已发生。清朝政府要求英国使臣按照各国贡使觐见皇帝的一贯礼仪,行三跪九叩之礼。英使认为这是一种屈辱而坚决拒绝。礼仪之争自天津,经北京而继续到热河。乾隆帝闻讯,勃然动怒,下令降低接待规格。

在今人看来,礼仪问题属于形式,当时却成了中外交往中难以逾越的障碍。中国素称"礼仪之邦",在以儒家文化为主体的中国传统文化中,"礼"具有突出的地位。在各种礼仪中,君臣之礼尤为重要。臣民匍匐于君主脚下,向君主行跪拜礼,被视为是天经地义,是对君主至高无上地位的承认和服从。中国又始终以"天朝上国"自居,将别的国家都视为蛮夷之邦,把广阔的世界纳入一个以自我为中心,按照封建等级、名分构成的朝贡体系之中。历代的统治者都制定有一套繁复的朝贡礼仪,朝贡国必须严格遵守这些礼仪,才能表明其"向化"的诚意。乾隆时期,清政府对当时欧洲各国的社会经济发展和近代资本主义的历史性进步茫然不知,把西方各国仍然视为"海夷"。他们不假思索地称马嘎尔尼为"贡使",称他们带来的礼品为"贡品",要求他们遵从中国礼制。英国作为当时西方第一强国,其使臣向中国这一传统发起了猛烈的冲击。

由于中英双方都不肯迁就让步,谈判几近破裂。最后,双方终于达成协议。乾隆五十八年八月,83岁的乾隆帝在热河避暑山庄接见并宴请了英国使团,接受了英使呈递的国书和礼品清单,并向英王及使团回赠了礼物。

觐见时究竟行的何种礼节? 中英双方记载不同。英国人说马嘎尔尼等人按照觐见英王的礼仪单膝跪地,未曾叩头。和珅的奏折却说,英国使臣等向皇帝行三跪九叩之礼。

因双方记载不同,已很难明其真相。但无论当时以何种方式解决这场矛盾冲突,都改变不了礼仪之争对中英首次通使往来所造成的负面影响。

清朝政府认为,进贡和祝寿已毕,英国使团的任务已经完成,应该打道回府。但是,在将英王国书译出后,他们才如梦初醒,知道英国人祝寿的背后是要求使臣驻京和扩大通商。马嘎尔尼则急切要求并等待谈判。他向清政府提出了六项要求:一、请允许英商到宁波、舟山和天津贸易;二、准许英商像以前俄商一样,在北京设立商馆;三、将舟山附近一处海岛让给英国商人居住和收存货物;四、在广州附近划出一块地方,任英国人自由来往,不加禁止;五、英国商货自澳门运往广州者,享受免税或减税;六、确定船只关税条例,照例上税,不额外加征。

显而易见,这些要求一部分是属于希望改善贸易关系的正常要求,一部分则具有殖民主义侵略性,如割让岛屿一事,清政府决不能接受。面对这种情况,清政府理应认真研究和区别对待。有的可以接受,有的应当拒绝,有的经过谈判加以修改。即便拒绝英国的大部分要求,只要把谈判继续下去,也能够相互增进了解,缓和矛盾冲突,于中国有益无损。可是清政府却简单地一概拒绝,将英国的六项要求全部斥为"非分干求",断然关闭了谈判的大门。

乾隆帝示意马嘎尔尼使团应于 10 月 7 日离京回国。英使要求举行谈判,暂缓回国,遭到拒绝。于是,在没有举行谈判、没有完成使命的情况下,英国使团踏上了归程。马嘎尔尼一行从北京出发,由军机大臣松筠伴送,沿运河南下,几乎纵穿中国腹地,到达广州,于1794 年 1 月自广州回国。

清政府之所以会采取这样的行动,主要是对外部世界毫无了解,既没有近代国际交往的经验,也不认为有建立经常性外交关系的必要,而是沉湎于"天朝上国"的自我陶醉之中,满足于自然经济结构下"无求于人"的状态,正如乾隆帝所说:"天朝物产丰盈,无所不有,原不藉外夷货物以通有无。"同时,也唯恐外国人与中国各阶层接触频繁,将后患无穷,危及其统治。因此,要"杜民夷之争论,立中外之大防"。

　　清政府断然拒绝英国的割地要求,明确宣布:"天朝尺土俱归版籍,疆址森然,即岛屿沙洲,亦必划界分疆,各有专属。"这是完全正确的。它维护了国家的主权,抵制了殖民主义的侵略。但是,清政府不愿打开中国的大门,闭关自守,又使中国失去了一次了解世界、扩大经济文化交流、推动社会前进的历史机遇。

　　马嘎尔尼访华虽然没有达到打开中国门户、扩张英国贸易的目的,但毕竟开始了中英两国正式的外交接触,双方互递了国书,互赠了礼品,使团成员在华期间还与中国负责接待的一些官员建立了良好关系。同时,使团沿途搜集了大量有关中国政治、经济、军事的情报,为日后英国侵略中国做了资料准备。通过对清王朝各方面的观察分析,马嘎尔尼认为清朝实质上是极其虚弱的,"好比是一艘破烂不堪的头等战舰",要击败它并不困难。从此,18 世纪盛行于欧洲的关于中国强盛富庶的看法开始改变。

　　四十余年之后,鸦片战争爆发,英国用武力打开了中国的大门。

　　作者简介:吴伯娅,1955 年生,湖北武汉人,中国社会科学院历史研究所研究员。著有《康雍乾三帝与西学东渐》、《圆明园史话》,合著《清代全史》、《中国史稿》(清代卷)、《清代人物传稿》等。

"师夷长技"与"全盘西化"

杨东梁

在中国近代史上,"师夷长技"与"全盘西化"是不同时期提出的探寻中国前途的两个命题。鸦片战争中,魏源在研究总结失败的惨痛教训基础上,提出了"师夷长技以制夷"的精辟论断。而大约过了半个世纪后,"全盘西化"说才开始在中国露头,到 20 世纪二三十年代,成为一种流行的社会思潮。这两种主张在中国近代都曾产生过较大影响。那么它们是在一种什么背景下提出的呢? 各自的特点和实质又如何? 这需要在比较中做进一步探讨。

一

清政府在甲午中日战争中的惨败,使"洋务派"所标榜的"自强新政"在人们心目中的地位一落千丈,"求强"、"求富"的口号在冷酷的现实面前也受到质疑。民族危机的加剧,使越来越多的爱国知识分子更加迫切地去探索救国真理,如谭嗣同所说:"平日于中外事虽稍稍究心,终不能得其要领。经此创痛巨深,乃始屏弃一切,专精致思,酷嗜西学。"(《中国近代史资料丛刊·戊戌变法》第 2 册) 从

1895 年至 1898 年间,报馆风起,学会林立,介绍西方资产阶级文化的著作被广泛译成中文,变法维新成了社会舆论的中心议题,有人形容是:"家家言时务,人人谈西学。"正是在这样一种背景下,"全盘西化"论在近代中国出现了。

光绪二十四年(1898),《湘报》先后发表过两篇文章,一篇是樊锥的《开诚篇》,提出:"革从前,搜索无剩,唯泰西是效";另一篇是易鼐的《中国宜以弱为强》,它的一个主要论点是:"若欲毅然自立于五洲之间,则必改正朔,易服色,一切制度悉从泰西。"这两则文字可算有关"全盘西化"论的最早表述。"全盘西化"成为时髦的社会思潮,那是 20 世纪二三十年代的事,胡适、陈序经对西方文化盲目崇拜,声称只有"全盘西化",中国才有出路。蒋廷黻(fú)在 1938 年出版的《中国近代史》一书中也说,中国"非全盘接受西洋文化不可"。如果说戊戌变法维新时期,刚刚冒头的"全盘西化"论主要是出于爱国动机而走上极端的话,那么五四时期和 30 年代的"全盘西化"论,则是要阻挠马克思主义在中国的传播,实质上是在维护中国的半殖民地统治秩序。

二

与"全盘西化"论相比,"师夷长技"的主张有什么特点呢?

首先,"师夷长技以制夷"的提出是从实际出发的。当时的实际是:第一,鸦片战争把清军装备的落后、简陋暴露无遗。通过战争实践,中国人目睹了西方枪炮、船舰的威力,用魏源的话说,要学习的夷之长技是"一战舰,二火器,三养兵练兵之法"。(魏源《海国图志·

筹海篇三·议战》)第二,能不能从中国古代智慧中去寻找御敌良方呢?事实说明办不到。不仅儒家经典中的"微言大义"无济于事,就是嘉道时期被称为"经世致用"的思想和方略也无能为力。第三,是当时清政府对外政策的实际。长期以来,清政府坐井观天,昧于世界大势。结果是走私的鸦片大量输入,一些有利于增强国力的"长技"却被拒之门外,魏源曾批评过这一政策。魏源、林则徐等按照当时的国情和世界形势,提出了他们认为应该学习的内容。

"全盘西化"论者则对本国实际不做认真细致研究,他们对自己的国情,只站在远处、高处粗粗地瞥一眼,就把目光全部倾注到他们朝思暮想的西方"极乐世界"去了。

"师夷长技"主张的第二个特点在于它的目的是"制夷",这是关键所在,它的进步性和生命力也主要体现在这一点上。在近代中国,帝国主义和中华民族的矛盾、封建主义和人民大众的矛盾是社会的主要矛盾,因此制不制夷,或说抵不抵抗列强的侵略,这是关系到中华民族生死存亡的根本问题、原则问题。伟大的爱国者林则徐在鸦片战争中,不但采取了"师夷"的措施,而且也初步取得了"制夷"的效果。他曾经派人去澳门、新加坡,"购西洋各国洋炮二百余位,增排两岸"(《林则徐书简》(增订本)),并从美商处购置了一艘千吨级的英制军舰"剑桥"号,又组织人力翻译了一些国外造船、制炮的技术资料。林则徐的活动曾使西方殖民者感到恐慌,也使战争初期英军在广东未能得手。

主张"全盘接受西洋文化"的蒋廷黻却一方面说"鸦片战争以前,英国全无处心积虑以谋中国的事情",美化投降派琦善下了一番"知己知彼"的功夫,说"在外交方面,他实在是远超时人";另一方面,却大肆攻击林则徐"于中外的形势不及琦善那样的明白",甚至说"林败则中国会速和,速和则损失可减少,是中国的维新或可提早二十年"(蒋廷黻《中国近代史》(外三种))。

第三个特点是从思想方法上看,"师夷长技以制夷"的主张打破了僵化的传统意识,对己对彼都注意了克服片面性,这确实是中国思想界一个了不起的变化。"师长"论者可贵之处还在于他们看到了彼长己短之后,并没有失去自尊和自信,从而对"夷人"顶礼膜拜。相反,他们对自己国家和民族的前途充满信心,相信经过"师夷长技"一定能达到"制夷"的目的,使国家面目改观。魏源对中国的悠久文化和中国人的聪明才智,表现出一种强烈的自豪感,他说:"中国智慧无所不有,历算则日月薄食,闰余消息,不爽秒毫;仪器则钟表晷(guǐ,日影)刻,不亚西土;至罗针壶漏,则创自中国而后西行;穿札扛鼎,则无论水陆,皆擅勇力。"这样的民族,如再能虚心学习别人的长处,"因其所长而用之",就一定会"风气日开,智慧日出,方见东海之民,犹西海之民"。

"全盘西化"论者则并非如此,他们鼓吹"要彻底的崇洋"。在五四运动后,有一本名叫《中国文化的出路》的书,公开宣扬"中国的一切都不如西方",必须"把西方的一切都接受过来,好的坏的都要,不仅要民主与科学,也要军国主义和金力主义",其崇洋心理的膨胀几乎到了无以复加的地步,它的片面性也达到了荒谬绝伦的程度。

有些论者在评述到"师夷长技以制夷"时,总是不无遗憾地认为林、魏等人"只是学习西方文化的表层而非文化的根本",说他们对西方文化认识肤浅。须知,人们对事物的认识总有一个由浅入深、由表及里的过程,这是符合认识规律的。但不管如何"浅",都掩盖不

319

住他们爱国主义的熠熠光辉,这是那些以西方殖民奴化思想为特征的"全盘西化"论者不能望其项背的。鲁迅先生在论及刘半农时曾说:"但他的浅却如一条清溪,清澈见底,纵有多少沉渣和腐草,也不掩其大体的清。……如果是烂泥的深渊呢,那就更不如浅一点的好"。林、魏的认识虽"浅",却是一条"清溪",比起"全盘西化"的"烂泥深渊"来,很容易让人赞同"不如浅一点的好"的呼唤。

三

"师夷长技"与"全盘西化",不仅表现出对待西方文化的两种态度,实质上也反映了对民族传统文化的两种评价。思想先进的中国人在西方侵略者面前并没有苟安昏睡,屈服于侵略者的坚船利炮,而是不甘落后,积极探索,追求新知。"师夷长技"论者并不菲薄民族文化传统,他们强调以我为主,有着强烈的民族自尊心和自信心,他们相信中国智慧"不亚西土",要制夷却不为夷所制,"我有铸造之局,则人习其技巧,一二载后,不必仰赖于外夷"。这种勇于放眼世界,"师夷长技"为我所用,又不仰"夷人"鼻息的主张,反映了晚清以来中国人民宝贵的性格和优秀的思想。而"全盘西化"论者则割裂民族传统,他们唯西洋马首是瞻的主张是不切实际的,是违反科学的,毕竟要为历史潮流所淹没。

从"夷务"到"洋务"

虞和平

1861 年,经受了太平天国和第二次鸦片战争打击的清朝,不仅进一步领略了西方的"坚船利炮",而且被迫扩大了对外开放的程度,更多地受到西方文化的影响。为了挽救王朝统治和增强自卫力量,清政府开始了以引进和学习西方科学技术、设立新式军队和创办新式企业为主要举措的"洋务运动"。

洋务运动的关键在"洋务",所谓"洋务",其本意是办理对外的事务。对外事务历朝历代均有之,但在鸦片战争之前称之为"夷务"。"夷务"一词,就其办理对外事务的含义而言,本与"洋务"无甚差异,关键在一"夷"字。在中国古代,居住中原以东的族群,被称为"东夷"、"夷人",后泛指华夏而外的四方他族,称之为"四夷"、"夷族",都属于蔑视、贬义的贱称,含有尚未受到文明教化的意思。到明朝时,开始有欧洲人远渡重洋而来,"夷"的范围也就扩大到这些来自远洋的异邦之人,统称为"海夷"、"外夷"、"番夷"、"蛮夷"、"夷人",并以其不同的发色或肤色加以不同的称谓,如将红发赤须的荷兰人称为"红毛夷",将白色人种的英国人称为"白夷";也有以其不同职业而加以不同称谓者,如将商人称为"夷商",将官员称为"夷

321

目",或客气一点的亦有"夷官"之称;还将其所用、所运、所驻的器物和场所称为"夷船"、"夷货"、"夷馆"。因此,将办理外国事务称为"夷务",自然也是包含着蔑视、贬义的贱称。后来,在1858年第二次鸦片战争期间,广东在籍的户部侍郎罗惇衍说:"地方官自夷人入城以来,每讳言夷务","不敢斥言夷字"。这也就是说,"夷"和"夷务"是一种贬斥的语言,在战胜者面前不得不"讳言"之。由此可见,"夷务"一词包含着清朝以"天朝上国"自居,妄自尊大,鄙视他国的观念和心态,既有碍于积极防御外敌入侵,也有碍于主动引进和学习外国先进文明。

"洋务"与"夷务"的区别,也主要在于一个"洋"字。相对于"夷"的贱称属性,"洋"应是一种中性的称谓。"洋"字在中国的使用,虽然晚于"夷"字,但亦早就有之,其最先是指海,后来包含海外的其他国家,如将欧美等西方海外国家称为"西洋"各国,将南方海外国家称为"南洋"各国,将日本称为"东洋"。把"洋"字运用于对外事务方面,在鸦片战争之前已经出现,先是使用于清朝自行的对外贸易事务上。如康熙二十四年(1685),在广州设立专门负责对外贸易的机构,称之为"洋货行",简称"洋行";又将洋行中的中国商人称为"洋商",意指从事对外贸易的商人,而对外国商人仍称为"夷商";还将洋行出海运输进出口货物的船只称为"洋船",而对外国船只仍称为"夷船";将洋行自行贩运的货物称为"洋货",而对外国商人贩运的货物仍称为"夷货"。到第一次鸦片战争前后,"洋"字也开始使用在外国人及其所带来的外国物品上,如"洋人"、"洋钱"(指银元)、"洋药"(指鸦片)、"洋布"、"洋缎"、"洋参"之类,也有把外国商人称为"洋商"者。随着"洋"字在对外事务和外来事物上使用的逐渐广泛,到鸦片战争前后"洋务"这个词也开始出现,用来表示所有的对外事务。如1839年7月,江南道监察御史骆秉章的一个奏折就以"整饬洋务"为题,内中还有斥责英商喳吨、颠地"把持洋务"的词句。1840年7月御史陆应谷的奏折中又有"于洋务不无裨益"的话。

第一次鸦片战争前后,除了清朝及其部分官员在对待外国事务中开始使用"洋"和"洋务"之外,以英国为首的外国侵略者也开始反对清朝及其官员对他们使用"夷"和"夷务"的称谓。1832年时,英国东印度公司职员胡夏米,因苏松太道吴其泰给他的批文中有"该夷船"字样,便递书抗议,说英国"不是夷国,乃系外国",称"夷"是对他的"凌辱"。1840年英国发动鸦片战争时,曾表示再也不能容忍用"夷"来称呼他们。在1842年议和谈判期间,英国全权大臣璞鼎查对清朝议和代表耆英、伊里布等人声称:"夷不美,嗣后望勿再用。"当时在场的前吉林副都统咸龄回答说:孟子曾经说过,"舜,东夷之人也。文王,西夷之人也"。"夷"字载于古代典籍,有何不美?试图以文字游戏予以搪塞。但英国方面坚持不肯撤销原议,双方"争论字义,良久未定"。其结果是:《南京条约》、《虎门条约》以及后来的有关照会中,没有出现"夷"字,而在清朝内部官方文件和私家著述中,"夷"和"夷务"仍在广泛使用。

到第二次鸦片战争时,以"洋"和"洋务"替代"夷"和"夷务"的现象越来越多,并成为中外不平等条约中的一项规定。1858年初,英法侵略军占领广州后,清朝地方官开始在公文中"称夷务为洋务,又称为外国事件"。这在当时,还是一种地方官屈从于侵略者的直接压力,不得已而为之的事情。所以,罗惇衍竭力反对,建议朝廷特意在关防内明刻"办理夷务"字样,以抵制"洋务"一词的流行。然而,几个月之后,在6月26日签订的《中英天津条约》第51条中便明文规定:"嗣后各式公文,无论京外,内叙大英国官民,自不得提书'夷'字。"自此,清朝及其官员就不能在公文和公开场合再用"夷"和"夷务"称呼外国及其人事,否则就是违约。如同年10月,英国全权大臣额尔金见到《邸报》所载"上谕"中有"夷船闯入天津"字样,便指责清政府违约。为此,钦差大臣桂良一面照复额尔金,答应"嗣后仍当照约办理",一面上奏请求凡由军机处发出有关"夷务"的文件,"饬令毋庸发抄,以昭慎密"。从此,有关上谕中"夷"、"夷务"字样遂被"洋"、"洋务"等词所取代,各级官员也自动改变用词,从只用"夷"、"夷务"转变为掺用"洋"、"洋务"。有些明智之士,则从自己新的思想认知出发,自觉改变和放弃"夷"字的使用。如太平天国干王洪仁玕,在1859年所写的《资政新篇》中提出:在对外往来语言文书中,"万方来朝、四夷宾服及夷、狄、戎、蛮、鬼子一切轻污之字皆不必说也,盖轻污字样是口角取胜之事,不是经纶实际,且招祸也"。骆秉章在1860年径将别人旧作《英吉利夷船入寇记》改题为《洋务权舆》。魏源在他的《海国图志》中提出"师夷长技以制夷"的口号,主张以"夷"为师,改变了"夷"字的轻蔑含义,并成为洋务运动的思想源头;后来,在对其所著《道光洋艘征抚记》作重新修订时,便把初稿中所用的"夷"字一律改为"洋"字。随着中外文化交流的增多和时间的推移,"洋"和"洋务"的使用范围逐渐扩大,并成为对外事务的主体称谓。

当然,抱残守缺,绝口不谈"洋务",坚持只用"夷务"者,直到光绪年间也仍然大有人在。就是朝廷也在力图坚持之中,奉旨分别编成于 1856 年、1867 年和 1880 年的道光朝、咸丰朝和同治朝的对外关系档案资料,都一律叫做《筹办夷务始末》,编纂者也仍在沿用"夷"和"夷务"的字样。

这种对"夷务"、"洋务"的不同态度,以"洋务"取代"夷务"的过程,反映了对本国和外国实况的不同认知,既是"天朝上国"传统观念的动摇和破灭,又是对世界形势的认识和承认;既有被迫接受的无奈,又有向前挪步的足迹,也成为洋务运动中洋务派、顽固派对峙、争论的一种观念上的原因。

"洋务"一词的概念,最初与"夷务"相同,主要是指对外通商、议和、接待等事务。到 1861 年"总理各国事务衙门"成立以后,随着与外国交涉事务不断增多,"洋务"所包含的内容也不断扩展。仅就总理各国事务衙门这一最高"洋务衙门"而言,从成立之初的"专办外交及通商事件",逐渐扩展为"策我国之富强"的"总汇之地",兼及朝廷六部的各项职责,如出洋大臣之考核、海关税项之拨存、租界约章之议订、战舰军械之采购、电报邮政之创设、中外讼案之处理、洋教案件之调解、船政铁政之兴建、铁路矿务之开办,统归该衙门主持。至此,"洋务"便成为清朝第一大务、第一要务,终于成为晚清历史上历时最长、影响重大的一场"运动"。

作者简介:虞和平,1948 年生,浙江宁波人,中国社会科学院近代史研究所研究员。著有《中国现代化历程》、《商会与中国早期现代化》等。

晚晴最早的官派留学生：留美幼童

王晓秋

1872 年 8 月 11 日，30 名 10 至 16 岁的中国儿童登船踏上赴大洋彼岸美国留学的航程。1873 年 6 月、1874 年 9 月、1875 年 10 月，又各有 30 名中国儿童赴美留学。这四批总共 120 名留美学生，被称为"留美幼童"，他们是中国近代史上最早的官派留学生。

"留学生"一词起源于唐代，最初是指随日本遣唐使来华并留在中国学习的日本学生，后来统称留居外国学习的学生。近代以前，中国人很少有出国留学的。直到 1872 年，除了极少数被西方传教士带出国的自费留学生外，中国政府从来没有官派过出国留学生。

官派幼童留美的计划是由中国第一位在美国大学毕业的自费留学生、被称为"中国留学生之父"的容闳提出的。1846 年，香港马礼逊学堂校长美国传教士布朗回国时，带了容闳、黄胜、黄宽 3 名中国学生一起赴美。他们进入美国马萨诸塞州孟松学校就读。1848 年黄胜因病提前回国，1849 年黄宽转赴英国爱丁堡大学学医。1850 年容闳考入美国耶鲁大学，1854 年以优异成绩毕业，1855 年回国，曾为曾国藩办洋务赴美采购过机器，并向丁日昌和曾国藩提出了派幼童留美的计划。

1871年,曾国藩和李鸿章联名奏请"选聪颖子弟,携往外国肄业,实力讲求,以仰副我皇上徐图自强之至意",并具体建议访选各省聪颖幼童,每年30名,4年共120名,分批赴美国留学,15年后归国,"年方力强,正可及时报效"。此奏获朝廷批准,在上海设出洋肄业局,命翰林陈兰彬任正委员,容闳为副委员。开始招生时,由于风气未开,家长们都不愿让孩子出洋,加上还要立类似生死状的甘结书,更增加了人们的恐惧心理。容闳等好容易才从广东、上海等地招到30名10至16岁幼童,并在上海出洋局补习中文和英文,经考试合格,才正式派遣出洋留学。

1872年7月,容闳先往美国安排学生住宿和学校。8月11日,陈兰彬率第一批30名幼童从上海搭船,经日本渡太平洋抵达美国西岸旧金山,然后乘火车横贯美国到东部康涅狄格州。中国幼童们被分散安排在美国居民家中住宿,受到各家主人的热情接待。四批留美幼童到齐后,清政府在美国哈特福德建成一幢留学事务所,由陈兰彬和容闳任留美学生正副监督。

留美幼童年龄小,很快适应了在美国的学习和生活环境。他们努力学习,进步很快,得到美国老师和同学的好评。一位美国同学回忆道:"他们待人接物彬彬有礼,长于各项运动,天资又高,不但体育好,各门功课都好。我所见过各国学生们,要数中国学生最出色了。"留美幼童陆续在美国的中学毕业以后,至少有50多人考进了美国的大学。其中22人考入容闳的母校耶鲁大学,8人进入麻省理工学院,3人考入哥伦比亚大学,2人进入哈佛大学。

留美幼童们在美国学习勤奋,生活充实,并逐渐融入美国社会。他们的思想和习惯也渐渐发生变化,如他们见官员不愿跪下叩头,要求改穿西服,体育活动时穿运动服。有的学生还剪了辫子,进过教堂。这就引起封建守旧官僚们的不满和攻击。在留学事务所,陈兰彬与支持学生的容闳发生分歧。后来陈兰彬调任驻美公使,先后继任留学生监督的区谔良、容增祥、吴子登都与容闳意见不合。尤其是吴子登1879年底上任后,见到学生不肯下跪,竟大怒加以训斥甚至责打。他向朝廷报告,指责留美幼童不遵守封建礼教,已被洋俗同化,"适异忘本,目无师长"。他还攻击容闳纵容学生。国内的封建士大夫也纷纷发难。1880年12月,御史李士林听信谣言,上奏诋毁留美幼童"毫无管束","抛荒本业,纷纷入教"。于是清政府命北洋大臣李鸿章、南洋大臣刘坤一,"查明洋局委员,分别参撤。将该学生严加管束,如有私自入教者,即行撤回。仍妥定章程,免滋流弊"。

李鸿章不敢怠慢,即令陈兰彬、吴子登对留美幼童"设法整顿",并责备容闳失职。而吴子登又通过陈兰彬上奏,继续诬陷容闳与留美幼童,称"外洋风俗,流弊多端,各学生腹少儒书,德性未坚,尚未究彼技能,实易沾其恶习,即使竭力整饬,亦觉防范难固,极应将局裁撤"。吴子登甚至迫不及待地要马上带学生回国,但被李鸿章去电报制止。

恰在此时,美国出现了一股排华逆流。由于19世纪70—80年代,美国发生经济危机,生产萧条,资本家和报刊舆论为转移视线,竟归罪于中国华工夺了美国工人的饭碗,掀起排华恶浪。留美学生也受到歧视,一部分留美幼童已中学毕业,清政府希望让他们进美国陆海军学校深造,美国国务院却复信称"此间无地可容中国学生也"。

内有封建顽固派的攻击,外受美国排华政策的影响,李鸿章虽不愿立刻全撤,但也顶不住压力。1881年夏,清政府决定将留美学生全部撤回。容闳闻讯,急忙四处奔走,联络中美友人上书劝阻。耶鲁校长波特等美国大学校长联名致信清政府总理衙门,指出中国留美学生即可成才,半途召回,令人遗憾,而且有损美国学校声誉。美国著名作家马克·吐温也亲自找前总统格兰特致函李鸿章,劝说"幼童在美颇有进益,如修路、开矿、筑炮台、制机器各艺,可期学成,若裁撤,极为可惜"。但是清政府仍坚持认为留美幼童"外洋之长技尚未周知,彼族之浇风早经习染","与其逐渐撤还,莫若概行停止",决定"趁各局用人之际,将出洋学生一律调回"。

1881年8月,留美幼童奉命全部撤回。他们告别了美国的师友,分三批到旧金山乘船。回国前,留学生的中华棒球队还与美国奥克兰队举行了一场比赛并获大胜。11月,留美学生回到上海。令他们失望的是,不仅没有人来欢迎,上海道台怕他们逃跑,竟派士兵押送至道台衙门。

100多名留美幼童刚回国时,并没有受到清政府的重视,有的用非所学,有的屡遭挫折。但是他们学问扎实,精通外语,聪明能干又有报国之心,特别是晚清洋务运动、清末新政和民国初年都急需外交、军事和建设人才,因此大多脱颖而出,成为国家栋梁之材。其中不少人成为清末民初中国政界、军界、外交界、科技界和教育界的著名人物,为中国近代化建设作出了贡献。有的还在反侵略战争中,为保卫祖国壮烈牺牲。

留美幼童归国从事铁路、电报、工矿等工程建设的人数最多,其中最杰出的是被誉为"中国工程师之父"的詹天佑。他是第一批留美幼童,美国耶鲁大学土木工程系毕业。刚回国时被派到福建船政学堂学驾驶,后又被张之洞调到广东博文馆当英文教习。1888年参与修建京沈铁路,为建成涞河大桥作出重大贡献。1904年又主持修建京张铁路,1913年被选为中华工程师学会会长。此外,还有十多人曾担任过铁路局局长、总工程师和电报局局长,成为中国近代早期铁路和电报建设的奠基者。

归国留美幼童也活跃在政界和外交界,其中最有名的是民国第一任内阁总理唐绍仪。他是第三批留美幼童,后入哥伦比亚大学文科。回国后出使朝鲜,结识袁世凯,后任天津海关道。1904年作为外务部侍郎赴印与英国谈判,维护中国政府对西藏的主权,功不可没。清末参加南北议和,民国初年担任北京政府第一任总理。留美幼童中还出了清末外务部尚书梁敦彦及驻美公使梁诚等十几名外交官。

在文化教育界,当初的留美幼童中则出了好几位大学校长,最著名的如清华学堂(原为留美预备学校,今清华大学)校长唐国安、北洋大学(今天津大学)校长蔡绍基等。

留美幼童后来跻身军界的大多担任海军军官,多数参加过反侵略战争,有的以身殉国,如1885年中法战争马尾海战中,留美幼童6人作为福建水师军官参战,杨兆楠、黄季良等4人壮烈牺牲;1894年中日甲午战争黄海海战中,英勇作战献身的留美幼童北洋水师军官,有致远舰大副陈金揆、济远舰大副沈寿昌等人。

作者简介:王晓秋,1942年生,江苏海门人。北京大学历史系教授、博士生导师、中外关系史研究所所长,全国政协委员,国家清史编纂委员会委员,中国中日关系史学会副会长。主要研究领域:中国近代史,晚清史,中日关系史,中外文化交流史。著有《近代中日启示录》、《近现代中国的革命》、《近代中日文化交流史》等，主编《戊戌维新与近代中国的改革》、《戊戌维新与清末新政》等，发表论文200余篇。

清末五大臣出洋

王晓秋

19世纪末至20世纪初,随着清末新政改革的需要和推动,晚清官员出国游历考察逐渐形成风气,而且出现了要求王公大臣出洋的呼声,考察外国政治特别是宪政也被提上日程。1905—1906年的五大臣出洋,标志着晚清中国官员在走向世界的历程上又迈出了一大步。

20世纪初,经过了义和团运动、八国联军战争,清王朝内外交困,统治摇摇欲坠。1901年1月,慈禧太后被迫宣布要"取外国之长"以"补中国之短",实行变法新政。同年,张之洞、刘坤一联名所上《江楚会奏变法三折》中也明确提出"拟请敕派王公大臣"分赴各国游历,其理由是"亲贵归国,所任皆重要职事,所识皆在朝之达官,故其传述启发,尤为得力"。1902年以后,逐渐出现官员出洋游历尤其是赴日本考察的热潮,对推动清末新政的进展起了一定作用。

1905年,由于日俄战争和民族危机加深的影响,要求立宪的呼声日益高涨,驻外公使和地方督抚也纷纷奏请仿效日本及欧美政治,实行君主立宪。清政府决定派王公大臣出洋,深入考察欧美及日本等国政治,归国报告后再做决策,于是就有了1905—1906年的五大臣出洋。

这次五大臣出洋的特点是级别高、随员多、目标明确、效果显著。

清政府所派考察政治出使大臣的人选几经变动。最初曾想派贝子载振、军机大臣荣庆、户部尚书张百熙和湖南巡抚端方，后因荣庆、张百熙不愿去，改为军机大臣瞿鸿禨与户部侍郎戴鸿慈。以后又因载振、瞿鸿禨公务在身，不能出洋，改派镇国公载泽、军机大臣徐世昌，不久又追加商部右丞绍英。1905年9月24日，正值使团在北京正阳门车站上车准备出发时，遭革命党人吴樾炸弹袭击，绍英等受伤，徐世昌因兼任巡警部尚书，也走不了，于是又改派山东布政使尚其亨和顺天府丞李盛铎。因此，最后真正出洋的五大臣是载泽、戴鸿慈、端方、尚其亨、李盛铎，全部是高级别的一二品大员。镇国公载泽，满洲正黄旗人，是嘉庆帝第五子惠亲王之孙，其妻与光绪帝皇后隆裕是姐妹，属近支王公，宗室贵胄，故出洋后常被外国报纸称为"亲王殿下"。他是深得慈禧太后宠信的满族亲贵，出洋前任盛京守陵大臣，回国后不久就升任御前大臣、度支部尚书。户部侍郎戴鸿慈与湖南巡抚端方，都曾在慈禧太后西逃时护驾有功，获慈禧赏识，刚出洋就分别被升为礼部尚书和闽浙总督，回国后端方更是调任两江总督兼南洋大臣。尚其亨是二品布政使，汉军旗人，并与慈禧太后沾亲。而李盛铎原是慈禧宠臣荣禄之心腹，此时被任命为出使比利时大臣兼考察政治大臣。可见五大臣都是地位显赫之高级官员。

五大臣还选调了大批随员，选拔标准是"必须择其心地纯正见识开通者，方足以分任其事"。随员不仅人数众多，而且级别较高、素质较好，不少人后来成为政坛和外交界的风云人物。他们先是奏调了38人名单，实际上后来分两路出发时，仅载泽一路在其日记上提到的随行或先遣人员名单已达54人。戴鸿慈一路,其日记所记同行随员也有48人。随员中包括部分京官(如御史、内阁中书、翰林院编修,各部郎中、员外郎、主事等),还有地方官员(如道员、知府、知县),海陆军军官以及地方督抚所派随员和留学生等。他们之中,有些是精通外语和外国情况,曾经留学欧美、日本的归国留学生,如民国时代当过内阁总理或部长、公使的熊希龄、陆宗舆、章宗祥、施肇基等,还有袁世凯的长子袁克定。随员们各有分工,分别担任先遣联络、考察、翻译、编撰等任务。

五大臣出洋任务明确,调研细致。1905年7月16日,上谕申明出洋目的是"分赴东西洋各国,考求一切政治,以期择善而从",并要求在国外"随事诹询,悉心体察,用备甄采,毋负委任"。临行之前,慈禧太后和光绪帝连日召见考察大臣,听了端方演讲的《立宪说略》,并让考察大臣带些宫廷御点路上充饥。光绪帝还面谕军机大臣:考察政治是当务之急,务必饬令各考察大臣速即前往,不可任意延误。

载泽、尚其亨、李盛铎一行于1905年12月11日出京,1906年1月16日抵达日本,后经美国赴英国、法国,最后到比利时,7月12日回到上海。戴鸿慈、端方一行于1905年12月7日出京,也先到日本参观,1906年1月23日抵美,后取道英、法,抵德国,然后考察奥地利、俄国、意大利,并游历丹麦、瑞典、挪威、荷兰、瑞士,7月21日回到上海。实际上前者重点是考察日本和英国、法国,后者重点则是考察德国、美国和俄国。

出洋途中,戴鸿慈与端方在船上与随员详细讨论和制订了考察方针和计划,立宗旨以考察各国政体、宪法为中心;并作分工,专责任,定体例,勤采访,广搜罗,以图"他山攻玉","纲举目张"。

两路考察大臣出洋为时半年左右,前后到了 14 个国家。每到一国游历结束时,都及时向清政府奏报考察经过和心得,并介绍该国的政治体制和统治得失、经验教训。他们考察虽以政治特别是宪政为中心,但实际调查范围很广,包括议会、政府机关、工厂、银行、学校、警察机关、图书馆、博物馆、动植物园,以至监狱、浴池等,并请外国政治家、学者讲解宪政原理和各种制度,还大量收集、购买、翻译各类图书资料。

五大臣出洋收获丰硕,效果显著,推动了预备立宪的决策。1906年回国后,载泽等编辑了书籍 67 种 146 册,并将其中 30 种分别撰写提要,进呈光绪帝和慈禧太后御览。另将购回的 400 余种外文书籍送交考察政治馆备考。戴鸿慈、端方也带回许多书籍、资料,并赶写出介绍欧美各国政体制度的《欧美政治要义》,供朝廷采择。以后又编写了介绍各国政治的源流和概况的《列国政要》133 卷。这些书对清末新政和预备立宪的各项改革和制度建设具有重要的参考价值。

五大臣出洋所起的最重要作用,是推动了清政府预备立宪基本国策的确定。他们一回到北京就直奔颐和园复命,慈禧太后和光绪帝立即召见他们。前后计召见载泽、戴鸿慈各 2 次,端方 3 次,尚其亨 1 次。他们在召见时力陈"中国不立宪之害及立宪之利",并一连上了好几份奏折,详加阐述。其中最重要的是载泽的《奏请宣布立宪密折》,为解除慈禧太后对立宪的顾虑,着重指出君主立宪有三大利,即"皇位永固"、"外患渐轻"、"内乱可弭",为维护清王朝统治开了一副包医百病的药方,令慈禧太后读后颇为动容。端方也上了《请定国是以安大计折》,洋洋万言,阐述考察欧美各国政治的结论:

"东西洋各国之所以日趋强盛者,实以采用立宪政体之故。"因此,"中国欲国富兵强,除采取立宪政体而外,盖无他术矣"! 1906 年 8 月 25 日,朝廷命醇亲王载沣和各军机大臣、政务处大臣及北洋大臣袁世凯等共同阅看考察大臣的条陈各折并会议讨论。这实际上是决定国策的重臣会议。会上多数人赞同立宪,少数人尚有保留。8 月 29 日,慈禧太后和光绪帝召见诸大臣,决定预备立宪。三天之后,即 1906 年 9 月 1 日,清政府正式颁布"仿行立宪"的上谕。然而,清王朝的腐败专制统治已像一座基础腐烂快要倒塌的房屋一样不可救药了。虽然在预备立宪以后,清政府又推出了改革官制、颁布宪法大纲、设立谘议局和资政院等一系列措施,但 1911 年后它又倒行逆施——镇压立宪派国会请愿运动、成立皇族内阁、宣布铁路干线国有等,最终引发了保路运动和武昌起义。1912 年 2 月 12 日,清帝正式宣布退位,统治中国 268 年的清王朝终于寿终正寝。

历 史 人 物

康熙帝读书

李治亭

康熙帝,姓爱新觉罗,名玄烨。顺治十八年(1661)即位,时年8岁,取年号康熙,于康熙六十一年(1722)去世,在位61年。

康熙帝一生,勤苦为政,励精图治,在中国封建社会历史上开创了一个政通人和、空前统一、经济与文化繁荣昌盛的新时代。他去世前,曾自评其人生:"数十年来,殚心竭力,有如一日。此岂仅'劳苦'二字所能该(概)括耶!"(《清圣祖实录》卷三百)

康熙帝不仅"劳苦"治国,就是读书,亦达到"劳苦"的地步。他执政时期,正是国家多事之秋,可谓"日理万机"。但无论军机政务多么繁忙,他仍坚持每天读书不辍。

康熙二十三年十一月初四(1684年12月9日),他南巡至南京,在停泊于燕子矶的船上过夜,读书至三更,还未就寝。侍讲学士高士奇劝道:"皇上南巡以来,行殿读书写字,每至夜分,诚恐圣躬过劳,宜少自节养。"康熙帝便对高士奇忆起以往读书的情景:"朕自五龄即知读书,八龄践祚,辄以学庸(指《大学》、《中庸》)训诂询之左右,求得大意而后愉快。日所读者,必使字字成诵,从来不肯自欺。及四子之书既已通贯,乃读《尚书》,于典谟训诂之中,体会古帝王孜孜求

339

治之意,期见之施行;及读大《易》,观象玩占于数,圣人扶阳抑阴、防微杜渐、垂世立教之精心,朕反复探索,必心与理会,不使纤毫扞格。实觉义理悦心,故乐此不疲耳……"(《清圣祖实录》卷一一七)康熙帝把读书看成是一件乐事,每读书,必有所得,开茅塞,增智慧,因而总是以读书而心悦。他到晚年,每天仍手不释卷,即使外出巡视,总是携带大批书籍,不管到了什么地方,就是不废读书。

康熙帝一方面自己苦读,一方面继承历代传统,开设"经筵",即由当时的博学硕儒给他系统讲授经史。他把"经筵"作为一项典制而明确规定下来。康熙六年、七年,著名儒臣熊赐履先后两次上疏,建议康熙帝请选耆儒硕德、天下英俊于左右,讲论道理,并强调说:"讲学、勤政,在今日最为切要。"(《清史稿》卷二六二)因受权臣鳌拜阻挠,讲学之事,迟未实行。康熙十年(1671),在保和殿隆重举行"经筵礼",即"开学典礼",告祭先师孔子。康熙帝时年18岁,首次即以熊赐履等16名儒学之士为老师。自此,每年分春秋两季,在规定学期之内,皇帝按规定"上学"读书。讲课的老师,名为"经筵讲官",简称"讲官"。还有的称为"日讲起居注官",除了讲课,还负责记录皇帝每天的活动。开始时,在弘德殿听课,每隔一天,一早进讲一次。自康熙十二年二月,改为每天讲读一次,以后天天如此,年年如此,康熙帝一天也不耽误,始终认真听讲,"有疑必问",老师则有问必答。康熙帝每天还要到乾清门听政,处理政务后,即到懋勤殿听课。天气渐寒时,老师讲课可是件苦差事,康熙帝通情达理,特赐貂皮、缎匹制衣御寒。为进讲方便,又设一南书房,命各讲官分别轮流入值。南书房就成了皇帝专门读书、日讲官传授知识的专门场所。南书房为内廷机构,在此任职的官员,还负责给皇帝起草谕旨,或备咨询。康熙帝说:"朕不时观书习字,欲得文学之臣朝夕置左右,讲究文义,给内庐居之,不令与外事。"(《国朝先正事略》卷七)意思是他要朝夕问学,让他的讲官搬到内城来住,不参与外面的事情,以保证专心专意尽到讲官的责任。他们向皇帝进讲"四书"、"五经"等儒家经典,兼及其他。"经筵"制度一直延续到清末。

康熙帝学习的内容十分广泛,儒家经典及各学派著作,几乎无所不包。历史也是他学习的一门主课,如《史记》、《资治通鉴》、《春秋》等,都是必读之书。记述先辈的实录,如太祖、太宗实录,也是每日必读。甚至大臣的著作,他也要大臣本人亲自讲授给他听。著名的理学大臣熊赐履著有《学统》、《闲道录札记》,康熙帝便要求拿来讲给他听。听完课后,康熙帝总是与讲官开展讨论。有时,君臣之间也讨论些很有趣的问题。有一次,康熙帝戏问:"天下何物最肥? 何物最瘦?"有一大臣抢先说:"莫瘦于豺狼,莫肥于牛羊。"康熙帝转而问张玉书:"你意思如何?"张玉书不慌不忙,说:"臣以为莫肥于春雨,莫瘦于秋霜。"康熙帝不禁感叹:"此真宰相之言也。"(《旧闻随笔》卷一)

康熙帝读书,极其认真,绝不"自欺",务求读懂,明其义理。国事再忙,还是认真读书。当吴三桂发动叛乱时,凡出师、运饷、划谋制胜,无不由康熙一人决断,但他仍于繁忙中"孜孜于经史之学"。他为什么如此辛苦读书呢? 有一次他读《尚书》时,道出了其中缘由:"观《尚书》内,古来君臣,无不交相劝勉。如此,何忧天下不治?"(《清圣祖实录》卷八九)他读此书所得到的认识,应是他对历代包括自己为政经验的总结。

康熙帝一生刻苦读书,不仅精通中国古代传统的各学科知识,同时也深悉兴文教、重教化为治国之根本。他说："朕惟至治之世，不以法令为亟，而以教化为先……盖法令禁于一时，而教化维于可久。若徒恃法令，而教化不先，是舍本而务末也。"

康熙帝数十年如一日，坚持读书、学习，终于成为一代精通经书易理的大学问家。与此同时，他还努力学习掌握西方近代自然科学，诸如数学、物理、天文、地理、医学等。这一切，都为他修身、齐家、治国、平天下提供了丰富的思想理念，并付诸于治国的实践中。

作者简介：李治亭，1942 年生，山东莒南人。吉林省社会科学院历史研究所研究员，国家清史编纂委员会委员。著有《吴三桂大传》、《清康乾盛世》、《中国漕运史》等，发表论文 200 余篇。

康熙帝对纂修《明史》的言论

闻性真

以史为鉴,是我国历史上历代统治者的座右铭。所以,为前代修史也就成为每一个新兴王朝的历史责任。清朝统治者入主中原后,一方面以武力征服,另一方面又急欲"以修史定正统之位"。清朝入关后的第二年,即顺治二年(1645),就匆匆下诏纂修《明史》。这不仅是借以表现其对明朝历史的尊重,更重要的是以史为本朝统治的借鉴。然而,当时国家还没有统一,南明政权一息尚存,被清军击败的农民起义军仍力图坚持。到康熙初年,又有平定三藩之乱、统一台湾的战争。所以清初前30多年纂修《明史》无大进展。直到康熙二十年(1681)前后,国内政治形势较前稳定,经济恢复发展,《明史》纂修才进入进展较快的阶段。

《明史》怎么纂修,怎么定基调,修史的主旨是什么? 这些问题不单纯是修史的问题,在当时还是敏感的政治问题。在文字狱盛行的年代,肩负此任的臣子不无惶恐。其主要的难点与其说是史料问题,不如说是持什么观点、如何评论功过是非等重大问题,而以明末的历史尤为棘手。康熙帝对纂修《明史》十分重视,而且就如何修史发表过重要言论,提出过一些较为明确的思想。

康熙二十二年(1683)八月,康熙帝问学士牛钮、张玉书、汤斌等人:"尔等所修《明史》如何?"他们回答:嘉靖以前已纂修过半,万历以后因材料问题,"成书较难"。康熙帝说:"时代既近,则瞻徇易生。作史昭垂永久,关系甚大,务宜从公论断。尔等勉之!"(《清圣祖实录》卷一一一)

同年十一月,康熙帝又召见大学士等,询问《明史》的进展情况。李霨回答说:"草本已有大略。自万历以后,三朝事繁而杂,尚无头绪,方在参酌。"可见,时代离得越近,与现实的政治关系越密切,这部分历史也最难写。对此,康熙帝再一次发表对修《明史》的指导思想,说:"史书永垂后世,关系最重。必据实秉公,论断得正,始无偏颇之失,可以传信后世。"

三十一年(1692),康熙帝对正在纂修中的《明史》又做了一次重要的指示。他要求一定要编写出一部能被后世承认的《明史》、公正的《明史》。而且,留给后世的不仅是一部官修的《明史》,还应该包括纂修《明史》所据以参考的明代各种文献史料。他说:"明代实录及记载事迹诸书,皆当蒐罗藏弆(jǔ,收藏)。异日《明史》告成之后,新史与诸书,俾得并观,以俟天下后世之公论焉。"(《清圣祖实录》卷一五四)这的确是一个非常重要的决定,倘若《明史》修成,但据以参考的明代史料散失无存,那将是严重的损失。然而,这样的事情在康熙帝身后真的发生了。到了乾隆帝时,他借修书之名,把许多带有"皇明"、"明"字或他们认为有问题的明代图书大量销毁。今日思之,仍令人慨叹!

康熙帝在位时,曾一再向臣下重申纂修《明史》的指导思想。他说:"《明史》关系极大,必使后人心服乃佳。《宋史》成于元,《元史》

成于明,其中是非失实者多,是以至今人心不服……当今之世,用人行政、规模法度之是非,朕当自任,无容他诿。若《明史》之中稍有一不当,后人将归责于朕,不可轻忽也。"为此,他还专门写了一篇文章给大学士们看,并叫他们"晓谕九卿大臣",让修史的人都知道。他在文章中以史为鉴,要求一定要修成一部能"使后人心服"的《明史》。他用二十四个字表达了他的决心:"明史不可不成,公论不可不采,是非不可不明,人心不可不服。"他认为,要做到以上几点,关键是不能苛求前人,不能用"责人重,责己轻"的态度去修史。他还以自身为例,做了深刻检讨:

"朕四十余年孜孜求治,凡一事不妥,即归罪于朕,未尝一时不自责也。清夜自问:移风易俗,未能也;躬行实践,未能也;知人安民,未能也;家给人足,未能也;柔远能迩,未能也;治臻上理,未能也;言行相顾,未能也。自觉愧汗,何暇论明史之是非乎? 况有明以来二百余年,流风善政,岂能枚举?(《御制文》第三集"敕谕",另见《清圣祖实录》卷二百一十八)

的确,明朝200余年给后世留下许多宝贵遗产,该肯定的要肯定,不能一概否定。一次,史官把写成的本纪、列传送康熙帝审阅。康熙帝看后,命熊赐履校雠。熊写签呈奏,对洪武、宣德本纪"訾议甚多"。康熙帝阅后说:洪武(朱元璋)乃一代开基之主,"功德隆盛";宣德(朱瞻基)是守成之君,两个人时代经历不同,"事迹悬殊",但都是"励精著于一时,谟烈垂诸异世",都尽到了为君的职责。我也是一代之主,也是"锐意图治,朝夕罔懈,综理万机",希望登上治隆的盛世。如果对前代的贤君圣主横加挑剔,专门议论其是非,我非但"本无此德,本无此才,亦实无此意也"。他甚至说:"朕自反厥躬,于古之圣君,既不能逮,何敢轻议前代令主耶?"如若表扬洪武、宣德,写点论赞,还可以指示词臣"撰文称美";如果"深求刻论,非朕所忍为也"。(《清圣祖实录》卷一五四)他充分肯定明代的成就说:"观明史,洪武、永乐所行之事,远迈前王。我朝现行事例,因之而行者甚多。"(《康熙政要》卷二一)

当然,在封建时代,特别是清代前期文字狱盛行的时代,要史官做到客观修史是很难的,几乎是不可能的。康熙帝对修史的指示虽然反复宣示,但也不能被完全贯彻执行,所以《明史》在康熙朝未能修完。雍正帝即位后,重开史局,对《明史》又进行了新的审定。直到乾隆四年(1739),才最终定稿,得以刊行。

需要指出的是,康熙帝之所以对修《明史》表现出客观、宽容的态度,既是他个人品质使然,同时也是出于维护自己历史声誉的考虑。他说自己"不畏当时而畏后人,不重文章而重良心","若《明史》之中稍有一不当,后人将归责于朕,不可轻忽也。"(《清圣祖实录》卷二一八)为了避免后人的指责,他对送呈审查的《明史》稿本也拒绝修改,甚至表示"朕无一字可定,亦无识见,所以坚辞以示不能也"。一个封建帝王,在为前代修史时能够表示"畏后人"、"重良心",能够考虑后世的公论,也是难能可贵的。《明史》在官修史书中之所以得到后人较高的评价,不能不说与康熙帝的修史思想有关。

当然,康熙帝关于《明史》的指示,是给当时人看的,更是给后人看的。他在位的61年中,清廷还是制造了大小文字狱多起。其中就有关于明史内容的庄廷鑨《明史》案和戴名世的《南山集》案。然而,康熙帝很懂得通过修《明史》来彰显皇权的大公至正,特别是彰显他本人对明朝的公正态度。即使如此,康熙帝的修史指导思想还是应该给予肯定,他的做法无疑是明智的,对当代新修清史也有一定的借鉴意义。

作者简介:闻性真,又名闻性贞,1936 年生,北京人。原北京出版社编审,享受国务院特殊津贴。发表《康熙与自然科学》《康熙的医学与养生之道》《康熙与农业》《康熙与数学》《拜上帝会与儒家思想》《黄莲圣母事迹考》等论文。

清代廉吏于成龙

王俊义

　　近年来影视荧屏与戏剧舞台上,不断以鲜活生动的画面再现了清代两江总督于成龙的清正廉明形象,甚为感人。不少观众和读者于是提问历史上是否真有于成龙其人,其生平事迹怎样?康熙帝何以屡次称其为"天下廉吏第一"?

　　根据清史有关史料记载,历史上确有于成龙其人。他生于明万历四十五年(1617),卒于清康熙二十三年(1684),山西永宁县(今离石)人。明崇祯年间,他曾考取过副榜贡生。明清易代后,转仕清廷,于顺治十八年(1661)被任命为广西罗城县知县。由于其为官清廉,忠于职守,政绩昭著,在仕途上屡被提升,曾先后出任四川合州知州,湖北武昌知府,福建按察使、布政使,及直隶巡抚、两江总督等职。康熙二十三年因积劳成疾,病逝于两江总督任上,死后被谥"清端",有《于清端公政书》留世。

　　于成龙终其一生,在各地任职时,都能保持"志行清洁","固守清俭"的高尚情操。他关心黎民百姓,"为政宽惠",造福于民,又嫉恶如仇,铁面无私地"惩贪除霸"。其抱定"驱除贪吏,拯救生民为务"之志,秉公执法,清正廉洁,兴利除弊,政绩斐然。他所处的清初顺治、康熙时期，正值战乱频仍、百废待兴之际，尤须发展生产，与民休息，减轻百姓负担。于成龙以身作则，身体力行，勇于任事，廉洁奉公，深受各地百姓爱戴，与那些贪赃枉法、贿赂公行、朋比结纳的贪官污吏形成鲜明对照。

居官清廉的于成龙，不仅深受广大士民的爱戴，也一再受到康熙帝的肯定与表彰。康熙二十年，在其任直隶巡抚时，康熙帝就曾称赞他是"清官第一"。康熙二十三年，其病逝不久，康熙帝于同年南巡时，在"征访吏治，博采舆论"，对各级官吏进行考察的过程中，再次称赞说："原任江南、江西总督于成龙，操守端严，始终如一"，其"居官清正，实为天下廉吏第一"。

在清初官场上，请托和馈送是各级官吏之间朋比结纳、狼狈为奸的常见手段，且此种恶风邪气十分盛行。大小官员为求得庇护升迁，费尽心机，巧立名目，每每借名冬夏时令、端阳中秋佳节，或是上司的寿诞婚丧，争相攀附馈送，且形成逐级上送之惯例。各州、县官馈送督抚提镇司道，而督抚提镇司道又送中央各部院大臣。上下间辗转因袭，几成定规。一些督抚大臣竟明文规定，某州、县属上等，某州、县属中、下等，依次派定数目，按数收受，而且馈礼数额甚巨。如康熙时的大学士徐乾学，因发放其学生李国良为江苏按察使，李为叩谢"师恩提携"，竟一次馈银一万两，还另送"节礼四百两，生日礼一千两"。在这种风气下，"大吏盘剥卑官，卑官虐害军民"，最后受害的仍是下层百姓。因而，当时就有人指出："今百姓大害，莫甚于贪官蠹吏"。

有鉴于此，于成龙对官吏之间结纳馈送的陈规陋习，深恶痛绝，坚决反对。他每到任所，均采取各种措施，明令杜绝。康熙十九年

（1680），他由福建布政使升任直隶巡抚，到任后即告诫各州县，切勿在征收百姓钱粮时私加火耗，馈送上官。但大名知县却不听劝诫，仍因循陋规，向他"呈送中秋节礼"。于成龙不仅严词拒收，而且为此特发了《严禁馈送檄》，公开通报了大名县知县的所作所为。同时，于成龙还以此为例，转申所属官吏，"嗣后，凡遇重阳、冬至、元宵等节，并过路送礼各衙门，概行禁止，如有私相馈献，查出并行题参，决不宽姑"。康熙二十年，于成龙升任两江总督，仍一如既往，在调查研究的基础上，制定了《兴利除弊条约》，严禁馈送风。《条约》中说："本部院访得两江官员，自上而下无不递相馈送，视地方大小区别等差，盈千累万，目为旧规。"他还指出，在此种恶劣风气下，上司对所属官员，不论"官评之贤否，吏治之勤拙"，但"凭馈送之多寡，决定升迁贬黜"。而馈送之钱财由何而来呢？于成龙一针见血地指出："此等馈送，不出于钱粮之加征火耗（指在正赋之外，私加之征派），则出于词讼之贪取赃私"，实际上完全是"以小民之膏血，供多官之结纳"。为此，他严正宣布：自己一定"清介自持，绝不受属员一毫馈送。"

于成龙对自己发布的各种告示檄文，都躬行实践，对于各种形式的馈送，一概严拒。顺治十八年，他首任广西罗城知县，由于罗城地处边陲，经济文化甚为落后，生活条件极其艰苦，他刚上任，甚至"寄居关夫子庙，安床周仓背后"。县衙也只设在"茅屋三间，四周皆无墙壁"的环境中。在如此艰苦的条件下，他自得其乐，勤于政事，注意恢复地方秩序，劝导百姓发展生产，"宽徭役，疏蹊引，建学宫，创设养济院"，逐渐使罗城地区经济复苏，百姓的生活日趋好转。他还与当地百姓建立了密切的关系。当地百姓看到于成龙的生活仍然十分清苦,便向他馈赠些油盐柴米,而于成龙则笑谢曰:"我一人在此,何须如许物,可持归,奉汝父母。"

最难能可贵的是,于成龙的清廉本色始终如一。康熙十八年,于成龙由武昌知府升任福建按察使,旋改任布政使,相继管理全省的司法、财政与民政。这在某些人看来,都是捞取钱财的肥缺。然而于成龙却仍一尘不染。他在藩司大堂上,张贴了对联:"累万盈千,尽是朝廷正赋,倘有侵欺,谁替你披枷带锁;一丝半粒,无非百姓脂膏,不加珍惜,怎晓得男盗女娼"。福建因地处沿海,自唐宋以来便与国外通商贸易,于成龙所在的布政使衙门自然经常与外国使团与商船接触,而且每逢"外番贡船,或有所献",于成龙照样"屏斥不受"。那些外国人都竖起大拇指对译使交口称赞说:"天朝洪福,我侪实未见有此清官也。"

馈送和请托是互相联系的,一些官员之所以钻营馈送,目的在于钻空子,拉关系,请托营私,升官发财。于成龙对于来自上下左右的请托,都一概拒绝,"虽王公大人也不为少贬"。有时其"宾客故人"来访,他虽热情接待,但是"一语涉私",即"正色斥诸"。当时,有些州县乡绅,想托于成龙办事,但私函不便直达,便私自假借官封文书,贿通门衙,请为投递。于成龙一旦察觉后,便晓谕吏属:"此后,凡有官封文书,只许封口投递,如有请托私事,可当即开封原书退回。"

身为封疆大吏的于成龙,之所以能以身作则,严拒馈赠请托,做到廉洁清正,与他的人生观相关,他在生活上从无过高奢望,一向"自奉简陋,日惟以粗粝疏食自给"。因此,江南人给他起了外号叫"于青菜",以示景仰。由于他恶衣疏食,从不改前操,跟随他的仆从常为此而发牢骚,于成龙却开导他们说:"前在粤蜀,民物凋残,持廉甚易,今日正须试此。"也就是说,越是在优裕的物质环境中,越是要经得起考验。

于成龙在几十年的仕途生涯中,从荒凉凄苦的边疆知县,到物质丰盈的沿海任主管财政的大吏,或者是做大权在握的两江总督,都能勤于职守,严于律己,秉公执法,关爱黎民,以至于政绩昭著,赢得任职当地百姓的好评。早年,当他由广西罗城知县升任四川合州知府时,罗城县的百姓便"遮道呼号,公今去,我侪无天矣"! 并追送数百里,哭而返。康熙二十三年,当其病逝于两江总督任所时,当时江宁(今南京)的"士民男女无少长,皆哭罢市。"甚至在其出殡的当天,出现了"江宁守及门下诸生合士民数万人步行二十里外,伏地哭,江涛声殆不闻"的动人情景。这说明,无论是在任何时代,凡是对国家,对社会,对人民做了有益事业的人,国家和人民是感念他们的,也是绝不会忘记他们的。

作者简介:王俊义,1937 年生,河南封丘人,中国人民大学清史研究所原所长、教授,中国社会科学出版社原总编辑,中华炎黄文化研究会副会长。长期从事清代学术思想文化的教学与研究。主要著作有《清代学术与文化》(合著)、《清代学术与文化史论》(合著)、《清代学术研讨录》,并主编有《传统文化与现代化》、《炎黄文化与民族精神》等 10 余部。

以战逼降——施琅统一台湾的决策

陈在正

康熙二十二年(1683)清廷实现了台湾与大陆的统一,这是中华民族发展史上的一个重大历史事件。作为实现这一任务的前线军事指挥官、福建水师提督施琅,也为中华民族的发展做出了重大贡献。康熙三年(1664)郑经退守台湾之后,清廷曾数次派官前往招抚,力争实现大陆与台湾的和平统一,如康熙六年清廷派总兵孔元章渡台招抚,康熙八年遴选兴化知府慕天颜、都督佥事季佺再次渡台招抚。但郑经恃台湾海峡有波涛之险,为清军兵力所不及,安于据守一隅,议竟不成。而数年间,海上亦相安无事。

康熙十三年(1674)郑经趁吴三桂、耿精忠先后在云南、福建倡乱之机,侵扰闽粤沿海,破坏了和局,清郑之间又处于战争状态。康熙帝当时主张对吴三桂厚集兵力征剿,而对耿精忠、郑经则采取区别对待的方针,谕示:"海寇宜用抚,耿精忠宜用剿或用间,相机便宜以行",以便各个击破。在三藩之乱期间,为配合军事进攻,康亲王杰书及闽督姚启圣又对郑经进行了六次招抚,但郑经错误估计了当时形势,又以无理要求,借词拒绝。直至康熙十九年(1680)郑经再次退守台湾之前,谈判终无结果。

施琅不同意对台湾郑氏集团一味主和,主张应"因剿寓抚",即以战争为主,配合招抚。在康熙三年、四年两次出兵攻打澎湖因遇风而受挫后,施琅又上疏提出"澎湖乃通往台湾之要冲,欲破台湾,必先攻取澎湖"的战略方针,指出:"倘蒙天赐良机,使臣飞渡澎湖,则将扼据咽喉,进逼巢穴……届期方可论定相机进剿之策。"(《康熙统一台湾档案选辑》)

当康熙六年孔元章招抚失败后,施琅又于是年十一月上疏称:"盖澎湖为台湾四达之咽喉,外卫之藩屏,先取澎湖,胜势已居其半。是役也,当剿抚并用。舟师进发,若据澎湖岛以扼其吭,大兵压近,贼胆必寒。遣员先宣朝廷德意,如大憝(duì,坏,恶)势穷,革心归命,抑党羽离叛,望风趋附,则善为渡过安插,可不劳而定。倘执迷不悔,甘自殄绝,乃提师进发,次第攻克,端可鼓收全局矣。"

康熙七年(1668)正月初十日,皇帝下旨:着提督施琅作速来京,面行奏明所见,以便定夺。施琅于四月上京前夕,上疏称:"郑经得驭数万之众,非有威德制服,实赖汪洋大海为之禁锢。如专一意差官往招,则操纵之权在乎郑经一人,恐无率众归诚之日。若用大师压境,则去就之机在乎贼众,郑经安能自立?是为因剿寓抚之法。大师进剿,先取澎湖以扼其吭,则形势可见,声息可通,其利在我。仍先遣干员往宣朝廷德意,若郑经迫之势穷向化,便可收全绩。倘顽梗不悔,俟风信调顺,即率舟师联艘直抵台湾,抛泊港口以牵制之。"

但是,施琅的主张未被采纳,遵旨留京,乃裁福建水师提督,授以内大臣。施琅在京13年中,仍密切关注台湾形势的变化。康熙二十年(1681)正月郑经病逝,监国郑克臧(zàng)旋被绞死,扶年仅12岁的郑经幼子克塽继位,由其叔郑聪摄政。时郑氏集团内部"叔侄相猜,文武解体,政出多门,各怀观望",康熙帝遂断然决定出兵台湾,并于七月任命施琅以右都督充福建水师提督总兵官加太子少保,前往福建,克期统帅舟师,进取澎湖、台湾。十月,施琅抵达厦门视事,并于次年三月上疏密陈征台战略等有关事宜,仍主张先攻取澎湖。他认为:"澎湖一得,更知贼势虚实,直取台湾,便可克奏肤功。倘逆孽退守台湾,死据要口,我师暂屯澎湖,扼其吭,拊其背,逼近巢穴,使其不战自溃,内谋自应。不然,俟至十月,乘小阳春时候大举进剿,立见荡平。此乃料敌制胜所当详细一一披陈者也。"

施琅经过十七八年的"日夜磨心熟筹",提出首先攻克澎湖,"因剿寓抚",即以战逼和、统一台湾的战略方针。据此,他制订了具体的作战方案。第一步,以清军水陆部队首先攻克澎湖,消灭郑军主力,"扼据咽喉,进逼巢穴",他认为这样"胜势已居其半"。第二步,占领澎湖后,引而不发,"遣员先宣朝廷德意",使郑氏集团"望风归附","使其不战自溃,内谋自应",争取以战逼和,和平统一台湾。第三步,若郑氏集团"顽梗不悔……即率舟师联舰直抵台湾,抛泊港口以牵制之",并分兵南路打狗港口(今高雄港)和北路蚊港(今云林台西乡)、海翁窟港口(今台中县大安港),"使其首尾不得相顾",然后"登岸次第攻击"。若郑军"踞城固守","则先清剿其村落党羽,抚辑其各社土番","大举进剿,立见荡平"。这是施琅经过多年的调查研究,深思熟虑而后提出的符合客观形势的战略方针和作战方案。

军事实践证实了施琅统一台湾战略方针和作战方案的正确性。康熙二十一年十月,清廷批准了施琅专征台湾的请求,施琅即于次年六月十四日率水陆官兵两万多人,大小战船200多只出征澎湖。经过十六、二十二日两次激烈的海战,歼灭郑军水师主力万余人,守将刘国轩遁归台湾,澎湖岛上4800多名陆军也不战而降,遂克澎湖诸岛。

攻克澎湖后,闽督姚启圣上奏称:"是贼今日之败几成全军覆没,则乘胜直捣台湾,似不宜迟。"而施琅则坚持出兵前的作战方案,奏请缓攻台湾,对郑氏集团开展和平攻势。他一面修葺船只,补充兵员;一面通过安插投诚,抚绥地方,使民人乐业,鸡犬不惊,台湾兵民闻风解体。施琅宽待伤残及归附官兵,以示宽大,同时派将前往劝抚刘国轩。当被送归的官兵到台后,"辗转相告,欢声动地。诸伪将伪兵闻之,争欲自投来归,禁之不能止。刘国轩自澎湖败还,固已胆落,至是见人情大率已解散,始决计劝克塽归附矣"(杜臻《澎湖台湾纪略》)。郑克塽亦泣告曰:"民心既散,谁与死守?浮海而逃,又无生路,计唯有求抚之着耳。"(《康熙起居注》)于是,先后两次派差官到澎湖施琅军前求抚。康熙帝虽明知郑克塽等系因窘迫之极才被迫来归,但认为"若不许其投诚,则彼或窜处外国,又生事端,不若抚之为善","更念以兵力攻取台湾,则将士劳瘁,人民伤残,特下诏招降。倘其来归,即令登岸,善为安插,务俾得所。"就这样,康熙帝批准了和平招抚方案,欢迎郑克塽率台归清。施琅遂于八月十三日抵达台湾,时"各乡社百姓以及土番,壶浆迎师,接踵而至"。施琅向郑氏集团宣读赦诏后,郑克塽等欢呼踊跃,望阙叩头谢恩,并于十八日削发归顺。施琅即广贴《谕台湾安民生》告示,劝谕台湾地方官员、百姓、土番人等知悉:"各宜乐业,无事惊心。收成在迩,农务毋荒。贸易如常,垄登有禁。官兵违犯,法在必行。人民安生,事勿自缓。"台湾与大陆比较顺利地实现了统一。康熙二十三年(1684年)四月十四日,清廷决定在台湾设一府(台湾府)三县(台湾、凤山、诸罗),设官驻兵,取消了战争年代所实行的迁界、禁海政策。此后,我国的海防进一步得到巩固。施琅统一台湾的战略方针和作战方案,终于得到了圆满实现。

康熙年间统一台湾的过程又一次证明,只有兵力达到足以攻克对方城池,以武力为基础和后盾,进行瓦解敌军的和平攻势,加上客观环境及人心趋向等条件,和平统一才有可能实现。这是一条符合历史发展规律的唯物主义原则,可供后人借鉴。

作者简介:陈在正,1926 年生,福建闽清人,厦门大学台湾研究院教授,曾先后兼任厦门大学历史系主任、台湾研究所所长。参加主编《清代台湾档案史料丛刊》、《台湾历史研究丛书》,专著有《台湾海疆史研究》、《台湾海疆史》、《李友邦传记与台湾近代史》,先后发表有关台湾政治史、海防史、移民史及民间信仰等方面的论文 60 多篇80 多万字。

雍正帝告诫百官："做实在好官"

李国荣

雍正帝是清朝入关后的第三位皇帝。他的父亲康熙,晚年滋长了政宽事省的思想,处理朝政的原则是多一事不如少一事。由此,在官僚队伍中,虚诈、迎合、粉饰、浮夸等不正之风严重泛滥。雍正帝刚一继位,便针对腐败衰颓之风进行了坚决的整治与清肃。他直截了当地告诉文武百官:"朕生平最憎虚诈二字","最恶虚名"。一"憎"一"恶",鲜明地表达了他对虚伪、欺诈风气的批判态度。

一、"只可信一半"

在清代,官场上流行着一种陋习,各省文武官员到任时,几乎都是极力述说当地吏治如何糟,等过了几个月,就一定奏报说,通过雷厉风行的整顿,情况已如何地好转,以此显示自己的才干和政绩。对这类奏报,雍正帝说见得太多,都看得厌烦了,他毫不客气地指出:"只可信一半。"

对大臣奏折中的浮夸成分,雍正帝总是毫不客气地指出并进行尖锐的批评。雍正四年(1726年)七月,巡视台湾的监察御史索琳上折说:台湾地方官兵严加操练,精益求精,可保海疆万载升平。看了这一言过其实的奏报,雍正帝警告说:凡事最重要的是务实,不欺不隐才算良吏,"粉饰、迎合、颂赞、套文陋习,万不可法"。主管河南、山东一带黄河河道的总督朱藻曾接到这样一则谕训:地方上一点小事,"何用如此夸张",你的奏报往往是虚浮不实,"朕甚不取","一处不实,则事事难以为信也"。雍正帝告诫百官,虚假奏报将会失去皇上日后的信任。

浮夸粉饰,在有关雨雪水旱农业收成的奏章中问题尤其突出。雍正二年,河南巡抚石文焯奏报说,全省各州县的蝗虫灾害已扑灭十之八九。雍正帝通过查问河南的其他官员,察觉到石文焯的奏报不是实情,于是尖锐地批评石文焯说:如果不是你在欺骗皇上,就是你本人被下属欺骗了!可是,这个石文焯老毛病难改,他调任甘肃巡抚之后,依旧故伎重演。雍正四年夏天,甘肃正逢大旱,七月下了一场小雨,石文焯便赶紧奏报说:已是丰收在望,这都是皇上敬天爱民的结果。雍正帝看了很不耐烦,挥笔批道:"经此一旱,何得可望丰收?似此粉饰之言,朕实厌观。"

雍正帝对笼统含糊的奏章也不放过。雍正十年(1732年)四月,直隶总督刘于义奏报说,所属地方三月份雨水充足。雍正帝览后批评他"所奏甚属含糊","不明不实",指示他日后将各州县雨水情况细加分别上报,不可一笔糊涂账。同年闰五月,江西巡抚谢旻有两个折子,一个说冬雪颇足,春雨亦调;一个说麦收情况不如往年。雍正帝仔细看过,批复道:既然雨水一直充足,麦收为何减产,二者必有一处不实,着明白回奏。

二、怒斥"附合"与"迎合"

康熙晚年,朝中大员官僚习气相当严重,身居高位却饱食终日,无所用心,对皇帝指令商议的事件往往一味附和,并不拿出主见,皇帝很难看到直言详议、据理力争的场面。雍正帝即位不久就颁发谕旨,毫不客气地指出:现今朝中九卿大员坐班,每当商议事件,往往是"彼此推诿,不发一言",有的假装打瞌睡,有的海阔天空地闲谈,等到需要拿出主意的时候,便鼓动一两个新来的科道官员发言表态,然后大家便"群相附合,以图塞责"。似此朝臣议事,何益之有?雍正指令朝中重臣,商议事件时,务要各抒己见,不得观望附和。雍正四年六月的一天,雍正帝将在京文武大员召至勤政殿,训谕说:现查朝臣所议定事件,大多并不合情理,究其原因,不外乎"议事理中各怀私心",其身为王子者,以现有众臣,我等不必先说;那些刚提升的大臣,又以现有老臣,何需我等班门弄斧而闭口不言;而资历深厚的老臣,深知枪打出头鸟,自己不拿意见,最后还落得个"从公议论",尊重别人的美名。为彻底改变这种劣习,雍正帝宣布,即日起将议事王大臣分为三班,凡遇应议之事,分头酌议,每人都拿出自己的意见;如果所议意见相符一致,就照这一意见定稿启奏;若是意见不完全一样,由诸位大臣另行商议。"如此,不但不致互相推诿,而且亦各能出其主见。"雍正帝试图建立一种分班议事制度,让议事者不得不言,从而使投机者失去附和的机会。

对臣工奏折中肉麻的称颂和不着边际的套话,雍正帝十分反感。山东兖州知府吴关杰曾接到一道谕旨,内容是令他实心任事,为政勤慎。吴关杰把皇上的谕旨奉为至宝,先是"悬挂堂中",朝夕瞻仰,后来又找工匠把谕训刻在府衙大堂的屏门上。他还把自己如何尊奉圣旨的举动详细奏报，说如此"时凛天颜于咫只，勿忘圣训于须臾，触目惊心，甚为有益"，极力想博得皇上的欢心。吴关杰甚至还奏请皇上命令各省文武官员，一律在大小衙门的屏门上刊刻谕旨，使圣旨高悬，举目皆是。雍正帝当即给吴关杰泼了一瓢冷水，教训他：你本不是什么超群之才，料理好你分内的事就足可以了，"此等迎合之举皆不必"，"此等多事朕皆不喜"。雍正二年二月，广东巡抚年希尧接雍正帝口谕，教导他如何治理地方。年希尧上折奏谢说，皇上所颁谕旨不仅周详备至，而且料事如神。雍正帝看后批道："写来套话，何常（尝）有一句你心里的话。"雍正十年四月，署陕西巡抚马尔泰奏报地方雨雪情形，说仰赖皇上洪福，今春风调雨顺。雍正帝用朱笔在"洪福"二字旁画了一道线，批道：仰赖洪福，这类套话实在没味，朕已再三告诫内外百官不要做迎合虚文，已是口干舌燥了，你竟仍务此道，难道没长耳目吗？

雍正朝有个敢讲真话的御史叫李元直，雍正帝对他很赏识。一次，李元直递上一道奏折，他说：现今一些大臣为保全官位一味迎合，皇上认为可以，没有一个敢说不可以；皇上若认为不可以，则没有一个敢说可以。李元直进而直言，这种陋习在中央六部随处可见。讲这样的话，固然要有胆量，而听的人却更需要胸怀。雍正帝认为李元直"真实任事"，说中了要害，把他召入内廷面谈，还赏赐荔枝，鼓励他以后仍要"尽言毋惧"。

三、"做实在好官"

实心任事，是雍正帝对内外百官的根本要求，他颁谕给各省封疆大臣说,希望天下总督、巡抚大员"屏弃虚文,敦尚实政"。雍正二年,福建巡抚黄国材在一件奏折内表示要"实力奉行",雍正帝在这四个字旁批道:"全在此四字"。雍正三年,在给江苏巡抚张楷的一条朱谕中,雍正帝谈到:为官者要有所作为,"惟以实心行实政,重公忘私,将国事如身事办理"。在安徽按察使祖秉圭的一件谢恩折上,雍正帝更是直言训导,要他"做实在好官"。

雍正帝还为文武百官树立起"公忠诚勤,实心任事"的楷模。他所赏识的几位重臣,如田文镜、鄂尔泰、李卫等,都是以直言不讳、据实办事而得到特殊信任和格外擢用的。田文镜本是一个官位不高的内阁侍读学士,他引起雍正帝重视,是在雍正元年祭告华山回京复命时。他在皇帝面前把山西全省闹灾荒、财政亏欠的情形一一如实奏报,雍正帝认为他"直言无隐","若非忠国爱民之人,何能如此?"遂加重用,调任山西布政使,在以后几年时间里,官职累迁。主管滇黔桂三省军政要务的总督鄂尔泰,也是以"不计一身利害,大公忘我,致身于国"而得到雍正帝重用。雍正帝告诫臣工,鄂尔泰之所以深受朝廷器重,是因为他忠公务实,这是根本,要学就学他这一点。深得雍正帝信任的浙江总督李卫,以严猛著称,他不苟同于官场积习,勇于任事,不徇私情,不避权贵,得罪了不少大官。这些人联名向雍正帝告状,雍正却说李卫"粗率狂纵,人所共知",但他却是"刚正之人",之所以赏识李卫,就是因为他操守廉洁,实心任事。

作者简介:李国荣,1960年生,辽宁建平人。中国第一历史档案馆编研部主任、研究馆员,《历史档案》杂志总编辑,中国档案学会档案文献编纂学术委员会执行主任。主要著作有《清朝十大科场案》、《帝王与佛教》、《实说雍正》(合著)等,担任多部历史纪录片主编、历史顾问。

"一门三公,父子同宰"——清朝重臣
刘统勋、刘墉及其家族

朱亚非

山东诸城刘氏家族在清代十分显赫,先后出了十一位进士,七位二品以上高官,乾隆帝为其赐字"海岱高门第"。尤其是刘统勋、刘墉父子在乾隆年间同朝为大学士,刘墉之侄刘镮(huán)之在嘉庆年间任尚书,三人死后分获谥号"文正"、"文清"和"文恭",被称之为"一门三公,父子同宰"。

一

刘统勋,字延清,先后任内阁学士、礼部和刑部侍郎、左都御史、工部和刑部尚书、陕甘总督、吏部尚书、内阁大学士等职。他任大学士长达十二年之久,乾隆三十六年(1771)成为第一位被任命为首席军机大臣的汉官。乾隆帝对其非常倚重,说他"练达端方,秉公持正,朝臣罕有其比,故凡审决大狱,督办大工程,悉命统勋前往莅事,无不治者"。

刘统勋为官正直敢言,不结党营私。在左都御史任上,上书直陈当时权势极大的大学士张廷玉和吏部尚书讷亲拉帮结派,结成朋党,朝野人士为之赞许,也引起了乾隆帝的重视。刘统勋作为朝廷重臣,常在朝中参与机务,与内廷宦官多有见面机会,但他"从不与内侍交一言",加以避嫌。当时官场多以门生故吏形成朋党,他担任会试主考所录之人都自称是其门生,纷纷要拜他为师,但刘统勋从不与之交结,纳为己党。他在主持科考、选拔官员方面从不徇私舞弊,因此,与其相识交好之人科场落选或选官不中,也都认为是很正常的事,并无怨言。在向朝廷举荐人才时,他内举不避亲,外举不避嫌。如乾隆帝让刘统勋举荐《四库全书》总纂官,他当即推荐纪晓岚,而当时纪因触怒皇帝正发配西北,朝中无人敢为其说话。刘统勋了解纪晓岚博学文史,堪当重任,不因他是自己门生而刻意避嫌。事实证明纪晓岚的确是《四库全书》编纂的不二人选。

由于清正廉洁,刘统勋备受倚重,一些重大问题,乾隆帝都要征求他的意见。他多次受乾隆帝委派到各地巡视,对云贵总督恒文、云南巡抚郭一裕以上贡为名收购黄金中饱私囊案,西安将军都赉侵饷案,归化城将军保德侵吞公款案,江苏布政使苏崇阿侵吞公款案,江西巡抚阿思哈受贿案等贪赃枉法案件一查到底,绝不手软。这些大案涉案人多为满洲高官显贵,刘统勋不惧危险,排除干扰,及时果断处理,打击和震慑了贪官污吏,对当时政治清明起到了重要影响。刘统勋的勇气源于其自身清廉,从不接受贿赂,虽为官多年但从不为己谋求私利。《诸城县志》记载他"家故有田数十亩,敝庐一处,服官五十余年,未增尺寸"。

刘统勋为官处事认真负责,重视民生。当时黄河水患不断,且因黄河与运河交汇,黄河泛滥,河床淤高,严重影响运河的畅通。乾隆朝前期,刘统勋是治黄和保运工程的决策者和领导者之一,从乾隆十一年到十八年,几乎每次黄河、运河出险,他都前去指挥治理。在治理水患过程中,他熟练掌握了防患和河运知识,"凡十视河堤,两修海塘,前后章疏数十,皆合机宜,剔除积弊,利赖民生"。他为安定黄河、运河两岸人民生活做出了巨大贡献,当时河南百姓曾在黄河岸边为他立生祠,以示纪念。

二

刘墉,字崇如,刘统勋长子,也是著名的清官。以他为原型,经过戏剧故事、影视作品的描绘和广泛传播,让"刘罗锅"成为一个家喻户晓的艺术形象。

刘墉于乾隆十六年(1751)中进士,在乾隆朝先后任庶吉士、学政、知府、巡抚、左都御史、尚书、总督、协办大学士等职。在嘉庆朝,他又因向乾隆帝要回传国玉玺及协助清除和珅而受到嘉庆帝倚重,成为大学士兼太子少保,有"定册元老"之称,权力和地位居汉臣之首。

纵观刘墉数十年宦海生涯并不平坦,经历了几次起伏升降。他受其父教导,始终坚持清正廉洁、勤于政事、为官一任造福一方的政治抱负。他长期担任地方官,每到一地都做出许多政绩:在安徽和江苏学政任上改革教学与考试陋习,改变不良学风;在太原清理陈年旧案,充实地方仓储,受到百姓赞扬;在江宁因为公正清廉,断案明察秋毫,老百姓称之为"包龙图",风行一时的话本《刘公案》就是根据他任江宁知府时的事迹编写的;在湖南巡抚任内,他又盘查仓库,修缮城池,开采铜矿,救济灾民,革除陋习。乾隆四十七年(1782),刘墉受命与和珅等共同查处山东巡抚国泰贪污案。由于国泰大肆贪污，数十州县仓库亏损，百姓深受其害。国泰与和珅交情很深，刘墉到时，他早已做好应对准备。刘墉等人查验历城库房，发现库银并不短缺，但细心的刘墉从银两颜色型号不一中发现了疑点，深入调查后，得知是国泰借商号银两凑数对付。刘墉随即贴出告示，要求各商号不得借给官府银两，如果借出即行收回，否则全部充公。由此一来，官府库银顿时清空，国泰只好认罪。在乾隆帝支持下，刘墉一查到底，国泰等首犯俱被处死，向他们行贿的官员被撤职查办，成为当时震动官场的一件大案。

乾隆晚年权臣当道，刘墉在担任南书房行走后，转而以滑稽自居，处事模棱两可，很少发表尖锐意见，以明哲保身。这与他吸取了以往政治斗争的教训有关，但其关键时刻挺身而出的作风并未改变。嘉庆元年（1796）禅位大典上，乾隆帝未带传国玉玺，传玺给新君嘉庆帝的仪式难以进行，在场的大臣们害怕得罪乾隆帝，不敢向其明言，只有刘墉挺身而出，向乾隆帝追回玉玺。

三

从康熙至嘉庆年间，诸城刘氏共有 14 人做过知县以上官员，多有政绩，赢得所治地方百姓的爱戴，也为刘氏望族留下很好的名声。刘家的兴旺发达，与其重视文化的传承是分不开的。刘氏家族对后人灌输"一曰德行，二曰学问，三曰功业"，族人为官者多在浑浊的官场中保持了一股清廉公正之风。刘统勋先人刘棨（qǐ），身为四品官竟然无盘缠回乡奔丧，后变卖家乡田产，才为母发丧。刘统勋久居相位，不置田产,有世交之谊的朋友赠给其银两,全部分给贫困乡亲。刘墉历来俭朴,赴太原上任时写有"帽破衣残到太原,故人犹作旧时看"的诗句。这与乾隆末年的奢华之风形成了鲜明对照。刘镮之做到户部尚书的高官,也是十分俭朴,其诗有"家因俸薄贫无补,诗为官闲格益清"之句。安于清贫、恪守清廉是刘氏族人为官的一贯作风。

重视教育、诗书传家是刘氏家族的传统。从顺治年间刘必显考中进士开始,就严厉督促子弟读书,历代科举入仕者不断,家族文化得以传承。即使到了乾嘉年间,刘氏受朝廷恩宠日隆,但仍把读书放在首位。刘镮之担任尚书后,还谆谆告诫后代"闻鸡起舞吾家事,莫误长沙射策年"。

因为家学功底深厚,刘氏家族中知识渊博、学问精深者代不乏人。同治二年(1863),刘绍庭编《东武刘氏诗萃》,收录刘氏八代72人诗作,反映了家族诗学之盛,诸城刘氏被称为"山东诗文世家"之一。刘统勋不仅诗文皆佳,还提携了大批后辈学者。刘墉更是学识渊博,被认为"熟于《史》《汉》,博通前人诗书文词,尤精于内典,傍及说部"(张其凤《中国书法全集·刘墉卷》)。其后裔刘喜海撰有多部金石学著作,被认为是清代金石学名家之首。

刘统勋、刘墉父子及其族人,治学严谨,学识渊博,受人景仰;而其为官清正廉洁,刚直不阿,更是难能可贵,弥久传颂。

作者简介:朱亚非,1955年生,山东师范大学历史文化与社会发展学院院长兼山东地方史研究所所长、教授、博士生导师。著有《明清史论稿》、《山东通史》(明清卷)、《齐鲁文化通史》(明清卷)等,发表论文60余篇。

徐继畲和《瀛环志略》

潘振平

　　1840 年鸦片战争中清王朝屈辱地战败,促使一部分有识之士开始探寻有关西方的知识,从而揭开了晚清中国人向西方学习的序幕。徐继畲所著的《瀛环志略》,就是其中最重要的作品之一。

　　徐继畲,字健男,号松龛,山西五台人。乾隆六十年(1795)出生于一个官宦之家。嘉庆十八年(1813)乡试中举,但直到道光六年(1820)才得中进士。道光十六年,时任御史的徐继畲上了一个建议政体宜崇简要的奏疏,感动了道光帝,随即外放知府,一年后升任福建延建邵道,开始了在东南海疆任职的生涯。

　　道光二十一年英军进攻厦门时,徐继畲正奉命在漳州等地组织防御,亲眼目睹了英军坚船利炮的嚣张和清军无可奈何的窘境。在给家乡友人的私函中,他写道:"二百年全盛之国威,乃为七万里外之逆夷所困,致使文武将帅,接踵死绥而曾不能挫逆夷之毫末,兴言及此,令人发指眦裂,泣下沾衣。"战后清廷因应五口通商的格局调整对外政策,徐继畲被选作执行者之一,出任福建布政使,主管当地的对外交涉。

　　道光二十三年年末,徐继畲在厦门会晤英国领事,见到了担任译员的美国传教士雅裨理(D. Abeel)。徐继畬从雅裨理那里看到印制精细的外国地图集,于是勾摹了十余幅,并询问了各国的名称。根据雅裨理当时发表在英文季刊《中国丛报》(Chinese Repository)的通信,可知徐继畬此后与雅裨理多次见面,了解外国的地理和历史、文化知识。雅裨理写道:"这是我迄今遇见的最喜欢提问的一位中国高级官员"。为了传教使命,雅裨理送给徐继畬《新约全书》等宗教书籍,但"他对了解尘世各国的状况,比聆听天国的真理急切得多"。半年以后,徐继畬写成了《瀛环考略》二卷,其手稿至今存世。

此后几年中,徐继畬公事之余,继续埋头域外史地知识的探索。他利用职务之便,在接触外国人士,比如外交官、传教士、商人时尽量打听世界各国的情况;他通过各种渠道搜集外国地图集,以及流传在东南沿海地区的西洋人编写的介绍世界地理和历史的出版物;他考查了一批中国的官私文献,包括历代的正史和私家撰述的游记或地理志;他还能注意从民间了解资讯,为了写好有关南洋的章节,曾向厦门一个陈姓老舵师专门请教。徐氏的知识结构学术兴趣,都从属于中国传统文化体系。尽管他早年对舆地考证下过功夫,但对外部世界的认识,并没有超过同时代人的一般水平。不过,展现在面前的这个新天地是如此诱人,为了深入其中,他几乎废寝忘食。到了道光二十八年,在同僚、好友的怂恿和帮助下,徐继畬把修改过数十次的书稿定名《瀛环志略》,付梓刊行。

司马迁在《史记·孟子荀子传》中记述了战国时邹衍的一个说法:"赤县神州内自有九州……乃有大瀛海环其外,天地之际焉。"后人就以"瀛海"表示中国本土以外的地方,《瀛环志略》的书名亦取意于此。全书十卷,比较全面地叙述了当时世界上存在的各个国家的情况,纠正了国人对外部世界不少错误观念。全书以图为纲,共收图42幅,以四大洲(亚细亚、欧罗巴、阿非利加、亚美利加)和五大海(大洋海、大西洋海、印度海、北冰海、南冰海)来划分当时的世界,并运用了近代区域地理的概念,眉目清楚,层次分明,可以代表当时中国世界地理著作的最高水平。它用士大夫熟悉的语言和思维、论证方式,告诉人们外部世界并不是扑朔迷离的混沌一片,海外诸邦亦非神秘莫测,而是一些与我们一样有着自己历史沿革和治理疆域的国度。

在描述天下大势时,徐继畲注意到西方殖民扩张浪潮早已波及亚洲,中国实际上处于被包围的状态,书中称颂或同情那些敢于抗击强敌的弱小国家,主张治国需居安思危,谋划谨慎,防患于未然。书中用了大约一半篇幅介绍欧美国家,徐继畲已经模糊地认识到古代希腊文化以及基督教在西方文明形成过程中的重要作用,但他着力探讨和描述的,还是欧美近代社会,认为他们物产丰盈,制作精妙;重视商业利益,以商立国;有议事制度,"乡绅"在国家大政的决策中有重要的发言权。尤其值得注意的是,书中对近代资本主义民主政治作了富有积极意义的介绍,尽管这种评论完全是以中国传统的价值观念作为判断标准的。徐继畲是这样描写美国开国元勋华盛顿的:

华盛顿,异人也。起事勇于胜、广,割据雄于曹、刘。既已提三尺剑开疆万里,乃不僭位号,不传子孙,而创为推举之法,几于天下为公,骎骎乎三代之遗意。其治国崇让善俗,不尚武功,亦迥与诸国异。余尝见其画像,气貌雄毅绝伦。呜呼,可不为人杰矣哉!

米利坚合众国以为国,幅员万里,不设王侯之号,不循世及之规,公器付之公论,创古今未有之局,一何奇也。泰西古今人物,能不以华盛顿为称首哉!

以陈胜、吴广、曹操、刘备这些中国历史人物来比附华盛顿的事迹,以中国上古历史传说中的天下为公来比附美国的政治制度,的确有着鲜明的时代印记。当然,这番赞叹也明显受到了美国人的影响,所以咸丰三年(1853)在宁波的美国传教士把这两段文字镌刻在石碑上,送往美国,至今镶嵌在华盛顿纪念碑的内壁。

就在徐继畬写作《瀛环志略》的时候,道光二十六年,他的为官生涯达到了顶峰。十月授广西巡抚,未及赴任,翌年即调补福建巡抚。他忠实执行朝廷的政策,在福建维持民夷两安的局面。道光三十年,两个外国传教士在福州城内乌石山下的神光寺租房居住,侯官县令不察这已违反条约安排,擅自用印批准。徐继畬得知后,一面参革县令,一面派人动员洋人搬迁。以在籍养病的林则徐为首的福州士绅认为官府的举措太过怯懦,遂联络闽籍京官一起行动,南呼北应,弹章纷腾,形成了以驱逐洋人出城为目标的“神光寺事件”。此时咸丰帝已经继位,清廷的对外政策趋于强硬。所以尽管神光寺内的洋人最终搬出,但徐继畬却在咸丰元年奉旨进京,从从二品的巡抚降职为正四品的太仆寺少卿。第二年,又因前在福建巡抚任内起解一个犯罪军官迟延,部议革职。

《瀛环志略》问世以后,反响不佳,士大夫阶层一般认为书中的描述张大外夷,有点长他人志气、灭自己威风的意思。就在革职回乡的徐继畬为谋生而设帐授徒时,《瀛环志略》飘洋过海传到了日本。日本文久元年(1861)刊刻了“对嵋阁本”《瀛环志略》,以后又几次翻印,对日本幕府末年的维新志士有过重要影响。

经过第二次鸦片战争的失败和太平天国农民起义的荡涤,清朝统治集团中一部分人发起了“自强”和“求富”的洋务运动。同治四年（1865），赋闲十几年的徐继畲被重新起用，出任新设立的洋务机构——总理衙门的官员，以后又出任管理同文馆大臣。总理衙门刊刻了《瀛环志略》，还将此书作为培养洋务人才的同文馆的教材之一。同治六年九月，即将离任的美国驻华公使蒲安臣（A. Burlingame）根据美国总统和国务卿的指示，将一幅华盛顿肖像画赠给徐继畲。1868 年 3 月 29 日《纽约时报》报道称，蒲安臣在赠画仪式的致辞中称赞《瀛环志略》"是你们国家了不起的学术成就"，而徐继畲在答辞中说华盛顿"必将永远活在人们心中"。

同治八年，徐继畲以老病请求致仕归里，家居数年后，于同治十二年（1873）去世。在他身后，《瀛环志略》声誉日隆，成为人们了解世界概况的必读书。那个年代出洋考察或担任使节的中国人，大多随身携带一部《瀛环志略》，以便查阅。书中对外国地名、人名的译法，后来成为总理衙门翻译外文书籍时的标准，许多译名至今仍在沿用。19 世纪后半期追求新知的人士中，几乎没有不读《瀛环志略》的，像康有为、梁启超这些著名的维新人士，都从《瀛环志略》中吸取过有益的养分。在 20 世纪新的世界地理教科书编印之前，《瀛环志略》在问世后的半个世纪中，一直作为权威的世界地理读本供人们使用，这个现象，的确值得我们深思。

作者简介：潘振平，1953 年生，上海人，生活·读书·新知三联书店编审，国家清史编纂委员会委员。参与《清代人物传稿》（下编）的编撰，著有《鸦片战争后的开眼看世界思想》、《〈瀛环志略〉研究》等。

维护华侨权益的总领事黄遵宪

陈　铮

中国人出国佣工始于明代,清代初期出现契约华工出国,到 19世纪 80 年代初,海外华人达 250 万之多,遍布世界各大洲许多国家和地区。从 19 世纪 70 年代末起,清政府派出的大使领事即负有护侨的责任。黄遵宪(1848—1905)字公度,广东嘉应州(今梅州市)人。1877—1894 年,先后任驻日本使馆参赞、美国旧金山总领事、英国伦敦使馆参赞和新加坡总领事。

抵制美国排华,维护华工华商权益

华工赴美国从 19 世纪 50 年代开始渐增。1848 年美国西部加利福尼亚州发现金矿,需要大量劳工开采金矿;1863 年横贯东西部的中央太平洋铁路开工,需要更多的劳动力。到 70 年代初,引进华工有十余万,仅旧金山就有数万人。中央太平洋铁路筑路 90% 为华工。许多美国人士也肯定"中国人实在是非常好的劳工","加利福尼亚州的繁荣兴旺实在应当归功于来到此地的中国人所付出的辛勤劳动"。

60年代末中央太平洋铁路修通后,大量筑路华工和白种人被解雇。70年代初,美国发生经济恐慌,东部失业者大量向西部迁移,加州就业形势更加严峻。本土人归咎于华工挤占了他们的饭碗,加州首先发生排斥华人。而民主党和共和党为竞选总统,便利用排华情绪来争取西部选票,出现了殴打华工,逮捕华人入狱,烧抢华人商店的混乱局面。黄遵宪正是在这样的背景下出任旧金山总领事的。

1882年(光绪八年)4月,黄遵宪抵达旧金山。6月,美国国会通过了排华新法案,规定华工十年内不准进入美国,已在美居住的中国人不得加入美国籍,排华风潮蔓延全国,旅美华人的生活和生存受到严重威胁。黄遵宪在长诗《逐客篇》诗序中感慨道,华工之如此受辱是因清朝"到今国极弱","有国不养民"。他挺身而出,向美国当局据理力争,维护华侨的合法权益。略举数例如下:

为华商争得入境权。1882年8月,有巴拿马中国商人到美国,海关不准入境。黄遵宪聘请美国律师,向司法当局交涉,指出即使按美国的排华新法案,也只是禁止华工入境。而现在却不准中国商人入境,这不仅不合新法案,而且违背以往订立的中美通商条约。经过交涉,美当局终于允许被扣留的中国商人入境,并以此开由他国来美中国商人得以入境的先例。黄遵宪称这个结果使"自新例以来,所蒙之耻辱,亦赖以一洒,差强人意"。

力争华工假道美境权。美国排华新法案规定不准华人假道,例如:有华人由旧金山出口,船经英属地域后返美,海关便阻止入境。黄遵宪认为这是"背条约,妨国例,且有违公法"的规定,表示"必与之力争",相信"争之亦终必收效",驰电美当局,指出这属于由美境过美境,并不是新来美华人,不违犯新法案规定,美方终许放行入境。

美司法部承认"凡华工假道美境者,与续来佣工不同,不能作为有犯限禁华工新例"。这个交涉的结果给华工往来带来极大便利。

保护华人洗衣业。来美华人除开金矿、修铁路、种果园、当厨役外,即以开洗衣馆为多,仅旧金山从洗衣业者就有五六千人。他们也成为美国排斥的对象。当局以洗衣馆堆积衣服易于燃火,用水过多,夜间喧扰近邻等为由,屡设禁例。黄遵宪通过律师进行争讼,均经驳除。但也有一些条款,如"不许容留传染病人","防火灾、修水渠"等,黄遵宪认为其"意亦不谬","原应遵行",劝说华人"洗衣馆妥立章程,自行检点",以免授柄于人,再滋事端,而维持华人洗衣业。

解救被捕华人。旧金山设立"住房空间法",规定每户住房不得小于五百立方英尺的空间,违者将入狱。这个规定实际上只在华人聚居地区执行,致使监狱中充满华侨。黄遵宪亲自到监狱探望被捕的华侨。他见狱中拥挤,卫生条件极为恶劣,便令随从实测狱房容积后,当场质问监吏:难道此处的卫生比华侨居住的条件好吗! 狱吏理屈词穷,表示道歉,并很快释放被捕的华侨。

作为清政府代表的总领事黄遵宪,在当地华侨受到排斥时,同当局唇枪舌剑,据理力争,维护了华侨的某些合法权益,使得华侨"忻慰之至","无不感戴恩泽"。

促成清政府申明保护华侨权利的新政策

南洋诸岛是华侨集聚最早、人数最多的地区之一,是时华侨已有百余万人。驻英法义比大臣薛福成推荐黄遵宪接任新加坡总领事,兼辖槟榔屿、马六甲及附近诸岛。1891年(光绪十七年)10月,黄遵宪抵任后,对南洋各岛华侨情形进行详细考察,了解到那里华侨的历史和现状,未设立领事的各处华侨华商备受欺凌剥削,得不到保护。特别重要的是他发现了南洋华侨与国内关系上存在不协调的状况,并如实禀报薛福成。

黄遵宪报告说,南洋各岛沿海贸易、落地产业,华人约占十之七。华侨旅居海外百余年,但他们的"正朔服色仍守华风,婚姻宾祭亦沿旧俗"。他们对国内各省"筹赈筹防,多捐巨款,竞邀封衔翎顶以荣幸"。黄遵宪称赞这可见华侨的"拳拳本国之心"。但是,他们不敢回国,就是有商人回国,也不敢公开华侨身份,却"不称英人则称荷人"。这是为什么呢?黄遵宪的调查报告指出,原因是国内在对待南洋华侨的态度上存在诸多积弊:归国华侨受到"长官之查究,胥吏之侵扰,宗党邻里之讹索,种种贻累,不可胜言"。"挟资回国之人,有指为逋逃者,有斥为通番者,有谓其运军火接济海盗者,有谓其贩卖猪仔要结洋匪者,有拆毁其屋宇不许违造者,有伪造积年契券借索逋欠者"。而华侨"海外羁氓,孤行孓立,一遭诬陷,控诉无门,因是不欲回国"。

黄遵宪分析产生积弊的根本原因,在于顺康施行海禁的影响尚未消除。他建议,"今欲扫除积弊,必当大张晓谕,申明旧例既停,新章早定,俾民间耳目一新",才可能改变对待华侨的态度,保护华侨归侨的合法权益,改善华侨与祖国的关系。

薛福成根据黄遵宪禀报的内容,于1893年(光绪十九年)6月拟成《请申明新章,豁除海禁折》。7月,光绪帝朱批:"该衙门议奏。"

9月奕劻等军机大臣据薛福成奏折内容,议奏《请豁除海禁旧例折》。该折说:"中外通商以来,华民佣工,既已任其出洋,岂能禁其回国。"同治年间约章既载华洋人民前往各国,随时来往、定居与否,"均以自便",因而"国初旧禁,早已不弛之弛,特当时未及广布明文,家喻户晓,吏胥族邻,因得窥蠡滋扰,讹索诬陷,致累朝深仁厚泽,尚未遍被海隅",认为"薛福成所奏种种积弊,自系实在情形","应请如该大臣所奏,敕下刑部,将私出外境之例,酌拟删改,并由沿海各直省督抚出示晓谕州县乡村,申明新章既定,旧禁已除","良善商民,无论在洋久暂,婚娶生息",一概"任其回国,治生置业与内地人民一律看待,并听其随时经商出洋,毋得仍前绪端讹索,违者按律惩治"。

光绪帝阅后朱批:"依议。"清代朱批奏折具有行政和法律效力,因而它是清政府第一次正式申明保护华侨归侨的新政策。是黄遵宪促成了清政府正式颁行保护华侨的新政策。

上述美国华工遭受凌辱和排斥,南洋华侨回国所受的不公正对待的情况,在晚清华侨中具有典型性,也带有不同程度的普遍性。因此,黄遵宪保护华侨的实践和成效在当时及其后都产生过良好的影响。我国海外华侨华人众多,保护华侨权益是永恒的职责。

作者简介:陈铮,1937 年生,福建福州人。中华书局编审,国家清史编纂委员会编审组专家。编辑《林则徐全集》(合作)、《黄遵宪全集》,合作整理标点《碑传集》、《翁同龢日记》。

"状元资本家"张謇的商海生涯

朱　英

　　在中国历史上,经科举入仕是无数文人士子朝思暮想并为之奋斗一生的追求目标,而状元及第,更是科举士人最高的荣誉,由此可以获得令人炫目的功名利禄,光宗耀祖。但在晚清,却有一位在科举路途上累遭挫折,年逾不惑才幸而考取状元者,毅然决然地走上了荆棘丛生的创办实业之路,成为近代中国著名的实业家。他就是为中国近代民族工商业的发展做出过卓越贡献的张謇。

一、人生转折

　　1894 年,蹉跌科举考场 26 年的张謇终于考中状元,被授以翰林院修撰,取得了清朝官员的身份。但令许多人不解的是,他却并未借此在官场中寻求步步高升,而是转而投身于创办实业。

　　在当时的历史条件下,状元办厂堪称令人惊异之举,但对张謇而言却决非偶然。数十年在科举试场中的多次受挫,使张謇耗费了不知多少心血,同时也使其对追求功名利禄趋于淡泊。最后一次应试纯粹是出于孝道,其父随后病逝,更使他感到"一第之名,何补百年之恨,慰亲之望,何如侍亲之终。"由是之故,张謇对做官看得愈益轻淡。与此同时,张謇的经世致用与爱国救亡思想日趋强烈。甲午一役中国惨败于蕞尔岛国日本,深深刺激了张謇的爱国之心,仁人志士纷纷呼吁"设厂自救",发展中国民族资本主义,以抵御西方列强的扩张渗透。张謇的"实业救国"思想此时也逐渐形成,促使他毅然走上了创办实业的道路。

然而无论如何,当时的张謇以状元和翰林身份而走上兴办实业之路,可谓是一种情操上的牺牲。从一向居于"四民之首"而且以清高自命的封建士大夫群体中的一员,忽然转而与长期被视为"四民之末"的商人为伍,这在一般士人看来似乎不可思议,他本人也未尝没有经过一番思想交锋。张謇投身实业后,仍坚持"言商仍向儒",始终以儒商的身份出现。他强调自己兴办实业是为了筹措经费发展近代教育,即由士林出发,经过商贾又回归士林,这在当时可以说是在道义上寻求的一种依据。

二、状元办厂

1895 年,张謇即联合数位商董开始招股办厂,其间虽经历了无数的艰难曲折,但他始终未曾动摇。招募商股的过程十分艰难,张謇多次奔走于上海、武昌,有时连旅费都是靠卖字筹措。机器安装之后,因资金短绌无法收购棉花,难以开工。张謇四处化缘,却处处碰壁。最后,还是依靠一部分地方公款支持,才使大生纱厂能于1899年开工。当时,正值土纱受到排挤、机纱供不应求且价格上涨之机,因而大生纱厂开工后利润较为丰厚,从而能够站稳脚跟并得到进一步发展。

1901年，张謇又开始筹办通海垦牧公司，希望将濒于荒芜的海滩改造成为近代棉纺织业的原料基地。这一举措标志着张謇的实业活动跨入一个新的阶段，即从工业扩展到农业。在创办通海垦牧公司的过程中，同样是困难重重。仅勘测地界、起草章程、筹集股金、解决地权纠纷、应对狂风巨潮等事宜，就使张謇心力交瘁，难以为继。到1905年夏，好不容易建成七条长堤和一部分河渠，并开垦了七千余亩土地，却遭遇一场连续五个昼夜的大风暴，一丈多高的浪潮将已建成的各堤全部冲毁，牧场羊群也几乎完全失散，使筹建中的通海垦牧公司遭受毁灭性的打击。但张謇并未因此气馁，而是想方设法积极补救，在两年时间内陆续修复被毁的各条干堤。到1910年，经过整整10年的艰苦创业，通海垦牧公司也终于建成。

三、实业巅峰

1901至1907年，是张謇商海生涯中的第一个高峰期。在此期间，他先后创立了19家企业，其中大多数是以大生纱厂为轴心，直接或是间接为大生纱厂服务。1907年，大生纱厂召开第一届股东会，决定将这19个企业单位合并，组成通海实业公司，由张謇担任总理。到1911年辛亥革命前，张謇又陆续投资创办银行、船栈、堆栈等十余个企业，形成了一个以纱厂为中心、实力雄厚的大生资本集团。

辛亥革命后的1912至1921年，大生资本集团在原有基础上又得到进一步发展，张謇的商海生涯也随之达到巅峰。由于大生一、二厂的利润源源不断且极为丰厚，为张謇扩张大生资本集团提供了资金条件。1914年在海门开始创建大生三厂，并且拟订了建立四厂、五厂、六厂、七厂、八厂、九厂的庞大计划。六厂于1919年开始筹建，但不久流产。八厂在1920年开始筹建。至1924年，大生一、二、三、八这四个厂的资本总额已多达白银770余万两。

除此之外，张謇还扩充了其他一些实业，尤其是在金融业和交通运输业方面成效显著。1918年开始筹办淮海银行，次年11月正式营业。所办大达轮船公司先后自置江轮7艘，航行沪扬、沪海两条航线。另外，张謇还创办或协助创建了大昌纸厂、通燧火柴厂以及许多服务性的企业。盐垦企业系统在这一时期也获得空前发展，到1920年，先后成立了10余个盐垦公司。实业巅峰时期的张謇，身兼多个大公司的董事长、总理等要职，俨然成为近代中国实业界的"泰斗"。

四、公益先锋

张謇在近代中国不仅以实业活动著称于世，同时也以热心文化公益和地方社会事业而闻名遐迩。他具有强烈的爱国之心，对地方自治以及文化教育和地方公益事业十分热心。张謇曾说："以国家之强，本于自治；自治之本，在实业、教育；而弥缝其不及者，惟赖兹善。"1903年，张謇在自己的家乡通州创办了师范学校，接着又兴办了通州女子师范学校，这在当时可谓开风气之先。他意识到师范教育对于提高整个民族的文化素质，对加快国家近代化的进程具有重要意义，所以对创办师范学校倾注了诸多心血。1904年，张謇又设立了"通州五属学务处"，作为统筹推广新式教育的具体办事机构，并相继兴办了一批中学和小学，1906年创建吴淞商船学校，1914年又创办河海工科学校。

在地方公益和慈善事业方面,张謇也曾经做出了突出的贡献。1904 年,陆续设立公共植物园、新育婴堂;1905 年,创建南通博物苑,此系中国最早建立的博物馆;1909 年,改良地方监狱,筹议设立导淮水利公司;1913 年,开始修筑军山气象台,三年后建成;1916 年,创办盲哑学校;1917 年,所建图书馆和公园相继落成;1919 年,筹建更俗剧场;1920 年,创设绣织局、女工传习所。经过张謇的努力经营,南通逐渐从一个封闭落后的封建小城镇,发展成为初具规模的近代新型城市,他本人也因此而获得了很高的声誉。

五、失败的英雄

好景不长,欧战结束后帝国主义卷土重来,加紧对中国的经济渗透与扩张,从而对民族资本企业的发展形成强大的压力;另一方面,张謇急于建立庞大的企业体系,投资领域过于宽泛,其结果不仅影响了大生纱厂的正常生产,而且还导致整个大生资本集团的恶性信用膨胀。

由于一直找不到解除困境的良策,整个大生资本集团的亏损越来越严重。到 1925 年,仅大生一厂的债务就已高达白银 900 余万两,大约是其资本总额的 260% 。是年 7 月,上海方面的中国、交通、金城、上海四行和永丰、永聚钱庄组成债权人团,全部接办了大生各厂。大生企业系统实际上已宣告破产。1926 年,张謇即在南通与世长辞。尽管如此,他用毕生精力创建实业、教育和社会公益福利事业的精神,却广受后人的好评和敬佩。1929 年胡适曾为《南通张季直先生传记》作序,称赞张謇在近代中国历史上是一个很伟大的失败的英雄,他做了30年开路先锋,造福于一方,影响于全国。这种评价应该说是符合历史实际的。一代儒商张謇的商海生涯,将永远载入中国近代的史册,受到人们的敬重和纪念。

作者简介:朱英,1956年生,湖北武汉人。华中师范大学中国近代史研究所教授,博士生导师。著有《辛亥革命时期新式商人社团研究》、《中国早期资产阶级概论》、《晚清经济政策与改革措施》、《商业革命中的文化变迁——近代上海商人与海派文化》等。

耶稣会士汤若望的在华活动

吴伯娅

　　明末清初,一批欧洲传教士不畏艰辛,远涉重洋,接踵来华。他们的目的是要在中国传播天主教,让尽可能多的中国人信奉天主教。中国是一个历史悠久的文明古国,文化背景、道德观念、语言礼俗都与欧洲不同。传教士要对这样一个东方大国传教,困难很多。利玛窦等来华传教士在实践中摸索出一套行之有效的办法,那就是:以学术叩门而入,用西方的科学技术引起士大夫的注意和敬重,争取士大夫以至皇帝等统治阶级上层人物的支持,合儒补儒,以适合中国习俗的方式传教。按照这套办法,传教士不仅进入了中国,而且进入了宫廷。他们受到崇祯、顺治、康熙等明清两代皇帝的器重和礼遇,与中国学者密切交往,既打开了天主教传播的大门,又架起了中西文化交流的桥梁。汤若望就是这批传教士中的一个著名人物。

　　汤若望出生于德国科隆,原名约翰·亚当·沙尔·封·白尔(Johann Adam Schall von Bell)。他来华之前,在欧洲受过良好的教育,对天文、数学都有研究。明万历四十七年(1619)到达澳门,天启二年(1622)进入广东,翌年至北京,在中国生活了47年。

　　明朝末年,来华耶稣会士带来了西方的天文数学知识。中国士大夫徐光启等人对此进行了学习和研究,采用西洋新法推算,效果极佳。徐光启奏请开设历局,聘用传教士协助修订历法。崇祯皇帝批准了他的建议,在北京宣武门内开设历局,传教士邓玉函、龙华民等人均进入历局。崇祯三年(1630),邓玉函去世。在徐光启的推荐之下,汤若望离开陕西来到北京,进入历局任职。在历局,汤若望与徐光启、罗雅谷等人合作,翻译西方的天文学著作,制造天文仪器,修订历书。经过多年努力,编成了规模宏大的《崇祯历书》。这部书吸收了欧洲天文学的新学说和新方法,是我国古代历书中极为重要的著作。汤若望在其中发挥了重要的作用。徐光启曾向朝廷奏报道:"远臣汤若望等,数年呕心沥血,功应首叙。"徐光启的后任李天经也曾向朝廷奏报:"远臣汤若望等,劳苦功高。"

不久,明朝灭亡,崇祯皇帝自杀,北京城内一片混乱。汤若望留在北京,精心保护教堂和存放在那里的《圣经》、神像、天文仪器及《崇祯历书》刻版。清兵入城,摄政王多尔衮下令内城居民全部迁往外城,以供清兵驻扎。汤若望为了教堂及天文仪器、图书资料的安全,冒死上疏,请求仍留原地居住,并对自己所从事的传教和修历工作做了简要介绍。

清朝大学士范文程深知天文历法与王朝兴衰的关系。为了表明"新朝定鼎,天运已新",清廷需要准确地观测天象,颁布历法,以新天下耳目。以范文程为媒介,汤若望得以进入清朝宫廷,修订历法。经过公开验证,清廷确认汤若望的历算准确无误,于是采用了他按照西洋新法修订的历书,将之定名为《时宪历》,并任命他执掌钦天监。汤若望就成为中国历史上第一位任此重要官职的西方传教士。从此,汤若望步入清朝仕途,为清朝皇帝司天,将天主教在华传播的事业推进到一个新的阶段。后来,清廷长期聘用传教士在钦天监任职。钦天监成了传教士与皇帝保持密切联系的通道。

汤若望学术传教的另一个重要方面是铸造火炮。明朝末年,为了挽救败局,朝廷再三下令汤若望造炮。在他的设计和指导下,明朝成功地制造了一批火炮。此后,明廷不仅让汤若望继续制造火炮,而且命他著书立说,传授火炮的制作方法和使用规则。于是,由汤若望口授,中国学者执笔撰写了《火攻挈要》一书。不过,这部书刻印后的第二年,明朝就灭亡了。清军入关,汤若望转而为清朝效力。《火攻挈要》的实际价值在清朝得以体现。

在清朝,汤若望以渊博的学识、出色的工作和对皇帝的尊崇,赢得了顺治帝的器重和礼遇。除了执掌钦天监之外,他先后被加封了太常寺卿、通议大夫等品衔,后又授通政使,进秩正一品。从顺治八年到十四年(1651—1657),他不仅成为顺治帝身边一位备受宠信的老臣,而且与顺治帝建立起了亲密至诚的个人关系,在中西文化交流史上留下了一段脍炙人口的佳话。

年轻的顺治帝亲切地称呼汤若望为"玛法"(满语,意为可亲可敬的尊者、长辈、爷爷),不仅特许"玛法"在必要时随时进宫谒见,而且多次亲临馆舍与他叙谈求教。仅顺治十三年、十四年两年间,他就登门亲访达 24 次之多。汤若望则知无不言,言无不尽,在学问上循循善诱,在国事上忠言直谏,使顺治帝备感可亲可敬。汤若望的进谏和建议很多,在此,举两个例子。一个是郑成功抗清北伐时,南京告急,清廷震惊。年轻的顺治帝想迁都。这一怯懦的念头受到孝庄太后的斥责。顺治帝一怒之下,声称要御驾亲征。朝中上下苦谏无效,便请汤若望出面劝阻。为使年轻的皇帝免冒无端风险,汤若望毅然进宫劝谏。他的一片诚心和好言相劝,果然奏效。一场风波得以平息。第二个例子是顺治帝在考虑继承人时,曾征求过汤若望的意见。汤若望认为玄烨出过天花,主张立玄烨。后来玄烨继位,就是康熙皇帝。

汤若望竭诚为顺治帝效力,其目的是为了争取顺治帝皈依天主教,或者使顺治帝对教会产生好感,为天主教在中国的传播打开一条广阔的道路。因此,汤若望利用一切机会,巧妙地向顺治帝传教布道。

汤若望的苦心并非毫无效果。从这一时期顺治帝的某些言论和行动中可以窥见其影响,而且顺治帝对汤若望的恩宠不断升级,对汤若望所代表的西教西学表现出明显的好感。顺治十年(1653),钦赐"通玄教师"荣称,并发布谕旨,褒奖汤若望。顺治十四年(1657),钦赐于北京天主堂立碑,御制碑文,并赐教堂匾额"通玄佳境"。

然而,在博大精深的汉文化面前,汤若望等传教士的影响又极为有限。汉文化作为中国本土文化而具有的深厚底蕴与优越性,以及清朝统治中国的过程中,必须以儒家学说为指导等一系列原因,决定了顺治帝最终还是选择了汉文化。就在汤若望受宠最隆之时,顺治帝确定了崇儒重道的基本国策。在赐汤若望"通玄教师"的谕旨和《御制天主堂碑文》中,顺治帝就说明了他为汤若望加官进级的原因和目的,表明了他对天主教的态度。

在赐"通玄教师"汤若望的谕旨中,顺治帝只字未提宗教之事,只是充分肯定汤若望的治历之功,指出:"朕承天眷,定鼎之初,爰谘尔姓名,为朕修大清时宪历,迄于有成,可谓勤矣。尔又能洁身持行,尽心乃事,董率群官,可谓忠矣。"在《御制天主堂碑文》中,他再次强调了这一点。可见,顺治帝之所以对汤若望不吝封赏,主要是因为汤若望在明清易代之时,修订了应天顺时的历书,以此证明清朝乃顺天而治。顺治帝对汤若望予以重用,加官进级,是表彰他对清王朝的杰出贡献。顺治帝在《御制天主堂碑文》中明确宣布他只崇信孔孟儒家学说,讲求中庸之道;天主教乃西洋宗教,不知其说。

顺治帝在碑文中又指出:"若望入中国,已数十年,而能守教奉神,肇新祠宇,敬慎蠲洁,始终不渝,孜孜之诚,良有可尚。人臣怀此心以事君,未有不敬其事者也。"这表明顺治帝认为汤若望的敬教精神可以借用为忠君思想,他希望清朝官员以汤若望为榜样,忠君尽职。这也正是他表彰汤若望的目的所在。

然而,顺治帝去世后,康熙三年(1664),汤若望被杨光先弹劾借修历法伺窃机密,犯谋叛罪,被判入狱。后因孝庄皇太后干预,得以释放。康熙五年(1666),汤若望病逝于北京。后康熙帝为汤若望推翻不实罪名,恢复其名誉。

流言编织的"往事":赛金花和瓦德西

程 歗

光绪二十七年三月初一(1901 年 4 月 19 日),在京作"辛丑和议"的全权大臣奕劻等致电追随慈禧携光绪逃亡西安的军机处:"二月二十九日夜内,仪鸾殿不戒于火,延烧前后殿、配殿","烧毙德国提督一名"。这份电报现存中国第一历史档案馆。

著名的仪鸾殿地处紫禁城边的中海西岸,是慈禧皇太后决策兼起居的权力中心。庚子年(1900)夏,八国联军攻占北京后,联军统帅、德国陆军元帅瓦德西为羞辱清逃亡政府,把这里选为自己的司令部。电报中提到丧生的"德国提督"是其参谋长施瓦兹霍夫少将。瓦德西本人闻警撤出,衣衫不全。

仪鸾殿大火以后,北京的街头巷尾出现了一种流言:瓦德西逃出火场时还挟着一个女子——已故状元洪钧的小妾,时为京师名妓的赛金花。据传,这位"赛二爷"(因其好与人称兄道弟,故称)同 68 岁的"瓦帅""过从甚密",瓦则对她"言听计从"。他们的交情,对遏制洋兵暴行、保护京华名胜和推动辛丑和议起了特殊作用。这类说法越传越神,以致产生了一桩中国近现代史上扑朔迷离的"瓦赛公案"。

390

较早将这类市井流言编成文字的是清末两种文学作品——樊樊山的《后彩云曲》和曾朴的《孽海花》。章回小说《孽海花》从1905年起在上海分集陆续出版。作者在后来讲了他的创作意图:欲借小说人物金雯青(按:影射洪钧,他号文卿)和傅彩云(赛金花曾用名)为主线,来"容纳近三十年来的历史"。该书没有写完,留下了诸如"夜宿鸾仪曹梦兰从头旧温梦"、"片语保乡闾二爷仗义"等回目。而成于1903年的《后彩云曲》的作者,后来也坦言因得传闻,才写下了诸如"仪鸾殿灾,瓦抱之(指赛金花)穿窗而出"等等的游戏之笔。不过,这两件作品的传播,特别是《孽海花》较鲜明的社会批判性和吸引时人的故事性,在文人社会造成了很强的可信度。

　　《辛丑条约》签订后的第32个年头(1933),北平《实报》记者发现了蛰居在城南居仁里的赛金花。她已年过六旬,生活窘迫,主要靠摆香堂降神"驱邪"来维持生计。昔年"赛二爷"还健在的消息在平津报纸上一登,立即引起了舆论轰动。赛氏也高调出场,频频接待来访者或出席招待会,以至和胡适、傅斯年、刘半农等古城著名学人交谈应酬。相关采访随即变成了报章新闻和文史资料,其中最有代表性的是两本小册子:一是青年学人商鸿逵与乃师刘半农几经讨论后写成的《赛金花本事》;一是曾繁的《赛金花外传》。在这两本可以称为近代中国早期的口述史和其他采访记里,赛氏讲述了对时人影响很大的几件事:

　　一、赛金花说,庚子年天津起义和团,街面紊乱,她避难到北京,不几日洋兵便进城了。当时她躲在南城一家熟人的住处,遇到几个德国军人骚扰,她用德语问起几位德国名人的近况,军人们很惊奇,当即回去报告主帅。第二日,瓦德西就派车接了她去,留饭赠银,优礼有加。此后,瓦德西"差不多每天都派人来接我",或兵营住宿,或街头并骑,"很少有间断的日子"。

二、联军在北京杀人放火,其中德国兵更是四处搜寻杀害该国驻京公使克林德的指使人(按:1900年6月20日,克林德被清兵枪杀在东单牌楼街头)。她对瓦德西说:杀死克林德的是义和团,不是慈禧太后和北京平民,劝他"肃整军纪"。瓦氏到底"深明正义","随着就下了一道命令,不准兵士们再在外边随便杀人"。"这是联军入京第五日的事,第五日之后,京民便得安宁了"。

三、开和议时,克林德夫人不依不饶,要太后、皇上抵罪,弄得李鸿章也没有办法。于是赛又托瓦介绍去求见夫人,说的是:"你们外国替一个为国牺牲的人作纪念,都是造一个石碑,或铸一个铜像;我们中国最光荣的办法,却是竖立一个牌坊。""我们给贵公使立一个更大的,把他一生的事迹和这次遇难的情形,用皇上的名义,全刻在上面。这就算是皇上给他赔了罪。"经她再三劝说,克林德夫人点了头,"和议因此便打开了僵局",条约的第一项就是建坊。

不过,关于和瓦德西交往的情况,赛氏的自述中常常自相矛盾。一时讲他们在欧洲已经"相当熟识",一时又讲在北京才邂逅相遇;时而讲他们之间"清清白白","非常的守规矩",时而又自认"我与瓦德西住在仪鸾殿,共四个月,他走的时候要带我回德国去,我不愿意"。有一次大概是遭到了热衷刨根问底的采访者,于是她急了:"他们都是胡说呀,我那(哪)会和他(指瓦)认识哪!"

赛金花和德国人究竟有什么样的历史联系?她的以上口述到底有多少可信的成分?这里需要对赛金花的生活史及其所处时代,略作辨析。

赛金花自述姓赵(也曾对人称姓郑),小名彩云。祖籍徽州黟(yī)县,大约于同治十年(1871)生在水城苏州。十几岁时,到花船上当陪客幼妓,冒姓富(说傅),随后被同治朝戊辰(同治七年)科状元洪钧(1839—1893)纳为妾。光绪十三年(1887)洪钧任俄德奥和(荷兰)四国出使大臣,携彩云出洋。她自述在柏林觐见过德国皇帝、皇后以及首相俾斯麦等政要。1891年洪卸任回国,以兵部左侍郎入值总理衙门,病故任上。富彩云扶柩回苏州后离开洪家到了上海。

随后,富改名曹梦兰重操旧业,当"领家"开"书寓"——供上流社会玩乐的妓馆。"状元夫人"和闹市勾栏的怪异结合,使她的"生意"相当走红。光绪二十四年(1898)曹迁天津开"金花班",号"赛金花"。她常到北京"走票",利用其特殊身份结交官宦。有一位出身世家时任巡城御史的陈恒庆,到垂暮之年仍念念不忘斯人的绰约风姿,他在笔记里写道:赛开班的砖塔胡同"车马盈门","至吾家相府请安者数四,予因得而识面焉。初见时,目不敢逼视,以其光艳照人,恐乱吾怀也"。

1900年夏的义和团运动高潮中,赛氏从天津逃到北京,开始了她口述的那段生涯。1903年,赛因幼妓命案吃官司,被解回原籍。不久,经黟县地方名士关说,她又回到上海继续做"领家"。

赛金花在上海复出时,因为《孽海花》第一、二集的畅销而很出风头。1911年辛亥革命后,她两次撤榜嫁人。1918年随丈夫魏氏迁京。1921年魏病故,赛携名为女仆实为女伴的顾妈迁居仁里。

1933年及以后数年内掀起的又一轮"赛金花热",达到了30多年来的最高潮。据《申报》通讯,各报不逾20日,必见一次赛的消息。社会各界对赛氏褒贬不一,但舆论大多为溢美之辞。诸如"光荣"的、"关系中国一段兴亡史实之有名女子";"设非有赛其人",则京师名胜,"亿民百官,千娇万丽,俱遭毒屠与奸淫",故她"在晚清史上同叶赫那拉可谓一朝一野"等等。1936年,四十年代剧社在上海推出话剧《赛金花》(王莹、金山、蓝苹等出演),反响巨大。文艺作品是依托时代变迁塑造角色,因而也是各有特点的。如果说革命军兴的20世纪初,《孽海花》勾画了一个不拘礼教的轻佻女性,那么由左翼文化人撰写的《赛金花》,则意在东北沦陷、华北危急的时刻表现一位苟延乱世而未泯良知的风尘红颜,借以影射政要,宣传救亡。不过,这些作品都是在"瓦赛关系"的框架内讲故事的,当时除极个别的事件亲历者外,没有什么人对这个故事发生质疑。那么历史真相又如何呢?

首先可以断定,赛金花说她在"联军入京第五日"(有的访问记给人的印象是很短一段日子),就劝瓦德西"肃整军纪"一事纯属虚构。1900年8月14日北京沦陷时,瓦德西还远在柏林。据瓦氏所谓的《拳乱笔记》,他是在8月23日取道意大利热那亚港口开始远洋航行,于9月27日经大沽口到达天津,而直至10月17日才进入北京的。这时离北京沦陷已有65日之久。这个"时间差",让瓦赛"私情"及时制止联军暴行的故事不攻自破。

10月17日以后的一些情形,事件亲历者丁士源(时在德军麾下办事)的《梅楞章京笔记》记述颇细。据载:赛金花在德占区的前门外石头胡同开妓馆,丁和德国"格知府"的翻译葛麟德等人是那里的常客。一次小聚,"赛曰:葛大人,吾等空相识月余,前恳君携赴南海游览,君虽口诺,而终未见实行。"葛推辞而丁承诺。赛"大喜,遂妮

（昵）丁进行"。次日，丁、赛一行四骑从前门进内城，直入平头百姓禁入的皇城。当他们经过跨越北海和中南海的金鳌玉蝀（dòng，蝀 dì 蝀，古指虹）桥时，"赛于第三骑大呼曰:好景致！好看！丁曰:勿声!"到南海大门，丁求见瓦德西或参谋长，卫兵说他们已经外出，故"不克入内"。按:"格知府"指德军"巡防普安公所"的长官格尔少将，他在1900年11月以后到职，赛和他的翻译"相识月余"，即至早在12月隆冬才有此行。该笔记所载赛的冬装颇详，与时令相符。这时瓦德西进京已有两个月左右，而在丁的记载中，未见赛、瓦有任何关系。

赛金花游历宫禁的兴致不减。据另一位事件亲历者齐如山（戏剧学家）提供的材料说，他当时在全权大臣李鸿章官邸帮忙做德文翻译，和一些德国军人并赛金花都相熟。他曾在紫光阁和瀛台，见过赛和德国下级军官厮混，这两次都看见瓦德西走过，军人们惊慌，商量回避，他走出去和瓦闲谈了几句，但赛没敢出头。不过，齐氏说，他不止一次看到赛金花陪德国军人骑马游前门大街，有一次赛用手一指，对新来的德国军人说:"这都是我们的占领区!"

综上所述，一种比较合理的解释是:赛金花是把她和一些德国下级军官们交往的经历，添叶加枝地安到"瓦帅"头上了。因此，赛氏经瓦德西介绍去见克林德夫人云云，也就是面壁独造的虚语。当时，在北京的列强公使团各自秉承本国政府的训令，对怎样利用庚子事件来讹诈中国，进行了会上会下近一年时间的争吵和磋商。据英国外交档案，1900年11月5日的使节会议上，德新任公使提出，要中国政府在克林德被杀地方，"建立一座与他的职位相称的纪念碑"。这个提案在会上被使节们"一致接受"。这就是《辛丑条约》第一款核心内容的由来。而按本文前述,赛当时又何曾进过中南海?

　　还有一个值得一提的细节:赛说"克林德夫人年纪已五十多岁",这个说法反而证明了她根本没有见过这位夫人。克林德夫人出身美国名门,1897 年 26 岁时嫁给当时德国派驻墨西哥的公使克林德。在辛丑谈判时,这位夫人还是年仅 30 岁的少妇。她也是列强侵华战争造成的不幸者。美化瓦德西,撇开使节团,要这位不预外事的前公使遗孀来承担对华勒索的历史责任,这是不公正的。

　　本文认为,如果没有发现新的权威性的证据,我们有理由把几度炒得沸沸扬扬的"瓦赛公案",判定为由无根流言建构的假象。庚辛动荡导致"讹言横兴","以谣传为掌故,以讹言为实录,怪诞支离,不可究诘"。像清末石头胡同(所谓"八大胡同"之一)这样的"烟花社区",更是制造和传播流言的风源。丁士源、赛金花等游南海碰钉子的经历,随即在上海报纸上变成了瓦德西将赛氏"召入紫光阁"的奇闻。当时赛也在人前表功,说她如何跪求克林德夫人。1903 年赛发回原籍,又向当地名人讲她如何劝瓦德西保护文物和保护良善。到赛的晚年,这类言说(不排除一些采访者的诱导)被她拉成了一个娓娓动听却很少有人去推敲缕析的故事。社会衰世使赛金花沦落为没有正常谋生手段,也不屑于以正常手段谋生的市井闲民。她鲜有荣辱观念,却需要人们对她做出一种远远高于其生活原貌的估计。只有被种种花边新闻所笼罩,人们才会对她刮目相看。特别是到了赛氏贫病交困之时,她要靠讲故事去获得资助,也只有把自己封闭在故事编织的幻影里,才能满足精神虚荣。

　　1936 年 12 月 4 日,赛金花在居仁里病故,葬在城南陶然亭。她的墓和同样充斥神秘色彩的香冢、鹦鹉冢毗邻,任由世人评说和遐想。

　　作者简介:程歗(xiào),1938 年生,安徽休宁人,中国人民大学国际关系学院教授,国家清史编纂委员会委员。著有《晚清乡土意识》、《文化、社会网络与集体行动》,合著《义和团文献辑注与研究》、《义和团运动史研究》、《近代中国灾荒纪年续编》、《中国近代十大灾荒》、《近代中国不平等条约写实》,合作主编《近代中国的思想历程(1840—1949)》等。

责任编辑:王　萍

封面设计:徐　晖

图书在版编目(CIP)数据

读一点清史/李洪峰 主编. –北京:人民出版社,2013.3

ISBN 978 – 7 – 01 – 011746 – 1

Ⅰ.①读… 　Ⅱ.①李… 　Ⅲ.①中国历史-清代-通俗读物 　Ⅳ.①K249.09

中国版本图书馆 CIP 数据核字(2013)第 032399 号

读一点清史

DUYIDIAN QINGSHI

李洪峰　主编

人 民 出 版 社 出版发行

(100706 北京市东城区隆福寺街 99 号)

环球印刷(北京)有限公司印刷　新华书店经销

2013 年 3 月第 1 版　2013 年 3 月北京第 1 次印刷

开本:710 毫米×1000 毫米 1/16　印张:25.25

字数:300 千字

ISBN 978 – 7 – 01 – 011746 – 1　定价:57.00 元

邮购地址 100706　北京市东城区隆福寺街 99 号

人民东方图书销售中心　电话 (010)65250042　65289539